中国风俗志

川西卷

李耀奎 绘　李国太 著

为民族风俗的传续留念
为中华文化的复兴存根

刘晓峰　李北山　总主编

泰山出版社·济南·

出版说明

随着当代中国工业化和城市化进程的加快，人们的生活方式快速变迁，乡风民俗正迅速发生变异甚至消亡。对各地的乡风民俗的抢救性记录，成为当务之急。

乡风民俗作为人们生产生活过程中所形成的一种文化现象，因其非物质性，甚至非口头性，只能以文本、影像等形式加以记录保存，但都有其局限性。因此，泰山出版社另辟蹊径，以"图绘+文献"的形式整理、记录、保存中国各地的乡风民俗。

在中国，风俗画有着悠久的历史，是劳动人民热爱生活、记录生活而进行的艺术上的创造。从石器时代的岩画到汉代的画像砖，都以图绘的形式记录了人们的日常生活。到唐宋时期，风俗画的制作已蔚然成风，如北宋张择端的《清明上河图》、南宋李嵩的《货郎图》，不仅形象生动地展示了当时的风俗人情、衣冠服制等，还让画作本身成为艺术珍品。当代风俗画在传统风俗画的基础上，将中国画艺术和民俗主题进一步融合，其作品形式直观、鲜活，充满了艺术的魅力和民间的气息，以特有的艺术形式为我们呈现了正在加速消亡的乡风民俗。

泰山出版社历时四年推出《中国风俗图志》系列丛书，以图绘形式尽可能系统地整理、记录、保存中国各地的风俗，与文字记录、研究形成互补和互释，以"左图右史"的形式加以呈现。二者相辅相成，不仅描述"民俗是什么"，更探究"民俗为什么"；既希望让读者能够记住乡愁，也力图为中国的民俗学研究提供另一种文本。此次推出的《中国风俗图志》系列第一辑共11卷，分别为："北京卷""武汉卷""关中卷""杭州卷""苏州卷""常州卷""石家庄卷""吉林卷""中山卷""川西卷"及"鲁西南卷"。本卷为"川西卷"，由李耀奎先生绘图并撰写图注文字，李国太教授撰稿。

为民族风俗的传续留念！为中华文化的复兴存根！这就是《中国风俗图志》这套大型丛书的目的。

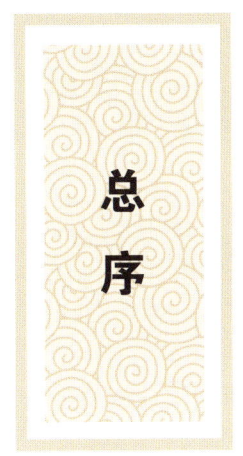

总序

  风俗和图画,是我们每个人从小就熟悉的两件事物。

  以风俗说,人以群居,则事有相沿,浸浸自然成俗。习俗积久,其数必夥,自有聪明之士,兰心蕙目,笔墨志之。是故汉有风俗之书,梁有荆楚之记。以图画说,巧拙不论,凡人从小到大,皆有笔画彩涂的经历。而人最喜欢摹画者,当然是身边诸物,是自己觉得最有意思的生活细节。所以风俗入画,在中国早见于岩画、画像石与壁画之中。今天博物馆留存的中国历代画作,如《清明上河图》这样专以风俗为题材的亦多有。进一步说到文字与图的结合,同样历史久远。流传至今的《山海经》,就是为已经遗失的《山海图》写下的注释文字。而以图插于书中,则更为中西书肆业者共同热心做的事情。因为图文有相互参映之效,所以鲁迅称赞之"不但有趣,且亦有益"。但举目书林,像本套书这样大规模将图画与笔墨并举而为地方风俗图志者,可谓前所未有。《中国风俗图志》将艺术之美与文字之美紧密地结合在一起,擎优美文字介绍一地之风俗,嵌艺术彩墨展示一方之风化,诚可谓具有极高艺术价值,展示深湛审美意蕴,足以令人耳目一新。

  风俗就是我们的生活。每一个人从出生那一天起,就身处于某一地风俗之中,并不知不觉被此地风俗浸染,美之乐之。但是,我们所在的,是一个充满变化的世界。改革开放四十多年,中国的变化天翻地覆。一方面,是城市的巨变。北京,如大饼般一环一环摊开,成为拥有七环的巨大首都;深圳,由南方一个小小渔村变身成千万人生活的现代化城市;在我们注

总序

意不到的地方,都市在扩展,以亿万计的人口在涌进城市。另一方面,是农村的巨变。在我们不知不觉间,已经有很多个拥有几百年历史的村庄从这个世界消失。而依旧存在的村庄,也都已经不是旧日的面貌。

1924年,有一位名叫青木正儿的日本学者来到中国。时当中华民国成立刚十几年,社会上新文化运动狂飙突进,正是传统中国社会风俗日渐磨灭的年代。这位研究中国古代戏曲小说的学者走遍中国大江南北,像中国老百姓一样赶早市、逛戏园、进茶馆,漫步北京大小胡同,他发现中国依旧保留有许多古老的风俗。有感于中国社会变化之迅速,他列纲目,选对象,请画师,想为后世留下一部《中国风俗志》,可惜后来由于财力不足,只请中国画师刘延年画下了一百余幅描绘北京风俗的彩图。后有内田道夫教授博采众书,为这些图做了解说,这就是日本平凡社出版的《北京民俗图谱》。二十世纪六十年代老舍睹图,惊叹书中所画许多风俗已不可见。今天的中国,依然行驶在一条迅疾发展的高速路上,城市的扩张、生活空间的巨变,使许多旧日风俗变化甚至消失得无处追寻。风俗承载着我们成长的记忆,但遗憾的是,这些记忆在一天天地消失。时移世迁,令人无限叹惋。有幸的是,我们生活中,有这样一群学者,他们坚持着一笔一画地记录下了故乡点点滴滴的风俗;有这样一群画家,他们用画笔追寻乡土记忆,留下精彩纷呈的风俗图画;更有泰山出版社这样的"及时雨",把这两群人的力量汇聚到一起。群贤毕力,就是为给亲爱的读者们呈现这套《中国风俗图志》。

总 序

神州赤县,江山代有奇文出;彩墨华章,且留胜迹待追寻。相信假以数年,《中国风俗图志》中所记所画,一定会成为留给未来的宝贵精神文化财富。

是为序。

刘晓峰
中国民俗学会副会长
清华大学人文学院历史系教授
2019年12月12日 清华园

第二节 洞房花烛话婚俗：婚姻习俗 131

第三节 作别此生祈来世：丧葬习俗 149

第五章 岁时节庆 161

第一节 辞旧迎新过大年：春节习俗 161

第二节 清明、浴佛连端阳：春夏节庆 177

第三节 七夕、中元又中秋：秋季节庆 186

第六章 休闲娱乐 201

第一节 无时无地无游宴：游之兴 203

第二节 街巷何处无茶馆：茶之味 214

第三节 川剧扬琴麻将声：声之盛 221

第七章 民间信仰 237

第一节 竹王的故事：植物崇拜 239

第二节 淘气的神灵：坛神信仰 243

第三节 祖师的庇佑：行业神崇拜 248

参考文献 267

后 记 271

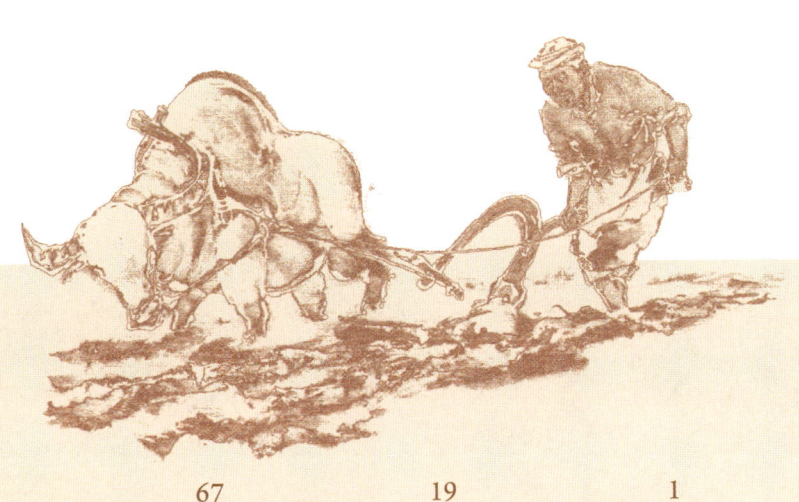

目录

第一章 蜀道之南是天府 …… 1
第一节 「蜀道」与「天府」：川西地理 2
第二节 「土著」与「移民」：川西历史 7
第三节 「多元」与「一体」：川西民俗 13

第二章 生产习俗 …… 19
第一节 都广之野农家貌：农业景观 19
第二节 杜鹃啼血催早耕：农耕习俗 31
第三节 渔人漾舟沉大网：渔业习俗 51

第三章 生活世界 …… 67
第一节 从左衽到右衽：穿衣之道 68
第二节 舌尖上的川西：饮食之道 77
第三节 竹篱茅屋野桃花：建筑之道 89
第四节 山高水长路底宽：交通之道 95

第四章 人生礼俗 …… 113
第一节 生命的起点：生育习俗 113

图 录

图 录

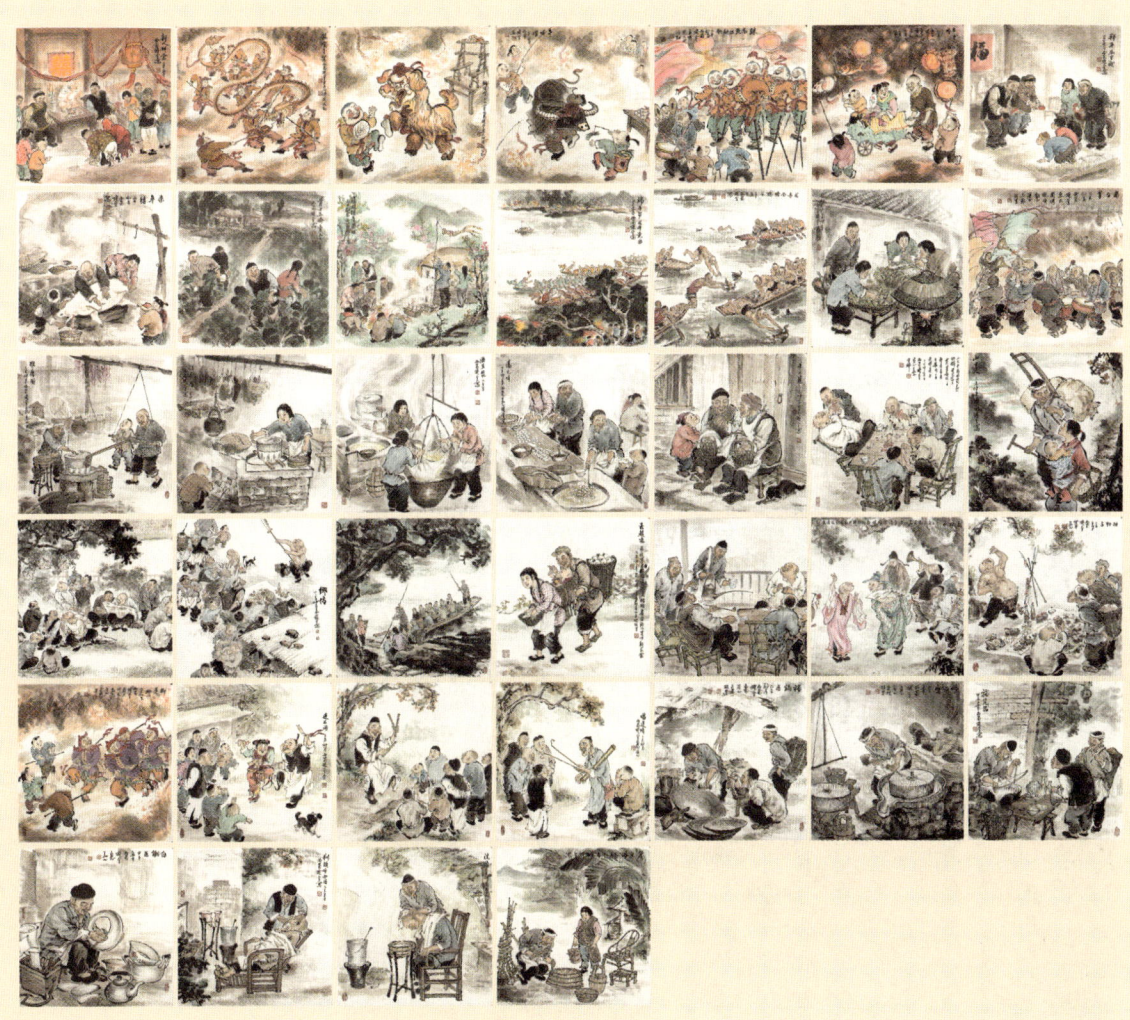

中国风俗图志·川西卷

山乡古镇逢场天

第一章 蜀道之南是天府

蚕丛及鱼凫,开国何茫然。尔来四万八千岁,不与秦塞通人烟。

——李白《蜀道难》

水旱从人,不知饥馑,时无荒年,天下谓之天府也。

——常璩《华阳国志》

话说东汉建安十二年,刘、关、张三人得颍川徐庶之助屯兵新野以窥时局。徐庶气度非凡,颇受刘备之器重。他或许是自忖才之不足,或许是感念刘备的知遇之恩,又大度地向刘备举荐了他的朋友——时有"卧龙"之称的南阳隐士诸葛孔明。刘备喜不自胜,在徐庶的建议下三顾茅庐,终得与诸葛孔明一见。于是引出了历史上那场著名的"隆中对"。这一对不要紧,却将益州对北伐中原、恢复汉室的重要性明确提了出来。只见诸葛孔明羽扇纶巾娓娓道来:"益州险塞,沃野千里,天府之土,高祖因之以成帝业。刘璋暗弱,张鲁在北,民殷国富而不知存恤,智能之士思得明君。"接下来便是对刘备的一顿狂赞,说他是帝室之胄,又信义著于四海,如果能得到益州这块肥肉,辅之以恰当的内政外交,"则霸业可成,汉室可兴矣"[①]。而后来的历史也证实,蜀汉四十年的基业正是根植于益州这片肥沃的土壤中。

历史的车轮滚滚前行,诸葛孔明"隆中对"后又过了近五百五十年,在那个寒冷的冬季,"渔阳鼙鼓动地来",玄宗皇帝和群臣们被前方如雪花般飘来的折将丧师的战报惊得六神无主。第二年六月初,领兵二十万驻守潼关的哥舒翰战败,潼关失守。瞬间"惊破霓裳羽衣曲",该何去何从呢?有"扬一益二"之称的"益州"成为首选。于是六月十三日凌晨,玄宗皇帝偕杨贵妃率领由后宫、近臣组成的上千人队伍匆匆西出都门逃往蜀地。蜀道之南的天府沃壤由此成了王朝的避难所。这帮被八百里秦川娇惯成"老子天下第一"的王公大臣们,终于亲身体会到了蜀地"四塞,山川重阻,水陆所凑,货殖所萃,盖一都之会也"[②]。

到了宋代,蜀地在经历前蜀、后蜀短暂的割据后重归一统,蜀地滋养出了"好音乐,少愁苦,尚奢靡,性轻扬,喜虚称"[③]的蜀人。这句来源于《宋史》的话与人们熟知的"俗好娱

乐"联系在一起,成为蜀人地域性格的凝练总结。但人们都忽略了这句话的前面还有"地狭而腴,民勤耕作,无寸土之旷,岁三四收"之句。就在众声争传蜀地之乐的时候,有个名叫田况的中原人入蜀"知成都府"。他似乎不仅看到了蜀地"民风之喜逸",也看到了"民生之多艰"。他明确地说"四方咸传蜀人好游娱无时,予始亦信然之",但经过他的细心观察,发现事实并非如此,蜀人大部分娱乐的时机"皆天下之所共",于是他感叹道:"岂曰无时哉!传之者过矣。"④或许这才是对蜀地民风民俗较为客观的叙说。后虽又历经元、明、清三代数百年的历史,其间民俗随时而变,但变为何物,则有待对今日蜀地民俗尤其是川西民俗做全面的巡游。下面就让我们且行且思,开始这场川西民俗游吧!

第一节 "蜀道"与"天府":川西地理

一千三百多年前,在蜀地生活了近二十年的大诗人李白沿长江一路南下,当他乘坐的那一叶扁舟像一只离弦的箭从三峡湍急的水流中驶进江汉平原时,大诗人回望云雾缭绕的群山,想想这几日的惊险旅程,终于长长地舒了一口气!这是他第一次感受到蜀道的艰险。大概十七年后,仗剑走天涯的李白在仕途上屡次碰壁,他猛然间发现这仕途的艰险与蜀道之难何其相似,于是一口气写下了那首传颂千年的名篇《蜀道难》,开篇便感叹"噫吁嚱,危乎高哉!蜀道之难,难于上青天!蚕丛及鱼凫,开国何茫然。尔来四万八千岁,不与秦塞通人烟"⑤。那些祖祖辈辈都生活在中原大地上的文人们、朝臣们,哪见过如此险峻的高山和丛林,被李白这么一讲,更感觉蜀地乃蛮荒之地。何况早在战国时期秦伐蜀之际,秦国大臣张仪与司马错在辩论伐蜀之利弊时,反对伐蜀的张仪就说:"今夫蜀,西僻之国而戎翟之伦也,敝兵劳众不足以成名,得其地不足以为利。"而主张伐蜀的司马错同样认为:"夫蜀,西僻之国也,而戎翟之长也,有桀纣之乱。"⑥可见在他们的视野中,蜀无论是伐与不伐,均是蛮夷之邦。

习惯于以中原为国之"中"和天下之"中"的人，对蜀地偏远、蛮荒的印象深远。他们又何曾想到，从首都长安跨八百里秦川，经宝鸡南折沿秦岭的山间孔道一路南下，在茫茫群山的背后会藏着一个"土地平旷，屋舍俨然，有良田、美池、桑竹之属。阡陌交通，鸡犬相闻。其中往来种作，男女衣着，悉如外人。黄发垂髫，并怡然自乐"⑦的世界。那里"水旱从人，不知饥馑，时无荒年，天下谓之天府也"，那里曾是与汉代洛阳、邯郸、临淄等大都市齐名的五都之一，那里也成就了蜀汉四十年的王者霸业，那里虽然有秦岭天堑横亘，在唐代却有着"扬一益二"的美称，并成为唐代两位皇帝首选的避难之所。这就是蜀地，一个在"文明"与"野蛮"间穿梭，在"僻远"与"毗邻"中交错的存在。它在时人的笔下总是那样神秘，又如此亲切。

历史上的是是非非和恩恩怨怨早已随风飘散，在今天的地理格局中，蜀地更多被"四川盆地"这个新的名字取代。要认识这个区域，我们首先要看看它那在海底沉睡千万年，又被风霜侵蚀千万年的粗糙的"肌肤"。如果在一架由上海飞往成都的飞机上俯瞰这个巨大的盆地，便会被我们这个有着多张面孔的大地母亲深深吸引，我们或许首先会惊恐于她那经脉暴涨的东部褶皱山系，然后叹服于她那延绵千里的中部丘陵与在丘陵中穿梭的河流，最后会被那一望无垠的西部平原征服。这是一块完整的大地，也是一个斑斓的世界。千百年来，这里的人们在天地之间上演了无数出人生的悲喜剧，生活在这里的人们也通过绚丽的神话讲述着这块土地的前世今生。神话故事《夏禹王开夔门》说四川盆地原是四海中的"西海"，西海被大山包围，没有出水口，因此很难治理，尧的大臣鲧由于无法有效治理西海而被斩首，临死前向尧推荐了自己的儿子禹。禹在梦中遇到一位带了两个女花童的老太婆，老太婆说只要禹与她的孙女成亲，便可以帮助他治理洪水，禹欣然答应。第二天老太婆在将孙女嫁给禹后，与孙女一道化作两只大乌龟跳进西海，找到今天的夔门，即出水口，并用尾巴花了三天三夜将岩石打通，将西海的水排出去，形成了今天的四川盆地。尧知道此事后，为了感激她们的功德便要求大臣在上朝时手持龟牌，这个龟牌后来就叫作"朝龟"。⑧另一个神话故事《鳌鱼眨眼天地翻身》，也说成都曾经是一片汪洋大海：

> 据说，成都这个地方原来是个海子，海子里头有个大鳌鱼。那个大鳌鱼经常在海子里头兴风作浪，海子周边的老百姓就遭了殃。

中国风俗图志·川西卷

讲评书

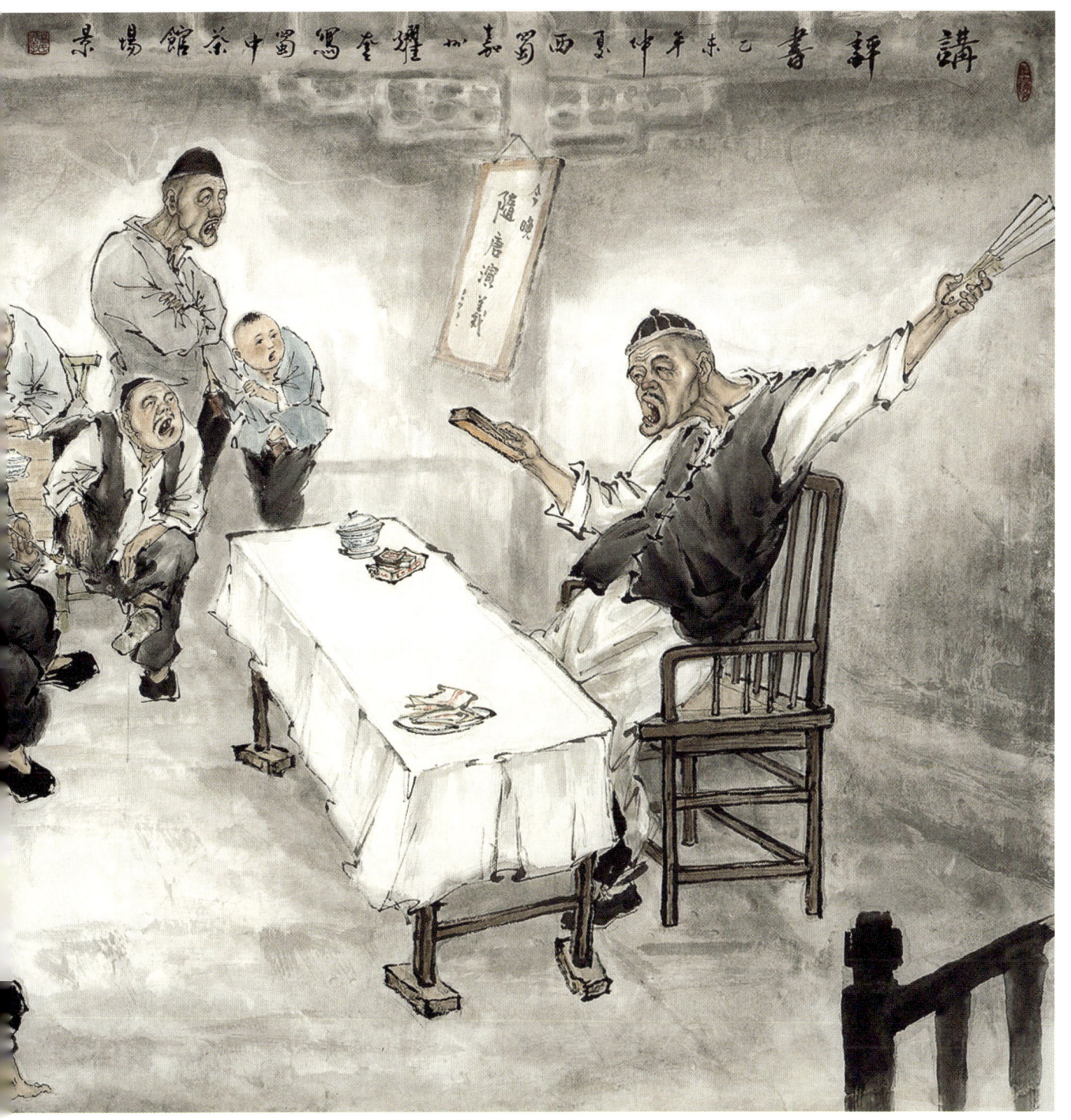

>　　有一天，观世音菩萨从南海到四川的峨眉山去会普贤菩萨，经过这个地方时，她在天上看到那个鳌鱼正在海子里头东搅西搅，掀起风浪。老百姓受的灾害太大了。观世音菩萨是救苦救难的，看到了咋会不管嘛！当时便施了法术，把手板儿这么一翻，那个鳌鱼连同海水一下被翻到底下去了，从此这里就变成了一块陆地。
>
>　　鳌鱼兴风作浪惯了，在地底下还要乱摆动。观音菩萨又想了个法子把它管住。她找了四只金鸡，在这个鳌鱼的东南西北四方，把它看管起来，如果它在底下要想摆动的话，哪个地方摆，哪个地方金鸡就啄它。这样子一来，鳌鱼就不敢动了。有时候鳌鱼实在忍不住了也要眨一下眼睛，它一动，地就要动。所以，后来成都就有这么一句话："鳌鱼眨眼天地翻身。"⑨

这则美丽的神话不仅解释了蜀地沧海桑田的变迁，而且将地震与鳌鱼眨眼联系在一起，呈现出瑰丽的神话思维。然而，直到今天，这些神话似乎都未翻越秦岭、跃出夔门，仅限于在蜀地一隅传播。人们大多已经习惯了蜀地的偏远，也总将它与起伏的群山联系在一起。但当人们真正走进蜀地后，便会发现蜀地在地貌、植被、气候等方面都存在较为明显的地域特征。就地貌而言，青藏高原从西向东一直延伸到蜀地的西部边缘，在高原与盆地的交界处，高高地隆起了邛崃山系和岷山山系。再一路东行，四川盆地便可分为川西平原、川中丘陵和川东平行岭谷。其中的川西平原由岷江、沱江、涪江、青衣江等八条河流冲积连缀而成，面积约8000平方千米，是我国西南地区最大的平原，地势由西北向东南倾斜，海拔在460米到750米之间，相对高差一般在30米到50米之间，地表平坦。其特点是土壤肥沃，河渠稠密，著名的都江堰水利工程从战国时期修建以来便浇灌着这块土地，成就了其"天府之国"的美誉。因此，本书中的"川西"所指，便是以川西平原为主体，延及周边部分山地的广大区域。该区域北起江油，南到乐山五通桥，包括了涪江冲积平原，岷江、沱江冲积平原以及青衣江、大渡河冲积平原，在行政区划上包括今成都市、德阳市、绵阳市、乐山市、眉山市以及雅安部分地区。

第二节 "土著"与"移民":川西历史

川西平原是蜀地的核心区域,零星的传世文献和近年来的考古发现都证明,早在先秦时期,此地便已经具有独特的区域文化形态。震惊世界的三星堆文化和金沙文化均分布在川西平原上,那些怪异的青铜面具、高大的青铜人像、精致的青铜神树、黄金包裹的权杖、黄金铸造的面具、由金箔构成的太阳神鸟的图案,还有成吨的象牙等,无不显示出这个被长期遗忘的文明遗世而独立的姿态。围绕这两个文明中心的宝墩、芒城、十二桥等一系列古城遗址的发现,让我们看到了一个自成体系的"文明"世界。

关于蜀地文明的形成,著名历史学家许倬云的观点颇具启发性,他在《试说巴蜀》一文中指出,蜀地所在的成都平原是资源汇聚的集合处,"蜀地文化资源与经济资源,为来自四方,而又以盆地西方的南北通道为吸纳转输的动脉","蜀的格局,来去方向,不是北向面对关中,东向出入江汉,而是面向西方与南方的一条条河谷通道"⑩。如果说川西平原是这个文明的心脏,那么这些穿越崇山峻岭的河谷地带便是为心脏输送血液的血管,它们共同造就了灿烂的西蜀古文明。其实汉语文献对蜀地也早有涉及,如《尚书·禹贡》便将该地区归入梁州地界:

> 华阳黑水惟梁州。岷、嶓既艺,沱、潜既道,蔡、蒙旅平,和夷厎绩。厥土青黎,厥田惟下上,厥赋下中三错。厥贡璆铁银镂砮磬、熊罴狐狸织皮。西倾因桓是来,浮于潜,逾于沔,入于渭,乱于河。⑪

这样的记载虽失之宽泛,但也说明先秦时期以川西为核心区域的蜀地已经受到中原的关注。不过整体而言,无论是服饰上的"左衽"、语言上的"左言""不晓文字",还是丧葬中的船棺葬俗,抑或是遍布蜀地的大石文化,以及"南、西、北、东"的方位顺序,均显示出这一时期蜀地文化与中原文化的差异。因此,受中原史观的影响,相对于黄河流域的商、周来说,蜀地只能以方国的名义存在于西南部,长期被华夏族群视为"椎髻左言,不晓文字,未有礼乐"⑫的蛮荒之地。《华阳国志》也早已指出,蜀在"有周之世,限以秦巴,虽奉王职,不得与春秋盟会,君长莫同书轨"⑬。由此可见,蜀地虽与华夏族群保持着政治和文化方面的关联,但依然被华夏视为"他者"。蜀地作为一国之郡县的辖区,始于公元前316年。那一年,蜀国全境相继被北方秦国吞并，秦国不仅在开明王朝的故地设置了蜀郡，而且还徙其豪侠于蜀，从而将中原文化大规模输入巴蜀地区。即便如此，独特的地理环境和文化基因仍然使蜀文化保留了浓厚的区域性特征。直到常璩写作《华阳国志》时依然说蜀地"君子精敏，小人鬼黠。与秦同分，故多悍勇"⑭。

秦汉时期，以"文翁化蜀"为代表的一系列文化行为，使地处西南的巴蜀地区在文化上逐渐融入中原文化，从而为奠定中华文化"多元一体"的格局做出了贡献。常璩对此曾总结道："自时厥后，五教雍和，秀茂挺逸。英伟既多，而风谣旁作。故朝廷有忠贞尽节之臣，乡党有主文歌咏之音。"⑮元代马端临在《文献通考·舆地考七》中也充分肯定了文翁化蜀的历史意义："汉景帝时，文翁为蜀郡守，建立学校，自是蜀土学者，比齐鲁焉。"⑯在此过程中，被中原人奉为圭臬的礼制文化也逐渐内化为巴蜀人的礼仪追求和行为准则。《华阳国志·蜀志》就描述了秦汉以来巴蜀所受中原文化的影响程度之深：

然秦惠文、始皇，克定六国，辄徙其豪侠于蜀；资我丰土，家有盐铜之利，户专山川之材，居给人足，以富相尚。故工商致结驷连骑，豪族服王侯美衣，娶嫁设太牢之厨膳，归女有百两之徒车，送葬必高坟瓦椁，祭奠而羊豕夕牲，赠襚兼加，赗赙过礼，此其所失。原其由来，染秦化故也。⑰

短短数百年间，蜀地从服饰材用到婚丧礼俗，再到祭祀信仰等都已深深地"染秦化"，这也导致了古蜀文化逐渐被中原文化取而代之。因此，唐代元结《送张玄武序》有"蜀之遗民，化于秦汉，纯古之道，其由未知"⑱之说。清代《四川通志》也说：

诗称文王之化，行于南国。江汉之间，实渐被之。然则蜀土之淳风，有自来矣……蜀虽边徼地，秀者服诗书之泽，朴者安耕凿之常，孝悌力田，敦本务实。⑲

由此可见，蜀虽地处西南，但由"夷"变"夏"的时间却非常早，与中原在文化和风俗上逐渐趋同。然而，古代蜀地的一些具有浓郁地域特色的文化因子并未消失，而是以更加隐蔽的形式存在于民间。就民俗而言，生产生活、社会组织、人生礼仪等方面的习俗虽早已难觅古蜀的踪迹，但古蜀文化在仪式信仰、神话传说等方面还得以部分保留。正因如此，蜀地逐渐孕育出一种有别于齐鲁、燕赵、河东等地域文化，同时又有别于古蜀文化的新的地域文化。唐宋时期的川西平原无论在经济上还是文化上均在全国占据重要地位，唐代二帝幸蜀便充分说明蜀地在全国的重要性。从宋代蜀学兴盛、蜀地人才辈出等现象中,也可见蜀文化与中国文化之部分与整体的关系,但巴蜀文化之独特性依然存在。《宋史·地理五》载:

> 川、峡四路,盖《禹贡》梁、雍、荆三州之地,而梁州为多。天文与秦同分。南至荆峡,北控剑栈,西南接蛮夷。土植宜柘,茧丝织文纤丽者穷于天下。地狭而腴,民勤耕作,无寸土之旷,岁三四收。其所获多为邀游之费,踏青、药市之集尤盛焉,动至连月。好音乐,少愁苦,尚奢靡,性轻扬,喜虚称。庠塾聚学者众,然怀土罕趋仕进。涪陵之民尤尚鬼俗,有父母疾病,多不省视医药,及亲在多别籍异财。汉中、巴东,俗尚颇同,沦于偏方,殆将百年。孟氏既平,声教攸暨,文学之士,彬彬辈出焉。[20]

在蜀文化的发展史中,移民的影响至关重要。四川盆地是中国最著名的移民区域之一,从先秦到明清,人口迁徙几乎从未停止,其中大规模的移民活动便有六次。早在秦统一巴蜀后便移秦民万家进入蜀地。汉初,由于战乱和自然灾害,也有不少人迁到蜀地。《汉书·食货志上》载:

> 汉兴,接秦之敝,诸侯并起,民失作业,而大饥馑。凡米石五千,人相食,死者过半。高祖乃令民得卖子,就食蜀汉。[21]

三国蜀汉时期,成都平原尚地广人稀,诸葛亮"乃移其豪徐、蔺、谢、范五千家于蜀,为猎射官"[22]"移南中劲卒、青羌万余家于蜀,为五部"[23]。其后在"五胡乱华"、黄巢起事、金兵南下、蒙古入川等诸多历史事件中,都有不少外地人迁入巴蜀。到元明之际,频繁的战乱和自然灾害使得巴蜀人口急剧下降,这种趋势一直延续到洪武十年(1377年)左右。《元史·世祖本纪》所记至元十九年(1282年)"四川民仅十二万户"[24]。而洪武五年(1372年),"户部奏四川民总八万四千余户"。相比较而言,90年间减少了3.6万户。然而,到了洪武二十六年(1393年),巴蜀的户口却猛增至21.49万户、146万余人。[25]这其中虽然有人口统计等技术因素造成的结果偏差,但总体而言,巴蜀人口在这一时期迅速增长也应是不争的事实。就增长速度推测,这种增长应主要源于较大规模的移民活动。

在中国历史上,朝代之更迭变化往往引起人口数量与分布的变化。明代在200余年的时间内便走完了从兴起到发展到顶峰再到衰落,最后到灭亡的周期,最终在遍地开花的农民战争的喊杀声和满洲人入关的隆隆炮声中彻底宣告结束。在此过程中,蜀地虽偏居西南,却灾祸不断。当时,蜀中有童谣这样唱道:"流流贼,贼流流,上界差他斩人头。若有一人斩不尽,

行瘟使者在后头。"㉖ 在战争、瘟疫之外,蜀地虎患之严重也超出了我们的想象,清代蜀中文献记载:

> 其时土寇各据一方,每以强凌弱,互相贼害,寇盗未息。豹虎纵横,三五成群,不分昼夜,或飞腾升屋,或浮水入船,觅人而食。更有恶犬攫人如虎,总由劫抢后尸骸遍野,远近之犬百十成群,夜或值之,一犬声吠,众犬皆起,曳踏行人,须臾毙命,食人恶犬身挟风毒,中其毒者必死,是以逃荒之人非多结伴,莫敢往来。然道无人烟,虎豹肆出,父子兄弟俱不相保。更可异者,足胫生疮,瘟名马蹄,传染流传,百药不效。㉗

这样的画面不仅出现在乡野,就是作为蜀中历代首府的成都也不曾幸免。据说今天繁华的春熙路、东大街,当时也虎狼成群,绝无人烟。如今,市中区一条被称为"老古巷"的小巷子,原名为"老虎巷",就因虎患而得名。经历长期的战乱、瘟疫、虎患后,蜀地渐成荒野,昔日之天府已哀鸿遍野、满目疮痍。而在这场旷世奇灾中,川西平原受创尤为剧烈。天然的地理优势和毗邻首府的地缘优势瞬间使其成为各方势力反复争夺的前沿阵地,加之与丘陵、山地相比,此地无险可依、无林可藏,居民非死即逃。结果就如清人李馥荣所记:

> 夫以杀戮频仍,荒疲连岁。昔之城郭宫室,今惟蓬蒿荆棘;昔之衣冠文物,今为虎狼狐兔。所称沃野千里者,满目荒烟蔓草而已。㉘

直到清廷平定三藩之乱后,为了恢复巴蜀地区的经济,才从政策上鼓励人口入川。加之湖广等地人口稠密,人地矛盾突出,因此外来移民陆续入川垦殖。黄尚军曾收集到巴蜀地区成都、简阳、仁寿、宜宾、黔江、罗江等36地共46家姓氏的100部族谱。其中,除民国十四年(1925年)华阳《漆氏续修谱》称"吾家世居西蜀"外,其余全记载其祖先为外地入川者,迁徙入川时间主要集中在明清两朝,其中又以清代所占比重最大。这场被称为"湖广填四川"的大移民从清初一直延续到嘉庆年间,移民来源之广、数量之多、持续时间之长都远超前代,有关记载也十分丰富,这从朝廷正史、地方志略、家乘族谱、碑铭诗文中都可窥一斑,甚至朝廷重犯的供词中都有涉及,如发生在雍正年间震惊朝野的"曾静案"中,也可看到移民入川的身影。曾静在其供词中曾有这样一段描述:

> 西游的话,是雍正三年事,当时并没有别意。因弥天重犯所住之地最狭僻,在山谷中,左右方圆十余里尽是耕户山农,并没有读书识字的人相接。弥天重犯的父亲在日尝有个迁居之

志,而不能得遂。复因近来人多田贵家事单寒,转移不得……因见这些去四川的传来,以为四川田贱。乃于张熙、廖易商量,思欲去四川寻采个安静的所在,以为安耕搬家之计。且与张熙、廖易同住,并可遂其读书之志,于是有去四川之行……适值雍正四、五两年,湖广、广东等处百姓搬家到四川,往还有从弥天重犯门首过者,传说西边有个岳公,甚爱百姓,得民心,西边人最肯服他。那传说的百姓也不知道岳公是甚名字,是甚官职。㉙

曾静家居"湖南近广东界",他不仅曾计划移居四川,并于雍正三年(1725年)七月二十五日到达长沙,而且又亲见诸多从湖广、广东迁入四川的百姓从门前经过。实际上,广为人知的"湖广填四川"的固有说法,也许在某种程度上遮蔽了明清以来巴蜀移民来源的丰富性,因为湖广地区虽是这次移民活动最主要的来源地,但江西、秦陇、两广、福建以及滇黔等地也有大量移民入川。以成都为例,清末《成都通览》曾记载"现今之成都人,原籍皆外省人",其中湖广占25%,河南、山东占5%,陕西占10%,云南、贵州占15%,江西占15%,安徽占5%,江苏、浙江占10%,广东、广西占10%,福建、山西、甘肃占5%。㉚五方杂处的人口结构在竹枝词中也有所体现,如成都竹枝词中有"大姨嫁陕二姨苏,大嫂江西二嫂湖。戚友初逢问原籍,现无十世老成都"㉛,又如"磁器店皆湖州老,银钱铺尽江西人。本城只织天孙锦,老陕亏他旧改新"㉜。清代陈谦《萝溪诗草续集》卷二对三台县移民后的人口构成也有如下诗句:"五方杂处密如罗,开先楚人来更多。闽人栽蔫住平地,粤人种芋住山坡。"㉝其实,这在巴蜀各地的县志等资料中也得到了证实(见表1)。

表1　部分方志所载巴蜀移民来源㉞

资料来源	内容记载
光绪《大邑乡土志·户口》	查大邑土著,历来惟有汉人……献贼乱后,几无孑遗。全资两湖、江西、两广、山陕之人来邑垦荒生聚。麻城人较多,江西、山陕次之,两广又次之。俗传"湖广填四川",其明证也。
民国十一年(1922年)《邛崃县志·庙祀》	邛州在明末清初人口稀少,外省人之移来者江西、湖广、陕西为多,其远者如广东、福建,时亦有之。
民国十八年(1929年)《什邡县志·风俗》	占籍惟楚者人最多,粤人次之,江西、陕西、福建又次之。
民国二十六年(1937年)《犍为县志·居民志》	清代定鼎……又有由湘、鄂、赣、闽、粤诸省移来占籍者,其中尤以湘、鄂人居多数,故今尚有"湖广填四川"之谚。
民国三十六年(1947年)《郫县志·风俗》	邑自前明冰燹后……当清始垦殖,如广东,如两湖,如陕西,如江西,如福建,占籍几十之九。

移民活动不仅带来了巴蜀地区人口的重组，更为区域文化的融合提供了条件。一般而言，移民初到一地往往遵循着自己原来地区的风俗，但来自不同地区的移民群体长期生活在一起，相互之间的文化界限逐渐被打破，固有的文化从"异"趋于"同"，从而催生出一种融合多种文化的新型巴蜀文化，造就了巴蜀文化的丰富多元性。因此，"外来者"与"原住民"在巴蜀地区只是一个相对概念，因为早期"外来者"与"原住民"的文化在长期杂居生活中互相融合，渐成一体，相对于后来的"外来者"，早期的"外来者"便又成为"原住民"。

明清移民对蜀地的影响可谓深远，即便今天，采访当地故老，他们均能讲述一些关于这场大移民的传说，这些传说已经深深地烙印在这块土地上，成为生活在这里的人们的集体记忆。如有关张献忠剿杀四川的传说在蜀中广泛流传，乐山地区端午挂菖蒲的来历的传说与张献忠剿四川的传说就相重叠：

> 人们一到端午节这天，就要扯把菖蒲挂在大门上，为啥要挂呢？这是明朝末年张献忠剿四川后流传下来的。
>
> 传说，张献忠原是做海椒生意的。一次，他进四川卖完海椒，刚走到一个灌木杂草丛生的地方，突然肚子痛起来，就钻进丛林中屙屎，屙完到处找不到揩屁股的东西，他抬头一看，见矮树上有桑叶般大的树叶，张献忠不晓得是活麻，就扯了两片来揩屁股。刚一揩，马上手和屁股如被蜜蜂刺了一样，麻麻辣辣的又痒又痛。张献忠咬牙切齿地说："这四川人可恶得很，连草都咬人，我当不了官就算了，如果有一天能当上官，统领了兵马，定要把四川杀个鸡犬不留。"
>
> 不几年，张献忠果然从了军，一日三，三日九，便当上统领兵马的军官。后来，张献忠的势力大起来了，他就另扯旗号，独据一方。一天，张献忠在一灌木丛中被一种阔叶触动了往昔屙屎被草咬的事。于是，张献忠决意向四川进剿。
>
> 在进剿的途中，张献忠扎下营盘，化装下去察访有无漏杀。一天，张献忠到了一个山村，四处都无人烟，他满意地沿小路走回营盘。刚刚走至一条三岔路口，正见一个大嫂气喘吁吁的，背上背个八九岁的儿子，手里却牵个五六岁的娃儿，慌不择路地奔跑。张献忠想知道个究竟，马上追上问："喂，你那嫂子，弄莫慌慌张张跑啥哟？"这妇人看也没看一眼，慌张地说："你不晓得么，张献忠剿我们四川来了，要逃命啊！哪个还有时间和你多说哟。"说完又朝前跑。张献忠又挡住去路："大嫂，既是这样，那你为啥不把小的背起，大的放下，跑起来也没那么累人？"大嫂喘着气说："你这汉子不知，这大的是我大嫂的儿子，他在娘肚皮里头时，我那大哥就去从了军，没好久就死在战场上。我当弟媳的尊敬大嫂守节，也尽点心帮大哥盘养这命根子。那天，我带起这娃儿到我离这不远的娘家耍，哪晓得张献忠就剿拢了，我为了死在战场的大哥有个后人，就从娘屋背起这娃儿，让我那小两岁的娃儿走路，要是跑不赢就舍掉我儿，无

论如何也要把我大哥的娃儿的命保住。"说罢,这嫂子又朝前跑,张献忠被妇人的一番话打动了,便生起了一点恻隐之心,又挡住妇人说:"大嫂不要慌,我给你一样东西,可保你婆家一村不遭剿杀之祸。"这妇人半信半疑地问:"当真行么,我就感谢你这活佛大恩人了。""是真实的。"张献忠边说边在路边扯了一把菖蒲,递给妇人说:"大嫂子,你把这草拿回去告诉大家,在大门口挂上它做标记,就不会遭剿杀。"这妇人千恩万谢赶回去了。

张献忠回营后,为了等妇人回去通知一村人挂好标记,一直拖延到五月初五这天出兵剿杀。出军前,他向将士们宣布:"在进剿中,凡大门口挂有菖蒲草者,一律不准进屋剿杀,如有违令者,立即处斩。"果然在端阳这天,张献忠的兵马从那妇人村子里经过,见家家户户门前都有菖蒲挂起,硬没有一个兵士敢去扰乱,这才保全了这个村子的老小性命。他们为纪念五月五日这个不遭剿杀的日子,每年的端阳这天,大门上都要挂上菖蒲。㉟

该传说不仅在乐山地区流传,在成都、绵阳等地也广泛流传,只是其中的菖蒲变成了白旗或柳枝,但传说的母题完全一样。除此之外,有关"解手"的传说在蜀中也可谓家喻户晓,如青神县流传的《解溲的来历》:湖广填四川时,移民由人押送,双手被捆绑着一路步行来到四川。路途中移民大小便时要叫押送人员把绳子解开,久而久之就把大小便叫作解手了。为了字面好区别,又把"手"写作"溲"。㊱这些传说共同反映出"湖广填四川"移民活动的深远影响。

第三节 "多元"与"一体":川西民俗

巴、蜀虽长期并称,但巴与蜀各自的特点也非常鲜明:巴地"其民质直好义。土风敦厚,有先民之流"㊲,而蜀地则"君子精敏,小人鬼黠。与秦同分,故多悍勇"㊳。而就语言上而言,也能直观感受到重庆话急促有力,成都话悠缓绵长的特点。俗话说"巴出将,蜀出相",就很好总结了两地之间的文化差异。实际上这种差异并非是单纯的"他者"总结,它早已成为巴人和蜀人自我标榜的符号。五代时期的孙光宪在《北梦琐言·逸文卷第三》中有"东西川人轻薄"条:

> 蜀东、西川之人，常互相轻薄。西川人言："梓州者，乃我东门之草市也，岂得与我为耦哉？"节度柳仲郢闻之，为幕客曰："吾立朝三十年，清华备历，今日始得与西川作市令。"闻者皆笑之。故世言东、西两川人多轻薄。㊴

可见，巴人和蜀人"相爱相杀"早已有之，这同样体现出两地的差异。就蜀人的性格特征而言，早有"精敏""鬼黠"之说，《隋书·地理志》也曾这样总结道：

> 其地四塞，山川重阻，水陆所凑，货殖所萃，盖一都之会也。……其人敏慧轻急，貌多蕞陋，颇慕文学，时有斐然，多溺于逸乐，少从宦之士，或至耆年白首，不离乡邑。人多工巧，绫锦雕镂之妙，殆侔于上国。贫家不务储蓄，富室专于趋利。其处家室，则女勤作业，而士多自闲，聚会宴饮，尤足意钱之戏。小人薄于情礼，父子率多异居。㊵

蜀人"颇慕文学"早成定论，汉代有司马相如、扬雄之属，唐代则有陈子昂、李白等人横空出世。而文中所说的"溺于逸乐"之风气于唐、五代、宋尤盛。宋人张咏《悼蜀诗》中有"蜀国富且庶，风俗矜浮薄，奢僭极珠贝，狂佚务娱乐"之句。这样的习俗世代延续，直到明清大移民之后才稍有变化，但一旦经济恢复、人口繁衍，外来者便也逐渐"蜀化"，开始趋向"风俗矜浮薄，奢僭极珠贝"了。

明末清初的移民情况已如上文所述，移民带来的蜀地民俗文化的重组和融合直接影响了今日蜀地民俗之特征。移民之初，来自湖广、秦陇、滇黔、闽粤等地的移民五方杂处，风俗各异。雍正十一年（1733年）《四川通志》卷首序言曰：

> （成都）其民则鲜土著，率多湖广、陕西、江西、广东等处外居之人，以及四方商贸，风俗不同，性情各异。

道光十七年（1837年）《德阳县新志·风俗》载：

> 德阳五方杂处，聚族而居，楚语越吟，数代弗改。是以性情嗜好、吉凶礼仪，各有乡风土俗之不同，要皆椎鲁俭朴，质而少文。

民国二十年（1931年）《三台县志·风俗》载：

> 自兵燹后，流离播迁，隶版籍者为秦、为楚、为闽、为粤、为江左右。五方杂处，习尚不同。久之而默化潜移，服其教不易其俗。

与各地移民五方杂处相对应的是蜀地会馆林立的现象，这些旨在"迎神麻、联嘉会、襄义举、笃乡情"的会馆以地缘为纽带，在早期移民的生活和精神世界中扮演了十分重要的角色。民国二十六年（1937年）《犍为县志·居民》载："道咸时，各场承办地方公务，有五省客长之目。治城暨所属场镇，亦多建有各省会馆，顾省籍虽异而无种界上之分岐，用能各安于无事，以生以息，相助相友，县境遂成乐土。"移民经过三五代繁衍之后，随着家族人口增加、与不同地域人群交往愈加频繁，他们开始从"外来者"变为"本地人"，并逐渐树立起"四川人"的身份认同，会馆的功能有所减退。民风民俗也逐渐潜移默化地发生着改变。加之婚媾互通，曾经的"乡风土俗"渐趋于一，就连语言也出现了"渐混而为土音"的现象。[41]总而言之，蜀地经过明清两代的大移民运动，外来文化在蜀地生根发芽，从而形成了以古蜀文化为基础的多元共生的今巴蜀文化，也造就了蜀地具有浓郁地域特色的民风民俗。

除由移民引起的蜀地民俗文化融合之外，蜀地因与少数民族地区毗邻，文化交流十分频繁，因此也带来了该地区民俗文化的多民族性。川西平原的西部为青藏高原东缘，岷江、青衣江、涪江、沱江等河流谷地自古便是氐羌系民族进入川西平原的天然通道。据学者研究，古蜀蚕丛氏便来自岷江上游。而后世文献记载的少数民族进入川西平原的史事更是数不胜数，如《后汉书·西南夷传》载："（冉駹）土气多寒，在盛夏冰犹不释，故夷人冬则避寒，入蜀为佣；夏则违暑，返其聚邑。"[42]晋常璩《华阳国志·蜀志》载："故夷人冬则避寒入蜀，庸赁自食，夏则避暑返落，岁以为常。"[43]可见最晚在汉代，生活在岷江上游地区的少数民族便已习惯于在蜀地与家乡间做季节性的流动。除此之外，商贸上的互通有无也自古使然，少数民族地区出产的麝香等山货往往是平原居民争相购买的珍稀之物，而川西平原出产的一些农副产品以及城市中出售的各种日用杂货等又为居住在山区的少数民族所稀缺，所以在清代《灌阳竹枝词》中便可看到这样的词句：

镇夷关下凤栖窠，来往夷人竞唱歌。莫怪麝香儿爱佩，年年番客贩来多。[44]

六对山人的《锦城竹枝词》中也有反映汉藏商贸往来的内容，如：

大小金川前后藏，每年冬进省城来。酥油卖了铜钱在，独买铙钹响器回。[45]

有意思的是，作者还在后面加了一段文字说明："蜀中三面环夷，每年冬，近省蛮人多来卖酥油，回时必买铜锣铜铙等响器，铺中试击，侧听洪音，华人每笑其状。"由于城中汉族人很少购酥油，所以由此可见当时成都必聚居有为数不少的藏族人。这些藏族人在日常生活中必将或多或少与汉族人接触，因此文化上的交流也在所难免。

川西平原的一些沿边区域更是不同民族杂居之处，如古称嘉州的今乐山地区在宋代便属此。宋代乐史《太平寰宇记》卷七十四《剑南西道三·嘉州》载：

> 州民与夷獠错居，华人其风尚侈，其俗好文。夷人椎髻跣足，短衣左衽，酷信鬼神，以竹木为楼居，礼义不能化，法律不能拘。㊻

今都江堰地区作为岷江进入川西平原的枢纽，自古以来也是不同民族杂居之处。大诗人范成大便曾在其《吴船录》中记录了他在青城山、都江堰看到的半山中的少数民族民居。清代顾炎武《天下郡国利病书》引宋代《永康图经》载："其俗刚悍，颇尚气节，而杂夷风。县西五十里有蚕崖关，以扼西山之走集，而边徼从此分矣。"㊼进一步呈现出不同民族杂居所引起的民俗风情的多元共生现象。到清代，西北回族人入川，在川西极少地区也出现了回汉杂居的情况，如民国二十六年（1937年）《犍为县志·居民》载：

> 别有回教民族，清初至中叶，陆续由湘、鄂、陕、甘诸省迁居，县属罗城场一带，迄今共计一百七八十户，人数六七百丁口。近又稍稍散居城内及桥滩诸地，因宗教不同，故其民族仍保有先代之风尚，无由同化。迄今犹鲜通婚媾，然杂居既久，相安无猜，畛域之见渐泯，除少数顽梗者外，初无扞格龃龉也。

长期的不同民族杂居和文化交流，使不同民族之间在保持各自文化特色的同时，也共享着一些文化。如就创世神话而言，今在大渡河中游鱼通地区的贵琼人中便流传着"鳌鱼创世"的神话，而同样的神话也流传在川西平原的汉族人中。藏彝走廊中广泛分布的"三锅庄"，在汉代的成都平原也同样流行，而如今依然在贵琼人和羌人中使用的风篦，也见于成都平原的汉代考古发现中。这其中固然有人口迁徙流动的原因，但也无法排除存在文化交流因子的可能。

总之，川西由于毗邻民族地区的地理环境与经历了长期移民活动的历史原因，其民俗文化也呈现出"五方杂处"的风貌。与此同时，不同地域和民族人群长期交错杂居，又使其在"多元"中呈现出"一体"的格局。川西民俗正是在此基础上，经过"层累"的堆积，逐渐发展到今天多元共生、和而不同的模样。

注 释

① [晋]陈寿撰,[宋]裴松之注:《三国志》,中华书局,1959,第912—913页。

② [唐]魏征等撰:《隋书》,中华书局,1973,第829页。

③ [元]脱脱等撰:《宋史》,中华书局,1977,第2230页。

④ [明]杨慎编,刘琳、王晓波点校:《全蜀艺文志》,线装书局,2003,第429—430页。

⑤ 参见安旗:《李白传》,三秦出版社,1994,第70—71页。

⑥ [汉]司马迁:《史记》,中华书局,1982,第2282—2283页。

⑦ 逯钦立校注:《陶渊明集》,中华书局,1979,第165页。

⑧ 参见《成都民间文学集成》编委会:《成都民间文学集成》,四川人民出版社,1991,第59—61页。

⑨ 成都市西城区民间文学集成编委会:《中国民间文学集成·成都市西城区卷》(内部资料本),成都市现代印刷厂印制,1989,第3—4页。

⑩ 许倬云:《献曝集》,上海人民出版社,2013,第92—96页。

⑪ 王世舜:《尚书译注》,四川人民出版社,1982,第59页。

⑫ [梁]萧统编,[唐]李善注:《文选》,中华书局,1977,第75页。

⑬ [晋]常璩著,任乃强校注:《华阳国志校补图注》,上海古籍出版社,1987,第118页。

⑭ [晋]常璩著,任乃强校注:《华阳国志校补图注》,上海古籍出版社,1987,第113页。

⑮ [晋]常璩著,任乃强校注:《华阳国志校补图注》,上海古籍出版社,1987,第16—17页。

⑯ [元]马端临:《文献通考》(下),中华书局,1986,第2517页。

⑰ [晋]常璩著,任乃强校注:《华阳国志校补图注》,上海古籍出版社,1987,第148页

⑱ [明]杨慎编,刘琳、王晓波点校:《全蜀艺文志》(中),线装书局,2003,第845页。

⑲ 胡朴安:《中华全国风俗志》(上),河北人民出版社,1988,第234页。

⑳ [元]脱脱等撰:《宋史》(第七册),中华书局,1977,第2230页。

㉑ [汉]班固撰,[唐]颜师古注:《汉书》(第4册),中华书局,1962,第1127页。

㉒ [晋]常璩著,任乃强校注:《华阳国志校补图注》,上海古籍出版社,1987,第41页。

㉓ [晋]常璩著,任乃强校注:《华阳国志校补图注》,上海古籍出版社,1987,第241页。

㉔ [明]宋濂等撰:《元史》(第1册),中华书局,1976,第247页。

㉕ 参见蒙默等:《四川古代史稿》,四川人民出版社,1989,第374—375页。

㉖ [清]李馥荣:《滟滪囊》,收入何锐等校点《张献忠剿四川实录》,巴蜀书社,2002,第51页。

㉗ [清]李馥荣:《滟滪囊》,收入何锐等校点《张献忠剿四川实录》,巴蜀书社,2002,第68页。

㉘ [清]李馥荣:《滟滪囊》,收入何锐等校点《张献忠剿四川实录》,巴蜀书社,2002,第69页。

㉙ [美]史景迁著,温洽溢等译:《雍正王朝之大义觉迷》,广西师范大学出版社,2011,第83—85页。

㉚ 参见傅崇矩:《成都通览》,成都时代出版社,2006,第52—53页。

㉛ 林孔翼:《成都竹枝词》,四川人民出版社,1986,第44页。

㉜林孔翼：《成都竹枝词》，四川人民出版社，1986，第60页。

㉝林孔翼、沙铭璞：《四川竹枝词》，四川人民出版社，1989，第74页。

㉞本书所引巴蜀各地方志，详细版本信息请参见倪晶莹等：《四川大学图书馆馆藏地方志目录》，四川大学出版社，1991。

㉟乐山市中区民间文学三集成编委会：《中国民间文学集成·乐山市中区资料集》（内部资料本），1989，第137—138页。

㊱参见青神县民间文学集成办公室：《中国民间文学集成·四川青神卷》（内部资料本），青神县印刷厂，1989，第104—105页。

㊲[晋]常璩著，任乃强校注：《华阳国志校补图注》，上海古籍出版社，1987，第5页。

㊳[晋]常璩著，任乃强校注：《华阳国志校补图注》，上海古籍出版社，1987，第113页。

㊴[五代]孙光宪撰，贾二强点校：《北梦琐言》，中华书局，2002，第410页。

㊵[唐]魏征等撰：《隋书》（第3册），中华书局，1973，第830页。

㊶移民的一些固有称谓词汇依旧保留下来，民国十六年（1927年）《简阳县志·风俗志》对境内各地移民的称谓有较为详细的记载。这些称谓今天仍保留在当地人口中，成为追溯移民来源地的重要依据。除简阳外，巴蜀诸多地区如南江县正直镇龙氏家族，今天仍将父亲称"爷爷"，刘氏家族则称父亲"呀巴"，称母亲"歪子"，也保留了迁出地的称谓。

㊷[南朝·宋]范晔撰，[唐]李贤等注：《后汉书》（第10册），中华书局，1965，第2858页。

㊸[晋]常璩著，任乃强校注：《华阳国志校补图注》，上海古籍出版社，1987，第184—185页。

㊹林孔翼、沙铭璞：《四川竹枝词》，四川人民出版社，1989，第41页。

㊺林孔翼：《成都竹枝词》，四川人民出版社，1986，第58页。

㊻[宋]乐史著，王文楚等校：《太平寰宇记》，中华书局，2007，第1507—1508页。

㊼[清]顾炎武撰，黄坤等校点：《天下郡国利病书》，上海古籍出版社，2012，第2196页。

第二章 生产习俗

暮春三月,草长莺飞。在这样的时节漫步在广袤的川西坝子上,眼前那一望无际的油菜花以及点缀在花丛中的竹林人家和汩汩小溪,使人仿佛置身于"几处早莺争暖树,谁家新燕啄春泥。乱花渐欲迷人眼,浅草才能没马蹄"的意境中。当然,今日已无马蹄声,但那平坦而肥沃的土地,以及那温暖的阳光,又怎能不使人迷醉在数百里原野中,任那和煦的春风拂过发际,去做一场水乡的春梦?梦醒时分,恍然发现置身于一个被称为"天府之国"的地方,那里"有风自南,翼彼新苗",那里"田园平畴,溪流交错",那里"水旱从人,不知饥馑"。今天,人们早已熟悉了"天府之国"这个响亮的名字,认为巴蜀之地作为"天子的府库"定是富饶之都。其实这美名已延续千年,《晋书·袁乔传》载:"蜀土富实,号称天府,昔诸葛武侯欲以抗衡中国。"①唐陈子昂《上蜀川军事》云:"伏以国家富有巴蜀,是天府之藏。"②川西坝子的声名又何止于此?无论是秦灭列国扫六合之时,还是汉凭蜀地统宇内之际,川西都是国之仓廪,提供着决敌之资。下面就让我们走进这片平旷的土地,去看看那历史的美名缘何而生,那里的人们怎样随着自然的律动,将自己交付于这片土地,一代代地创造着属于这里的神话。

第一节 都广之野农家貌:农业景观

话说在遥远的上古时期,有一位名叫望帝的国王,他在蜀地发明了农业,并教民稼穑,将原本洪水四溢的川西平原开垦成一片片良田。后来因洪水滔天不能治,于是望帝将王位传给了治水的大臣鳖灵,自己却归隐西山,最终化作一只啼血的杜鹃。但即便如此,他依然不忘

中国风俗图志·川西卷

犁耕图

在每年农历二月春耕开始之际,提醒川西坝子上的农人们:"春日忙,春日忙,快快播种好收粮。"当然也有人说这由望帝化作的杜鹃的叫声,说的是"快快播谷,快快播谷"。无论是哪一种,都将这个传说中的贤明君王与川西坝子的农业生产联系在了一起。虽然传说邈远,不一定真实,川西坝子的农业生产也不可能起源于一个贤明的君王,但从这些在蜀地广泛流传的神话故事中,我们多少能够得到"川西坝子的农业起源甚早"的结论。

川西坝子农业的发展离不开优越的自然环境。历经西部山区各条江河千百万年冲击而形成的川西坝子,是中国西南地区最大的冲积扇平原。整个平原地势平坦,地表松散,沉积物巨厚,为农业生产提供了良好的土壤条件。加之该地区位于四川盆地西部,西伯利亚寒流难以逾越秦岭天险,而来自东南的暖湿气流则使得川西坝子气候温和、降雨充沛、四季分明,使其成为典型的亚热带太平洋东南季风气候区,具备发展农业生产的良好气候条件。因此在遥远的地质年代,此处就植被茂盛,生长和栖居着大量的亚热带、热带植物与动物,甚至成为史前巨无霸——恐龙的乐园。但新生代时期,由于地势过于低平,河流纵横,先民们在不能有效治理水灾的情况下,还不敢贸然进入这低湿的平原。然而,他们经过长期不懈的努力,最终将那些如野马般奔腾的江河驯服,并使"土反其宅,水归其壑,昆虫毋作,草木归其泽",从而使川西坝子走向农耕时代。《山海经·海内经》载:

*西南黑水之间,有都广之野,后稷葬焉。爰有膏菽、膏稻、膏黍、膏稷,百谷自生,冬夏播琴。*③

学者多认为"都广"即汉"广都",亦即今双流区。晋代蜀人常璩所撰《华阳国志·蜀志》也有蜀王杜宇"教民务农",并且川西农业发展影响到川东巴地,出现了"巴亦化其教而力农务"的结果等的记载。④近年来的考古资料也显示,早在新石器时代蜀地的农业生产便已经出现。考古学家林向指出,"蜀是商王朝重要的农业区之一"⑤。正因如此,战国时期秦国名将司马错当年在分析伐蜀之利时说:"取其地,足以广国也;得其财,足以富民。"⑥取蜀之后,蜀守李冰将开发蜀地的重点放在农业发展上,"蜀于是盛有养生之饶焉"⑦。西汉文翁踵武李冰,也致力于农田水利的建设,他带领众人"穿湔江口,溉灌郫繁田千七百顷"⑧,最终形成了川西坝子那纺锤形的水系格局,并将整个平原改造成河流分支交错、河渠纵横的面貌。自此以后,川西地区便成为历代中原王朝重要的稻作农业区。⑨

川西平原西南部温江、郫县一带以及双流县等地,历来就是盛产稻谷的好地方⑩,成都

中国风俗图志·川西卷

春种一粒粟　秋收万颗籽

俗谚说"温郫崇新灌,天干不怕旱"。当地农民种植水稻积累了颇为丰富的经验,并形成了沿袭多年的农业生产习俗。因此从农业类型上而言,川西地区以稻作农业区别于北方的旱作农业,这从川西地区对稻谷分类之繁复也可见一斑。对稻谷的分类多为农夫之词,除少数农政文献有所记载外,并不见重于时人,一般文献往往不记载。但这些词汇在方志中有丰富的载录,详见表2。

表2　　　　　　　　　　　　巴蜀旧志对稻谷种类的记载

县 志	稻谷种类	总数
嘉靖四十一年(1562年)《洪雅县志·物产志》	盖草黏、白莲谷、香黏、齐头黏、安南谷、多黄泥黏、白日粘(救公饥)、冷水谷、云南早、南京早、白糯、红糯、尖刀糯、虎皮糯、猪脂糯、多鸭子糯,多花壳糯、子糯。	18
同治十二年(1873年)《重修成都县志·食货志·物产》	饭谷:六十早、八十早、百日早、云南白麻黏、红花谷、雁来红、红莲稻、香保。	18
	酒谷:蛇眼糯、猪油糯、红酒糯、虎皮糯、黄丝糯、燕口红糯、尖刀糯、卑卑糯、石头糯、三白谷。	
民国十九年(1930年)《大邑县志·风俗志》	稻谷、香谷、苗谷、干谷、薏子谷、麻黏谷、银条谷、盖草黄、花壳糯、弯刀糯、杨尘糯、桤木红壳糯、早谷、鸳鸯谷、大茅叶、细茅叶、水白条、硬脚黄、揸脚黄、红签签、白签签、麻谷子。	22
民国三十六年(1947年)《郫县志·物产》	饭谷:香谷、薏子、红黏、厓黏、麻黏、贵阳黏、巨然黏、白黏、云南白、红苗谷、红莲早、龙头早、六十早(拖犁归)、青竿稻、麻子早、白漠稻、累子稻、百日早、叶下藏、盖草黄。	29
	酒谷:蛇眼糯、猪油糯、黄丝糯、红酒谷、虎皮糯、燕口红、卑卑糯、石头糯、尖刀糯。	

就分类而言表2所列方志对稻谷的记载,都以稻谷的属性和功能为划分标准,同治十二年(1873年)《重修成都县志》和民国三十六年(1947年)《郫县志》更是结合属性和食用方法将稻谷分为"酒谷"和"饭谷"两类。元王祯《农书》卷七载:"稻有粳秫之别,粳性疏而可炊饭,秫性粘而可酿酒。"⑪可见,"饭谷""酒谷"的分类与"粳""秫"的分类名异而实同。

在以属性和功能为分类标准外,对稻谷的命名依据还考虑到原产地、稻穗形状和颜色、成熟期长短等诸多因素。仅以民国三十六年(1947年)《郫县志·物产》为例,"饭谷"有"香谷、薏子、红黏、厓黏、麻黏、贵阳黏、巨然黏、白黏、云南白、红苗谷、红莲早、龙头早、六十早、青竿稻、麻子早、白漠稻、累子稻、百日早、叶下藏、盖草黄"共20种。"酒谷"则有

小憩图

"蛇眼糯、猪油糯、黄丝糯、红酒谷、虎皮糯、燕口红、卑卑糯、石头糯、尖刀糯"共9种。"饭谷"中,"香谷"因"粒小而微长,以少许入他米,炊之杳气远闻数十步"而得名,"薏子"因"粒短而大,性粘柔若糯米,然最宜老人"得名,"红黏、厓黏、麻黏、贵阳黏、巨然黏、白黏"诸黏均因来自占城而得名,"云南白"因来自云南而得名,"红苗谷"因其苗色红如火而得名,"六十早、百日早"均因生长期而得名,"红莲早、龙头早、麻子早、青竿稻、白漠稻、累子稻"则因稻穗颜色、形状而得名。"酒谷"中,"叶下藏"因秧苗叶茂盛而得名,"盖草黄"因颜色而得名,"蛇眼糯"以其谷粒细且尖如蛇之眼而得名,"猪油糯"因其谷色白如猪油而得名,"黄丝糯"因谷壳黄且有丝而得名,"红酒谷"其谷红如丹砂而得名,"虎皮糯"因其谷壳有像虎皮一样的斑纹而得名,"燕口红"因其谷红如燕口而得名,"卑卑糯"因其苗似黍、其穗长尺许而得名,"石头糯"因其米酿酒多不化糟而得名,"尖刀糯"因米头尖、腰细长而得名。旧志所载稻谷名称如此纷繁复杂,与川西农人对稻作生产知识的丰富程度不无关系。

稻作农业生产也改变了川西平原的人文景观,那一望无际的稻田、沿河而建的水车、车水的农人、田中的耕牛等,在文人士子的眼中多带有田园牧歌式的优雅。清末著名文士俞陛云在其《蜀輶诗记》中对川西风光有如下描述:

> 十里中兴场,村居数十家,皆依南岸。市稍,有塔数层。里许辄有小溪,水声激激,船底与碎石相磨,雷琅作响。两岸树密田平,傍水置轮,径约数丈,为灌田之用,与水碓相仿。⑫

所谓"傍水置轮,径约数丈",即指水车,在川西又称筒车,是前机械化时代稻作农业生产中必不可少的工具。在川西平原,对其数量之多,嘉庆《眉州县志》卷八《水利志·筒车》有如下记载:"自彭至青,沿江建立筒车,不下百十架。""彭"乃"彭山"的简称,"青"则为"青神"的简称,从彭山沿岷江南下约50公里到青神,筒车便不下百架,可见其数量之巨。作为稻作农业的产物,这些高耸的筒车与平整的稻田一起成为清末民初西方人眼中的中国南方农村的象征,并利用出现不久的照相技术,留下了永恒的经典。在俞陛云的笔下,沿岷江而下的沿岸风光除筒车外,还有如下景致:

> 十五里至黄龙溪。两岸土阜绵延,间有石岗,纯作赤色。环省诸山皆然……十八里半边街,在东岸,溪声人语相杂。此数百里间,田畴肥润,孟夏种稻,收于仲秋。冬种大麦,收于孟夏。豆、蒉、包谷等笼山络野,诚腴壤也。⑬

中国风俗图志·川西卷

赶鸭子

除了水稻，川西坝子还有小麦、大麦、油菜、玉米、红苕，以及各种豆类等多种农作物。除此之外，川西的蔬菜种类也十分丰富，峨眉山市流传的一首《小菜歌》如是唱道：

> 正月菠菜扯把把，二月萝卜开绿花；年年有个三月三，提起篮篮卖葱花；
> 年年有个四月八，挑起筥筥卖黄瓜；年年有个五月五，大挑小挑卖葫芦；
> 年年有个六月六，大红海椒结满架；七月豇豆扎把把，八月茄子老疙瘩；
> 九月芹菜满地撒，十月红萝卜扯把把。⑭

各种作物在农人的精心经营下或间种或错季，充分利用了土地资源，最大限度地提高了农作物产量。四川盆地以一年两熟居多，但川西有的地区可达一年三熟：第一熟为稻谷，夏种秋收，一般是清明后浸、播种，立夏插秧，立秋收刈。有的地区早稻收割后，留其根茎，待第二次收获，称为"翻秧"或"寄秧"。⑮第二熟为秋粮，如青菜、芋头、土豆等。第三熟为麦子、菜子等，多在立冬前后下种，翌年立夏前后收获，构成了川西平原近乎完美的生态农业系统（表3）。

表3　　　　　　　民国时期江津县一般农家土地利用情况⑯

土地种类	季节	第一年	第二年	第三年	第四年
水田	冬季	休闲	休闲	休闲	休闲
	夏季	稻	稻	稻	稻
旱田	冬季	菜子	大麦 小麦	蚕豆	菜子
	夏季	稻	稻	稻	稻
土	冬季	蚕豆	大麦 小麦	菜子	大麦 小麦
	夏季	高粱 红苕	高粱 红苕	高粱 红苕	高粱 红苕
田埂	冬季	蚕豆 豌豆	蚕豆 豌豆	蚕豆 豌豆	蚕豆 豌豆
	夏季	绿豆	黄豆	绿豆	黄豆

以上虽然为川东江津农家土地利用情况的统计，但在整个巴蜀地区，由于受气候、降水、土壤等条件的影响，川西地区尤其是平原沿边的浅丘和山地与此大同小异，因此它基本也能反映川西坝子农业生产的季节性特征和土地利用方式。有意思的是，川西的农人们还将各种农作物的种植搭配编成了故事，如流传在乐山地区的《稻、麦豆的传说》：

> 很早以前，胡豆、小麦、黄豆、谷子是好伙伴，它们一天到晚在一起，相处得很和睦。但是，时间久了，它们各自的性情发生了变化：胡豆和小麦的性情合得来，成为姐妹；黄豆和谷子彼此打得拢，结为弟兄。
>
> 一天，黄豆和谷子悄悄地摆起小麦的小话来。黄豆说："小麦好吃懒做，光靠主人把肥料

中国风俗图志·川西卷

扯井水

送到口。"谷子接着说："是哟，小麦比我吃得多，在土地上生长的时间长，而产出的东西不如我。"哪晓得这背后说长道短的话，被顺风耳的小麦听到了，它耐着火气，等黄豆熟后便去找黄豆还价钱。那黄豆、谷子不认，粗声暴气地吵起来，互不相让，你指我的鼻子蹋，我说你的眼睛瞎，吵着吵着就动起手来，谷子先下手为强，用嘴把麦子的头咬了一口。从此，麦粒上留下了一条槽。小麦也不怕，忍着痛顺手抓了谷子一爪，谷子被抓得血浸浸的，小麦又乘机把麦毛毛朝谷子撒去。从此，谷子就浑身是毛了，小麦身上光光生生。黄豆看到谷子哥哥血淋淋的，就冲上去打小麦，小麦用力一推，黄豆倒在地上连滚了几转，就滚圆啦。胡豆从外面回来，听到小麦姐姐挨了打，几步跳上去，一掌向谷子打去，却被谷子掀倒在地，随机踩在胡豆身上，胡豆妹妹经谷大哥一踩，就被踩得扁扁的。

　　这时，老农扛起锄头回来了。胡豆、小麦、黄豆、谷子，一齐请老农评理，胡豆、小麦对老农恳求道："我们生性弱小，怕以后再受黄豆、谷子的欺负，请老人家做主分家，各走各的路吧！"站在一旁的黄豆、谷子也没意见，老农想了想，对大家说："对，你们分家也好，免得我逗工干不赢。这样吧！谷子、黄豆都好强，该给点惩罚，让你们在热天生长，晒太阳，改脾气；胡豆、小麦性情柔弱，让你们在冷天生长经受风霜锻炼。这样，你们再不会发生口角、打架了。"从此，它们就听老农的话，各自按不同的季节生长。⑰

传说中小麦与胡豆性情相投，被老农安排在冬季生长，而谷子和黄豆则被安排在夏季生长。这既符合四种作物生长的季节特征，又可以看出川西农人在播种时注重不同作物的间种以提高产量。同时，传说中的这些农作物间发生口角和打架又非常生活化，是川西农人日常生活的隐喻。

以农为本的生产方式自然影响到川西民俗的方方面面，从农具类型及其使用到饮食的结构与制作方式，从聚落形态到祈雨、打蝗醮等信仰民俗，从日常生活方式到闲适的地域性格的形成，都与农耕文化紧密相关。实际上，当我们漫步在川西坝子的原野上，便会自然地感受到农业社会的特征。即便明末清初在刚刚经历了数年战乱后的川西一些地方，依然隐藏着"桃花源"般的世界。如简州五马桥的傅迪吉在《五马先生纪年》中记录下他的见闻："至蔺家坝山上一望，果然别是一天。田中栽秧犁牛，两河坝俱好粟苗，正将吐穗，茄子、葫芦、姜豆尽多，尚未结实。"当他到达蒲江境内，看到的不仅有农田风光，更有商贸集镇的繁盛和百姓生活的怡然自得：

　　十月内，挈家潜行，过了大山，又过大河……至蒲江董家山，闻鸡鸣声，不觉欢欣之怀豁然顿开。至寿安镇，见两街俱列酒肆，又闻呱呱之声，余思昔有见醉人以为瑞者，此瑞更当何如

中国风俗图志·川西卷

风谷

也。次日，郭洪春来，请至李家营，见闹哄哄，坝无圹土，以为乐郊也。遂移蔡家堰居之。随至火井，谁知渐入佳境。其地人民极其富庶，朝朝请酒，日日邀宾，男女穿红穿绿，骑马往来者不可胜数。且鼓乐喧天，酒后欢呼之声徹于道路。又有修造之家，斧凿之声相闻不绝。[18]

农业生产方式对民俗的影响还不止于此，川西地区流传的一些著名人物的故事往往也与农业生产联系到一起，如乐山地区便流传着这样一则栽秧的故事：

> 有年大天干，乐山石龙场元通寺外头，有一坝田，没水栽秧，张三丰看见成群结队的农民，牵羊担酒，拿起香烛到元通寺敬神求雨，心想，我该为百姓出点力才对呀，就走到百姓面前说，你们快把东西拿回去，晚上包有大雨落下来。农民们早就听说张三丰有道法，大家谢了张三丰回去了。
>
> 当晚张三丰趁人们睡着了，在夜静三更的时候，仗剑做法，念动咒语，呼唤起雨来。不大工夫，只见大雨哗哗地落下来了。张三丰又拿起扫帚去把元通寺的菩萨统统吆出去，整田的整田，栽秧的栽秧，一晚上，就把元通寺外头的一大坝田全部栽上了秧子。第二天，人们看到山上土头都浸透了，田里有了水，一坝田又栽上秧子，都说张三丰是个神仙。[19]

通过上文的梳理，我们可以说从秦至今，川西百姓始终植根于农业生产，农人以其智慧和勤劳，在中国西南缔造出一种极具地域特色的农业文明。这种文明影响到川西的民俗，不仅渗入人们的日常生活中，也形塑着人们的集体记忆。

第二节 杜鹃啼血催早耕：农耕习俗

川西是以农业为主要生计模式的地区，其民俗风情是在农耕文化的滋养下孕育而出的。农耕社会是一个稳定的系统，在这样的社会里，时间是一个可以闭合的圆圈，人们以农作物的生长为周期，生活在春、夏、秋、冬无休止的循环往复中。他们依循着自然的节律，春天播种，夏天耕耘，秋天收获，冬天收藏。农人们非常清楚在什么时节该播种何种农作物，什么

栽秧图

时候该对农作物做怎样的管理。他们的生活围绕着农作物的生长,以"年"为单位周而复始。许慎《说文》释"年"为"谷熟",于省吾《甲骨文字释林》说"年乃就一切谷类全年的成熟而言"[20]。可见,这个最为基本的计时单位的起源,便与谷物的生产有着密切的关系。但中国的传统农业大多属于精耕细作型农业,农人在一年中的劳作非常繁复,川西谚语"不费七十二道手,粮食不易吃到口"便生动地呈现了这一特征,而在生产的每一个环节,又往往伴随着相应的故事歌谣、娱乐休闲、信仰仪式等民俗内容。其实,从眉山走出去的大诗人苏轼在《远景楼记》中记载的其家乡的风俗,便为后人留下了珍贵的宋代川西农业民俗的材料:

> 吾州之俗,有近古者三……岁二月,农事始作。四月初吉,谷稚而草壮,耘者毕出,数十人为曹,立表下漏,鸣鼓以致众。择其徒为众所敬畏者二人,一人掌鼓,一人掌漏,进退坐作,惟二人之听。鼓之不至,至而不力,皆有罚。量田计功,终事而会之,田多而丁少,则出钞以偿众。七月既望,斩艾而草衰,则仆鼓决漏,取罚金与偿众之钱买羊酾酒,以祀田祖[21],作乐饮食,醉饱而去,岁以为常。其风俗盖如此。故其民皆聪明才智,务本而力作,易治而难服。[22]

由苏轼的记载可知,宋代眉山地区的农事活动始于农历二月,为了促进秧苗生长,农人于四月开始薅秧,到七月稻谷成熟,在收获时节要敬奉田祖酬神。这些习俗一直延续到民国时期。下面我们将以季节为线索,以农作物的耕种时间为顺序,对川西坝子农业生产中的典型民俗略做介绍。进入正题之前,我们先来看一首流传在蒲江县境内的平腔山歌《农事十二子歌》的歌词:

> 正月雨水栽树子,二月春分割苕子。三月谷雨撒谷子,四月小满栽秧子。五月锄草草帽子,六月处暑干田子。七月立秋打谷子,八月秋分点菜子。九月交粮背谷子,十月立冬种麦子。冬月耕田草褴子,腊月管好菜子和麦子。[23]

山歌以简洁的方式将十二个月中最重要的农事活动一一罗列,其中既以月为单位,同时又凸显出二十四节气的重要性。从正月开始,农事活动几乎贯穿了一年的始终,只是在不同的月份有农忙与农闲之分,总体而言,春秋两季最为繁忙。夏天为农作物成长之期,虽需农人管理,但工序相对较少。冬天寒冷,油菜和小麦自然生长,属于农闲之时,又恰逢春节之期,农人终于可以获得难得的闲暇机会,以缓解一年的疲劳。

美好的时光总是短暂的,城镇各行各业在"破五"之后就重新开张营业,农人虽无定时,但随着气候回暖,也无心思继续沉浸在狂欢中,他们懂得"一年之计在于春"的道理,

中国风俗图志·川西卷

踩水车

开始为了新一年的丰收而准备着。旧时川西地区在开始耕种之前,多要举行鞭春牛等立春仪式。宋代何耕的《录二叟语》便记载了当时川西平原的立春之俗:

> 将春前一日,有司具旗旄金鼓、俳优侏儒、百伎之戏,迎所谓芒儿土牛,以献于二使者;最后诣尹府,遂安于班春之所。黎明,尹率掾属相与祠句芒,环牛而鞭之,三匝,退,而纵民碟牛。民謹哗攫攘,尽土乃已。俗谓其土归置之耕蚕之器之上,则茧孽而稼美,故争得之,虽一丸不忍弃。岁率以为常。㉔

可见,鞭春牛仅仅是立春仪式中的一个部分。这种官方和民间共同参与的仪式体现了在农耕时代"春之始,即耕之始"的观念,也是农耕社会"民以食为天"思想的最好注脚。它甚至被朝廷纳入"礼"的范围在全国各地普遍推广,仪式本身也成为上至皇家下至基层官员重视农耕、重视农业的象征。但即便如此,不同地区的农人对此仪式有着不同的解读,这在民间故事中体现得尤其明显。如旧时在峨眉县便流传着"鞭打杨广变耕牛"的传说:隋炀帝杨广是个暴君,又爱女色。他为了害大臣李渊,于是先后设下了几个使李渊左右为难的计。杨广首先让李渊在三个月内修一座金銮宝殿,李渊在鲁班的帮助下完成后,他又要求李渊在三个月内修一条几百里长的干河,李渊又在鲁班帮助下按时完成了任务。于是,杨广在干河中铺上了三尺厚的豌豆,将龙舟拉到干河中并派八百美女拖龙舟。为了追求刺激,他让美女均裸体拉龙船。几天后,他玩腻了便用宝剑斩断纤绳,使美女们绊倒在干河中。结果美女们的怨气惊动了玉皇大帝,玉帝一怒之下便说:"你让美女拖龙舟,我要让你拖枷担犁田!"说完,就将杨广变成一只耕牛。从这以后,杨广只有拖枷担了。他不服气想变回人身,又害怕挨鞭子。老百姓知道他的心思,于是每年立春的那一天都要用鞭子打耕牛,谨防杨广翻身。㉕一个被官方"礼制"化的仪式,却在农人们的口中与历史上的暴君联系在一起,这里面有运河,有龙舟,还有鲁班、玉帝。这些耳熟能详的历史故事和神话人物,居然被农人们如此随意但又天衣无缝地组合在一起,来解释一个流传千年的古俗,当看到这个故事时,我们不得不被川西坝子上农人们丰富的想象力深深折服。

立春仪式结束后,农人们便走进田野中开始一年的辛勤耕作了。他们要尽快耕田耙地,争取在春雨来临之际下种。农人们都懂得庄稼不等人,"懵懵懂懂,清明下种""二月清明不在前,三月清明不在后"㉖"芒种栽种穗不长,夏至栽秧杆杆光",这些都是农业生产的古训。此时的川西坝子,到处都是农人和耕牛的身影,还会远远地传来悠扬的《耙田小调》:

中国风俗图志·川西卷

摇水车

"太阳出来四山红,农二哥耙田戴斗篷;阳春三月青草香,南河两岸是米粮仓。"[27]小调为辛勤的农人们带来了乐趣,但他们并没有忘记手中的犁和耙。他们谨记"犁得深,耙得细,一亩要当二亩地;犁得深,耙得烂,一碗泥巴一碗饭"[28]。当然,犁田时也不要忘记施底肥,俗语道:"好酒好肉待女婿,好肥好料下秧田。"[29]

田耙好后,便要插秧了。"梅子青青麦子黄,'小西湖坝'赶栽秧。坂田车上秧田水,是处山歌闹夕阳。"[30]农人们躬着腰,左手持秧,右手插秧。正在腰酸背疼之时,栽秧师在田边一边敲锣打鼓一边唱起高亢的栽秧歌:"四月里来栽秧忙,太阳晒到水田上。头顶太阳脚踩水,口唱山歌手插秧。"这样的场合自然少不了情歌:"大田栽秧行对行,秧根脚下有蚂蟥。蚂蟥爬到脚杆上,情妹盼着少年郎。"于是人们一阵哄笑,劳作的疲惫已经跑到九霄云外去了。当然除唱情歌外,人们也时不时地开开玩笑,这些天生的"歌手"们即便开玩笑也不忘用歌声来表达:

> 树上有个桂桂阳,声声催你快栽秧。栽的秧子像蛇样,回家哪个见婆娘。
> 树上哪有桂桂阳,分明黄狗叫汪汪。叫出个蛤蟆像你爹,带回家去见你娘。
> 冬水田头冒浆浆,栽的秧子一行行。幺台送到田坎上,瓜娃子,你还弓起背背晒太阳。[31]

其实,川西地区插秧击鼓、唱歌的习俗早已有之。《蜀中广记》卷五六《风俗记·上下川南道属》引宋代《邛州志》载:

> 州人插秧所击鼓曰长腰,以木为身,首尾蒙皮,泥涂其面,系以长缠,击以大槌,和以会俚歌,所以侑勤,今则鼗矣。[32]

同治八年《郫县志·风俗》载:

> 乡俗最重插秧。时际春深,绿暗红稀,流渐渐活,土膏乍酥,筒车竞响,缫声隔林,布谷交啼,子规在树……遥闻袅袅纤歌,发于楷湾柳曲间。味其语意,大都设为男女相赠答之词。其歌必以"石榴花"叶,盖即此以起兴也。清音婉转,听者怡神。

农人栽秧,送幺台也是必不可少的。"凡插秧者必终日恒饮,方能入水。或五酒或四酒,食必以肉;或以豆花,佐以肉或豆乳。田家风味如见。"本来送幺台的时间大约是上午十时,因栽秧是重体力活,后来发展到每天上午、下午各送一次幺台。如果大家对送来的幺台不满意,就会留下田角不栽,或把秧子栽得很浅,第二天一大早秧子即浮在水面上,或用桐子树

浇粪图

叶包住每窝的秧脚栽下，或把秧苗的茎部弄弯，使其根部朝上，难以成活。人们用这种方法来惩罚那些被川西人称为"狗眉狗眼"的小气鬼。

秧插完后，随着气温逐渐升高，光照十分充足，秧苗长势喜人，一大片绿油油的稻田使川西坝子到处焕发着生机。这时，田中的杂草、稗子等也悄然地生长起来。稗子与秧苗外形十分相似，必须认真辨认才能将二者区别开来，这时农人们又要骑着秧马去薅秧。关于稗子，乐山地区还流传着"稗子中间生"的传说：

> 农民都恨谷田里长稗子，只要看到就要扯来甩了，那稗子硬是想不通。
> 一天，稗子跑去找龙衣秀才，一进门，就看见很多动物、植物围着龙衣秀才问这问那。它便挤进去问："哎，龙衣先生，你说啥准啥，我被这个恨、那个撵，你叫我咋个办嘛？"龙衣秀才忙不过来，没马上回答。在场的动植物都讨厌稗子，说："你这没用的东西，最好在冬天生。"龙衣秀才在人声嘈杂中，对稗子也不在意，便将就大家的话，随口说道："对，你就在中间生嘛。"
> 稗子听了，心头很欢喜，边走边说："对嘛，我就在中间生嘛。"从此，稗子硬是挤在秧窝里死皮赖脸生长，扯也扯不干净。所以，现在我们吃的大米常常都有稗子在里面。㉝

但在青神县却流传着一则与此颇异的有关稗子的来历的传说：上天在创造万物的时候对稗子说："你不逗人喜欢，就生长在冬天吧。"但稗子贪玩好耍，悠悠闲闲地飘到大地却误了生长时期，到了大地上已是春暖花开时节，田野中一片碧绿，已无稗子立足之地。稗子的记性又差，将天帝叫它生长在"冬天"记成了"中间"，于是它往稻田中一站便生了根，从此每块稻田中间都会有稗子生长，即便农民们一再薅秧扯拔，仍不绝迹。㉞

为了保证秧苗生长，薅秧拔除中间的稗子十分必要。旧时成都市双流县等地要薅秧三道：第一道多在秧苗栽下田后二十天时开始，第二道再过十多天，主要是除草，适时再薅第三道。川西薅秧多用钉耙儿，有民歌唱道："五月里来钉钯（耙）儿，薅秧下田编笆笆儿。薅活泥巴草没眼儿，不要薅些油光钯（耙）儿。"㉟在德阳、广汉等地有俗谚曰"秧子薅得嫩，犹如上道粪"，因此一般在秧苗栽后10—15天就薅头道秧。薅头道秧最为重要："头道要薅猪拱泥，二道薅得水串皮；头道如过殿，二道如飘箭；头道薅得好，二道放小跑。"当地薅秧有脚秧和钉耙秧两种，但以脚秧为多，具体方法是用脚挨个将田里的稀泥全部踩活，将杂草踩在泥中，将泥抹平，并扯掉大颗稗子，以保证秧苗的生长。届时，农人头戴草帽，手拄竹棍，身穿旧衣，状如乞丐，被人谑称"薅秧是讨口"。㊱当然，川西的农人们在劳作时从不缺少欢

中国风俗图志·川西卷

打谷图

歌笑语，于是在田间地头，你还可以听到嘹亮的薅秧歌，有时还伴随有薅秧锣鼓声：

> 太阳挂在天当中，正想使劲肚内空。多多拜上厨倌师，多放油来少放葱。
> 太阳斜挂照胸怀，主家幺姑儿送茶来。又送茶来又送酒，这些主人哪里有！
> 一口菜刀两面磨，腊肉香肠切得多。一顿三餐难为你，吼个山歌谢主婆。[37]

农人们认为，庄稼的丰收乃"三分天注定，七分靠打拼"。从犁田到薅秧，已经过了繁杂的工序，能够通过"打拼"来完成的都已经尽力了，接下来秧苗的生长就主要看"天"了。旧时，虫害对秧苗的影响尤其大，俗话说"人怕肺痨病，谷怕钻心虫"，但又没有杀虫的药物，因此农人们多只能依靠信仰的方式祈求。每年农历四五月，农人们往往还会请戏班唱"青苗戏"以祈求丰收：

> 赛神一例拟迎猫，陇畔人将看戏邀。牧女村童齐拍手，前溪今日唱秧苗。[38]
> 四月村庄赛社时，雨催稻子绿盈陂。逗钱唱本秧苗戏，尽是高腔木棒槌。[39]

有的地方在耕种之前会请道士在庙内做法事三日，敲锣打鼓绕行田间，念咒后，在田边地角插黄色或绿色小旗及灵符，以避蝗虫、青虫等。但川中大部分地区都要在秧苗生长的农闲时节举行秧苗会。光绪十二年（1886年）《灌县志·风俗》载：

> （六月）六日，各乡场祭杨将军庙，沿河尤盛。是月内，治西二王庙敬祝神诞，远近州县人民多携雄鸡至祠，割而祭之。乡农设醮祀田祖，谓之秧苗会。

旧时，都江堰市秧苗会有首事一名，负责发帖筹办，每会四五十户到一百户不等。每户到时交一升米，其余由首事补贴，置办酒席。秧苗会一般要请道士念经、杀鸭子，祭祀青苗土地和田禾夫人。杀鸭子时要把鸭血滴在纸旗上，并粘上鸭毛，然后每家每户将纸旗插在自家的秧田里。俗传这样做后禾苗就会顺利、健康地生长。[40]此俗在蜀中十分普遍，但驱虫的具体做法又有差异。有的需请僧道打醮制龙船，届时在庙内设坛摆供，每日焚香、画符、念咒、上表、诵经，并配以烛灯和音乐，祭告于神以祈求除灾赐福。打醮结束后，僧道将沾有鸡血、画有符箓的黄纸小旗分发给各捐资户，嘱其插在田内以驱虫。有的地方在这期间还要请戏班唱戏，以傀儡戏和皮影戏居多，这在蜀中方志中多有记载（表4）。

杵米图

表4　　　　　　　　　　　　　　**部分蜀中方志所载青苗会习俗**

资料来源	内　容
同治十二年（1873年）《筠连县志·舆地志》	是月之末，民间醵钱。择吉日，延僧道打醮制龙船，以驱除瘟疫。村庄于是日作秧苗会，演唱傀儡神戏。天旱祈雨，则异"川主"神像出游街市。
光绪二十六年（1900年）《垫江县志·舆地志》	四月插秧后，乡农集资，演傀儡、灯影等剧，驱除蝗蝻，豫祈丰稔，谓之"秧苗会"。
民国十一年（1922年）《邛崃县志·风俗志》	六月二十四，青苗会，主祭川主。
民国二十四年（1935年）《夹江县志·风俗》	六月初六日，镇江王爷会。又祀青苗土地，以祈年俗，呼"秧苗会"。

水稻需水，不言而喻。川西坝子虽有举世闻名的都江堰水利工程以资灌溉，也早有"水旱从人，不知饥馑"的美名，但天总不能全遂人愿，天旱也偶有发生，尤其在平原周边的浅丘和山地更为普遍。如光绪三年（1877年）六月二十九日四川总督丁宝桢在奏折中报告了四川旱情："兹查光绪三年五月份……成都府之简州、汉州及龙安、保宁、顺庆、绥定、夔州、绵州、资州所属州县或仅得微雨，或未沾雨泽，田水干涸，禾苗渐槁，待泽孔殷，现经臣督饬各属清厘庶狱，省释冤滞，以期旱迓和甘。"㊶川西的百姓们也通过技术和信仰等多种方法来应对干旱。《蜀中广记》卷五六《风俗记·上下川南道属》引宋代《邛州志》载：

岁旱祈雨有打泉之说。田至百十丈高远者，接长竹引水溉之，或接至六七十竹者。又有戽水者，编竹篓如舟中戽斗状，系二绳其耳，二人峙立，执绳取水溉之。田高七八尺，一丈以上用此，亦桔槔之属也。㊷

除顺地势自然浇灌外，还有接长竹引水、戽水等多种方式。但旧时，由于人们对降雨的真正原因无从了解，多认为雨水多少由龙王掌管，因此天旱祈雨十分普遍。其方法如诵经、抬菩萨、耍水龙、打旱魃、关城门、禁屠等，不一而足。古代文献中对此事的相关记载不胜枚举，如五代时期的孙光宪在《北梦琐言》逸文卷第三"母猪龙湫"条中便讲述了一则川西祈雨的神异故事：

邛州临汉县内有湫，往往人见牝豕出入，号曰母猪龙湫。唐天复四年，蜀城大旱，使俾守宰躬往灵迹求雨。于时邑长具牢醴，命邑宰偕往祭之。三奠追终，乃张筵于湫上，以神胙客。坐于烈日，铺席以湫为上，每酒巡至湫，则捧觞以献。俟雨沾足，方撤此筵。歌吹方酣，忽见湫上黑气如云，氛氲直上，狂电烨然，玄云陡暗，雨雹立至。令长与寮吏鼓舞去盖，蒙湿而归。翌

中国风俗图志·川西卷

擂米图

日，此一境雨足，他邑依然赤地。夫人之至诚，龙畜亦能感动，享德济旱，勿谓不智。㊸

类似记载也见于宋代黄休复《茅亭客话》中，该书卷五"慈母池"条讲述的是今都江堰地区的一个充满神异色彩的水池，也言及天旱求雨祭祷无不寻应：

> 慈母池，亦云滋茂池，去永康军入山七八十里，池水澄明，莫测深浅。每至秋风摇落，未尝有草木飘泛其上。或坠片叶纤芥，必有飞禽衔去之。每晴明，水面有五色彩，如舒锦焉。或以木石投之，即起黑气，雷电雨雹立至。或岁旱，祭祷无不寻应。㊹

宋代大诗人范成大曾在蜀中为官，游历了蜀中诸多名山大川，川西岷江沿岸和川东长江沿岸多为其足迹所至。他不仅以游历为线索写下了《吴船录》这一伟大的著作，而且还将其所见所闻入诗。其诗不仅有山川之盛，有民生之艰，还浓墨重彩地描述了一些地方的民风民俗，如《石湖居士诗集》卷十八《雷洞坪》载：

> 行人魄动风森森，两崖奔黑愁太阴。不知七十二洞处，侧足下窥云海深。
> 闻有神龙依佛住，抹触须臾召雷雨。两川稻熟须好晴，我亦闲游神勿惊。㊺

该诗正文虽未明言求雨之俗，但在诗前一短序中记载了一则求雨的习俗："七十二洞皆在道傍，大旱有祷，投香花不应，即以大石或死彘及妇人敝履投而触之，雷雨即至。"可见，人们在祈祷无效的情况下，便会用污秽之物来迫使龙神降下甘霖。这种求雨习俗的产生与其他求雨习俗的产生并无二致，只是在表现方式上由"文"到"武"，由"消极"到"积极"了。民国时期，依然有以"武"强迫老天降雨的行为，如1940年川西大旱，时任四川省政府顾问，兼任中江县县长的萧烈便在地方人士的请求下用传统方式求雨，在经过严禁屠宰、封锁南门、玩水龙、在山顶积柴烧火、用火药炮向天施放等一系列措施均不见效后，中江县政府秘书王昌霖建议必须锁拿妖风，因为每当乌云密布、雷声大作时，一阵风吹来，马上便又云散天晴。于是，县长坐大堂、下朱谕，派侦缉警带两副铁链前往雷神庙，首先向风神宣读朱谕，再用铁链将风神偶像套住上锁。与之同时，用一轻罪犯人预置风神旁一并锁住，侦缉警一手拉犯人，一手做捕风状，迅即回衙禀报。县长得报后升堂宣布风神罪行，下令收监，送入大牢。㊻以此换得雨水降临。天旱求雨在农业社会中普遍存在，尤以华北和西北为盛，蜀中也不例外。

农人们就这样一边辛勤耕作，一边担心着虫害和干旱的出现。秧苗经过近两个月的生长，到农历六月农田便无须蓄水。秋冬之际要播种小麦的稻田还要在此时放水，以保证能够

中国风俗图志·川西卷

搬罾图

不误农时。此后再经过二十天左右,到七月初,川西坝子便成了一个金灿灿的世界,沉甸甸的稻穗弯下了腰,农人们的脸上也洋溢着丰收的笑容。俗话说"秧奔小满谷奔秋",立秋后农人们纷纷下田,抢时间打谷子。在这个时候又要祈求老天不要下雨,以保证谷子能够顺利晒干进仓,"谷出雨绵绵"是最让人担心的事情。

旧时,打谷多用拌桶,为了防止谷粒飞溅到拌桶外,还要在拌桶一边插上挡席。一般为两个人左右开打,打法有"雪花盖顶""黄龙缠腰""童子拜观音"等,但有时为了抢时间,便不要挡席,这样三个人或四个人都能同时开工,在广汉地区,三个人打被称为"打叮叮猫",四个人打被称为"打蜂子朝王"。[47]一边打,一边将拌桶中的谷粒担回院坝里炕晒。就这样前后忙碌半个月,川西坝子上便由先前的一片金黄变为满地谷桩。

每年谷子打完后,还有一件重要的事情,那便是用新谷脱粒后做的第一顿新米饭来祭祀祖先、谷神与土地,再盛一碗喂狗。只有敬神、喂狗之后,人们才能吃上那香喷喷的新米饭,此俗谓之"尝新"。关于尝新喂狗,在川西平原上还流传着这样一个"为啥头碗新米饭要喂狗"的传说:

> 很早以前有一群人,为头的是个老汉儿。一次,老汉儿带着众人打猎,捉到了两只不晓得名字的小东西。这俩小东西一见人就莽起摇尾巴,老汉儿疼惜它们,把它们养了起来。不管白天黑夜,只要老汉儿住处一有风吹草动,这两个小东西就"狗汪狗汪"莽起叫唤,渐渐地,就把它们叫作"狗"了。
>
> 一次荒火,山林被烧得光光的。人们找不到东西吃,就慢慢朝海边走。这时,老汉儿更老了,走一步路都很吃力。两只狗一商量,留一个守着老汉儿,另一个出去找吃的。找了好多天,也只有腥臭腥臭的鱼虾螃蟹,吃不得,它便试着凫到海那边去。海那边青枝绿叶的,空旷处有一块大平石板。狗实在累了,就在石板上一滚,躺了下去。林里冒出一些长红毛毛的人,看见狗在晒坝打滚,拣起石头就轰。这狗见他们那么凶,赶紧跳下海,游回去了。
>
> 狗在石板上打滚时,浑身沾满了谷籽籽。跳到海头,水一冲,别处的冲掉了,因为尾巴是翘起的,那尾巴上还沾着些谷籽籽。人们看到了,放在嘴里一嚼,非常好吃,便把这些谷籽撒在塘边的泥巴里头,从此越长越多,人们也不愁吃的了。
>
> 为了记住狗从水里带回谷种的功劳,人们把这些谷子苗苗叫作"水盗",年辰久了,说成"水稻"了。从此,在每年新稻米下锅时,人们舀起头碗新米饭,都要先喂狗。[48]

故事中将稻种的来源归功于狗,以此解释了旧时在稻米收获时的尝新仪式中,会首先舀一碗米饭给狗的原因,并且顺便解释了"水稻"得名的缘由。神话体现出创造这类传说的先

渔业图

民们对"事物起源"的好奇,展现出他们丰富的想象力,也间接说明了稻在人们生产生活中的重要性。同时,狗的驯化以及人与狗的亲密关系在其中也有或多或少的体现。此类故事在川西流传极广。

稻谷入仓后,农忙并未就此结束。因为种油菜、小麦的时间马上就要到了,农人们又要忙着犁田。俗话说"八月犁田一碗油,九月犁田半碗油,十月犁田没搞头"[49]。将田犁完后,要用锄头将死板的土壤打碎,赶在寒冷的冬季来临前的农历九月,种下小麦、油菜,并在田边地脚插种豌豆、胡豆。栽种了红薯的农家,这时又要开始挖红苕来喂肥猪,空出的苕地则可以种上厚皮菜、大头菜、瓢儿菜、萝卜、白菜等蔬菜。到此,农忙时节告一段落,为了感谢这一年来为农家做出贡献的耕牛,农人会用糍粑喂牛,还将糍粑粘在牛角上,以酬其力。有的地方还会请戏班唱戏。如清嘉庆《汉州志》载:

> 十月朔,以余饭舂之成饼,名曰糍粑,粘两牛角尖,否则牛泪涔涔。四乡依次演剧,报赛牛神。

道光十七年(1837年)《德阳县新志·风俗》载:

> 十月初二日为牛王会,农家尤重之。城市则皆有牛王庙,乡村则寺观亦塑有牛王像。比户合钱演戏以酬神,彼此争先,乐部为之增价。

接下来便到了在川西持续时间并不长的冬季,人们开始享受一年中难得的闲暇时光,有事没事去乡场上、茶馆中会会朋友故交,听听四里八乡又有什么新鲜事儿发生。媒人们也开始四处打听哪家有适龄的小伙,哪家有待字闺中的姑娘。已为儿女定下姻缘的人家,则在冬天操办婚事。年关很快便到了,大家忙着杀年猪过大年,置办年货的人们相互攀谈,大家都在忙年的氛围中欢声笑语。到腊月三十,当午夜的爆竹声响起,这一年就算结束了。于是,我们耳畔似乎响起了那首流传在川西地区的悠扬的平腔山歌《十月农事歌》:

> 正月里来有空空儿,正好积肥搞几天儿;草皮要铲薄一点儿,不要石头与瓦片儿。二月谷种选精点儿,泥水选种过筛筛儿;撒谷种要看水泡儿,不要撒些瘪瘪壳儿。三月胡豆黑线线儿,胡豆黑线勒叶叶儿;谨防碰到胡豆秆儿,切莫留些丁丁猫儿。四月里来下田坝儿,秧苗长的青幽幽儿;栽秧全靠用指拇儿,不要栽些歪头鸡儿。五月里来斗钉耙儿,薅秧下田编笆笆儿;薅活泥巴草没眼儿,不要薅些油光耙儿。六月防洪大河边儿,河坎最怕涡老漩儿;遇到几天连夜雨儿,秧子淹来没得边儿。七月水稻黄吊吊儿,一年收成全在这儿;谷子不打鸡啄米儿,割

中国风俗图志·川西卷

网鱼图

谷莫安钓鱼竿儿。八月收粮装车车儿，装满晒坝漫囤囤儿；颗颗都是饱米米儿，风干扫净没恍壳儿。九月里来杵窝窝儿，不要杵些茶碟碟儿；胡豆麦子间豌豆儿，盖粪不要眼睛圈儿。十月里来拧菜秧儿，拧了菜秧要档档儿；精耕细作把细点儿，防止菜秧黄瓣瓣儿。总共说了十个月儿，桩桩件件要当回事儿；你若硬要哄地皮儿，地皮就要哄你肚儿！[50]

大年初一，农人们于黎明时分睁开眼，看着屋顶亮瓦透进来的缕缕晨光，新的一年便在不知不觉间走进了农人们的生命，于是人们接着准备过元宵、迎立春，年复一年的耕种活动又要开始了。

第三节　渔人漾舟沉大网：渔业习俗

据说，很久很久以前，川西坝子上来了一群从高山上下来的人，这些人在湔江河边住下来后，靠打猎过日子。刚开始日子还好过，时间长了，山上的野物越来越少，他们的日子也变得艰难起来。他们中间有个人看到大家饿着肚皮，就主动率领大伙儿下河捕鱼。这人水性很好，捕起鱼来就像水鸭子一样，大家就叫他鱼凫。没过多久，鱼凫便在湔江边上出了名，许多人都赶来跟他学习凫水、捕鱼的本事。慢慢地，鱼凫得到众人的拥戴，成了这群人的头领，还做了一面画有水鸭子的旗子作为旗号，川西坝子从此进入了鱼凫统治的时代。[51]这个传说提醒我们，川西坝子上除了农耕，渔猎也是人们重要的生产方式。其实古蜀时期，川西坝子上河流纵横，水系发达，人与水的关系尤其密切。河流不仅可以为农业生产提供充足的水源，同时也为鱼虾生长提供了绝好的环境。因此，川西坝子自古以来便有着丰富的渔业资源，为渔业生产奠定了基础。丰富的鱼类为沿河而居的人们提供了食物与经济来源，捕鱼也因此成为人们重要的生计。

在金堂县流传着一则名为"草和鱼的来历"的故事：早年间地头不长草，人们只要把庄稼种下去便无事可做，于是就跑到山梁上打牌，并从娱乐演变为赌博，慢慢地就不想再劳

桃花水发鱼正肥

动了。有一天罗隐秀才从那儿经过知道情况后,就抓了一把泥巴,一边走一边朝地头撒,并说"千年草草扯不尽,免得莫事赌输赢"。从此以后,庄稼地里的草便怎么也扯不尽了。因为草要长到一定高度才好扯,所以余下的空闲时间人们便又去打牌,罗隐秀才知道后,再次抓起一把泥巴,搓得细细的,朝堰塘里、沟儿头、河头乱撒,边撒边说"千年草草扯不尽,万年鱼儿逮不完,如果大家闲不惯,水中逮鱼好卖钱"。他手头的那些泥巴一沾水,都变成了鱼儿。大家一听鱼儿可以卖钱,就都跑去逮鱼卖,从此便没有时间打牌了。[52]传说固然有想象的成分,不能将其当作史实来看待,但传说里讲的卖鱼成为人们经济收入的来源之一,却应来源于真实生活。其实,川西地区捕鱼之盛在文献中早有记载,如大诗人杜甫的蜀中诗歌便有数首《观打鱼歌》,其中一首如下:

> 绵州江水之东津,鲂鱼鲅鲅色胜银。渔人漾舟沉大网,截江一拥数百鳞。
> 众鱼常才尽却弃,赤鲤腾出如有神。潜龙无声老蛟怒,回风飒飒吹沙尘。
> 饔子左右挥霜刀,鲙飞金盘白雪高。徐州秃尾不足忆,汉阴槎头远遁逃。
> 鲂鱼肥美知第一,既饱欢娱亦萧瑟。君不见朝来割素鬐,咫尺波涛永相失。[53]

绵州乃今天绵阳地区,涪江穿境而过。诗中将沿河而居的人们划船沉网捕鱼,以及水中各色鱼类生动地呈现出来,再现了一千三百年前涪江上的捕鱼盛况。经过数千年的传承与发展,川西坝子上的捕鱼方式也变得十分丰富,不仅用船、网、钓、钩等器具捕鱼,而且鸟兽和药饵也是重要的捕鱼方式。民国时期傅崇矩在《成都通览》中即对当时成都地区的渔具有诸多介绍,如虾笓、罾、钓竿、发钩、(鱼)老鸦船[54]、鱼猫子船、笆笼、罩、鱼叉、花篮、网、篓子等。方志中也记载了不少渔具名称,仅网便有牵脚网、旋网、围网、联网、拦河网等。下面就让我们走进这奇妙的世界,看看川西的农人们如何抓住那些活蹦乱跳的水中精灵。

网 鱼

"晒网人家落照中,烟横隔岸语哝哝。潭头一艇归来晚,摇入灯光浪影红。"[55]傍晚时分,一只小渔船从岷江上缓缓驶回在落日余晖映照下金黄一片的江边小屋,江头已升起了薄薄的江雾,打鱼的人儿载着满满的收获,远远地便喊着孩子的乳名。而小院中,主妇正在将晾晒了一天的渔网从晾杆上取下来抱入小屋中。用网捕鱼是一种常见的捕捞方式,川西地区将其称之为打鱼。《老人村竹枝百咏》中有"村外清流水一渠,寿江江畔半渔居。行人来往知

照黄鳝

多少,每立途间看打鱼"[56]之句。在川西地区,网的种类各式各样,其中重要的有尖头网、方形网以及旋网。尖头网、方形网多用竹竿做梁架。尖头网形似尖尾口袋。捕鱼时一手掌网,一手以竹制三角形刮子赶鱼入网,鱼被赶入网后,再将网口向上提起。方形网则只围三方,比尖头网宽大,捕法与尖头网相同。打网者腰系笆笼,起网时,若有鱼则将网抖动几下,防止鱼儿逃走。使用旋网的方法有二:一为单人操作。一般用左手抓住网顶,右手将网理清后,迅速抛出[57],要求"快、准、开"。"快"即速度要快,"准"为目标要准,而"开"则指网要抛得开。三字口诀中"开"尤为重要,如果稍微打结,便一定无鱼。网撒出后,收网讲究慢、轻,最后提网时又要求迅速、果断。二为多人协作。数人边"踩水",边将旋网拉成圆圈状,并悬于水面后放开,使旋网罩住水下一块地面,众人再潜入水中,隔网摸鱼。[58]同时,旋网打鱼还要求渔人对水中的情况熟悉,若有障碍物,如竹梢、树枝等,便会使网不能成形收拢,会影响捕获鱼虾的数量,故旋网打鱼对技术的要求较高。

鱼老鸹

在平坦的川西坝子上远远望去,弯弯的河流上漂着一只小小的渔船,船上一人手持竹篙,船头或船尾蹲着几只水鸟,它们或用鹰隼似的眼侦查着水面,或扑哧着翅膀欲飞又止,不用问,那定是渔人带着他宝贝的鱼老鸹"出猎"了。鱼老鸹又称"鱼鹰",学名"鸬鹚"。用鸬鹚捕鱼在川西地区有着悠久的历史,有学者考证,历史上的鱼凫之得名即与此种捕鱼方式有关系,三星堆出土的青铜器上也有鸬鹚形象。用鸬鹚捕鱼也要讲究技巧,渔人一般将驯服好的鸬鹚的脖子用绳子系住,以免其将所捕之鱼吞入肚中。俗传鸬鹚能记住自己捕鱼的数量,当捕到七条鱼后,它们多会向渔人要"奖励",否则便不再下水,渔人一般喂其以小鱼、小虾,等鸬鹚食后,再让其进行新一轮的追逐。它们不仅能单独劳作,还能够群体合作,追逐围困同一猎物。[59]鸬鹚在不同地区有不同的称呼,如"水乌鸦""鱼老鸹""水老鸦"等。

扳罾

成都谚语说"罾搬过路鱼,网打背时鱼""勤搬罾,懒撒网,累死的虾筢"。"罾"应是一种十分古老的捕鱼工具。《广雅》释"罾"为"鱼网"。《风土记》载:"罾树四木而张网于水单之上,下形如蛛网。"我们收集的彭县光绪年间刻本《时行杂字》也说道:"莫道扳罾怕砮石,须知安簺防浈涉。"川西地区的罾,多以四根竹竿作一十字形支架,撑开网的四个角,再

中国风俗图志·川西卷

搭虾爬

系以有底、有围的麻线之类编制的方形渔网,架上系有长棕绳和撑竿。撑竿的一端置于岸边捕鱼者的立脚处。多选择洪水季节的回水沱,人站在岸边,趁浑水将罾沉入水底,以待看不见网的鱼儿入网,不时拉绳起罾出水查看。有鱼时将罾扳至近处,用长柄小尖网套鱼入网,再将鱼捉进篓。每年夏天河流涨水时,人们便三五成群到河边扳罾。此时水流较激,且浑浊不堪,鱼类容易坠入罾中,便于捕获。今成都府南河畔的九眼桥附近,夏季时还能看到搬罾人的身影,过路群众也常常驻足围观。

滚 钩

"临江半是钓人居,妇子团圆乐有余。顿顿香蒸云子饭,条条柳贯桃花鱼。"[60]钓鱼是最常见的捕鱼方式之一,但它又十分考验钓者的耐心和技术。川西地区的人们已经总结了许多钓鱼的经验,如"钓鱼要等,摸鱼要准""涨水钓河口,落水钓神潭"[61]。钓鱼之法则有手竿、节竿、车竿、发竿、箭子、幌钩[62]、白钩、发钩等,鱼食儿也有螺蛳、小蜞蚂儿、沙虫子[63]、石蚕、红苕颗颗、麦子颗颗、玉麦籽籽、灰面坨坨、油饼子、饭渣子、酒糟子、秧虫、芭毛虫、曲蟮儿、蜂儿子、黄鳝骨头、鸡肠子,以及各种蔬菜、树叶、草类[64]乃至牛屎、泥团、头发等,十分讲究。"浮头儿"也有立漂、蜈蚣漂、流水漂等之分。川西地区有滚钩一法,尤具特色。所谓滚钩,即在一根主绳上面等距离地拴若干小绳,再在小绳上系上鱼钩,然后将大绳系在河的两岸,让鱼钩沉入水中。也可将绳子两端各系以坠石沉入水底,上带浮漂,绳子顺水漂动。这种方法一般适合用在鱼类较多的河流中,成都等地称这种方法为"㨄白竿儿、摆过线、绳绳儿钓"。

戽 鱼

旧时枯水季节,川西的乡民将某些流量较小河段的埝头流水口垒土坎扎住,然后用龙骨车、戽水笕以及水桶、粪桶等工具,将水戽出坎外,水干鱼现,将鱼儿逮进鱼篓里。大一点的鱼被捉住后,剩下的小鱼、小虾、螃蟹便任围观者分捉。妇女一般不下水而向男人讨要"猫猫(儿)鱼",男人们会捡小鱼奉送。若所戽鱼多,戽鱼的人一般平均分配;鱼少,则将鱼烹煮后,大家共享。

围沱车水捉鱼

川西众多河流一般都有较深的水坑,是鱼儿聚集藏身之处。河道水源不易截断,因此渔者采用沿水坑筑临时围堤,再用脚踩龙骨车将坑内水抽干的方法捉鱼。这种竭泽而渔的

买鱼图

方式虽可以捕获较多的鱼,但工作量较大,常由几户人家联合进行,获鱼后分给水车一份鱼后,再按劳以秤分鱼。有个别未付出劳动,借口喂猫而拣些小鱼回家的,俗称"逮抹和鱼"。

叉 鱼

春夏之际,河中鱼儿寻偶或产卵,会从下游往上游奔游,俗称"奔滩""春鱼子"[65]。渔者或执铁钉、竹竿或木杆绑制的独角叉,或执铁匠铺打造的有三股或五股锋利叉尖和倒须的铁叉,立于河滩上等候,见鱼即下叉。大鱼一般难逃被称为"飞叉将"的熟练叉手的叉捕,技术精熟者或于岸上飞掷绳,入水叉鱼,绳上系小叉,这种叉上有倒钩,鱼儿很少能溜走。

与叉鱼相似的捕鱼方式还有"打杵杵鱼"[66],即等雨后天晴,河水浑浊时,用竹竿或竹片做成"杵杵",再拴上一根或一排细麻绳,绳上拴上从石头缝里捉来的石蚕之类的鱼饵,将竿杵在水里,麻绳和鱼饵等随水浮动,各种鱼类会咬住鱼饵,这时捕鱼者便将杵杵突然从水中提起,鱼儿来不及反应,就已经落入捕鱼者手中的笞箕、提篮等工具中。

摸 鱼

鱼儿一般在河沟边的水草中、岩腔内或树根下藏身,渔人下水用双手触摸到鱼后,一把抓住,反手塞在竹笆笼里,或腰上扎住的衬衣内。[67]这种捕鱼方式要求反应快、出手快,一般成功率较低。

扎火塘[68]

春夏之时,用卵石、泥土在河流浅滩处扎一浅土埂,使河水翻埂而过,再顺矮埂扎一宽约1.5米、长与河流宽度相适的火塘形泥坑,用稀眼竹篾笆子在坑内环置一周,沿埂的竹篾比埂子略矮,鱼儿多在夜间进坑,需打火把捕捞,故名。

痨 鱼

旧时,在成都市双流县等地流行痨鱼,即将马桑树的新鲜果实揉碎,混以少许面粉,捏成拇指大小的团,待下雨时,撒在水田或池塘中。鱼儿吃后,会因昏眩而浮在水面上打旋,用笞箕之类即可打捞。若遇下大雨,尤其是起浑水之时,此法即无用。[69]

以上捕鱼的方式主要用于河流或水库、堰塘中,如果要抓稻田中的鱼儿,那就又是一番光景了,主要有罩鱼、安(倒须)篓子、湃鱼等方式。

中国风俗图志·川西卷

摸爬海

罩 鱼

旧时川西乡间的春夏之夜,农民多喜以油壶为灯,上覆水瓢等物以遮风,在河渠内罩鱼。罩鱼时往往两人同行,持照灯、刀叉、鱼罩等物,见鱼辄迅速罩住,或捉或叉,见机而行。由于夜间出来觅食的鱼类甚多,一般所获颇丰。旧时,崇州地区,罩鱼甚至可以是集体劳作。隆冬季节,众人在水流较浅的河床上排成横排,用鸡罩、箩筐等统一动作往水下罩,被罩住的鱼儿胡乱碰撞罩壁,罩鱼人手上便有感觉,伸手进罩,便能抓住鱼。[70]与罩鱼类似的还有罩黄鳝。黄鳝一般喜欢黄昏后在田间觅食,见灯光则静止不动,易于捕获。旧时,乡村罩黄鳝的人于夏季夜间出行田间,多腰系笆笼,一手持灯,一手拿"黄鳝夹夹"[71],见到黄鳝,迅速照其颈部夹下,能逃遁者很少。在广汉还有关于捉黄鳝的歌谣:

变黄鳝实在好耍,怕的是半截幺爸[72]。左手提个笆笼,右手拿个夹夹。
捉到我先拌[73]后剐,用水煮还用油炸。吃下去嚼得稀烂,屙出来大粪一堆。[74]

此歌谣以黄鳝的口吻道来,充满童趣,同时运用大量方言词汇,使其更接近生活,乡土味十足。

安(倒须)篾子

篾子也称为涮篙、须笼、鱼圈、鱼鳅篾,可分为母猪篾、泥鳅篾、多口篾等。[75]谜语"一头人,一头小,放在田中就困倒。突然一下钻进去,扯出来就喊不得了"就是对篾子的形象描述。[76]篾子一般用篾条编织成直径50—70厘米、长1—2米的圆锥形,锥顶一有倒须的圆形小口,直径约2厘米,装入砸碎的螺蛳肉之类诱饵,鱼虾、黄鳝、泥鳅闻到诱饵香味便从中钻入,因有倒须,只能顺须而入,不能逆须而出。锥底还有一小圆孔,大小与顶端小口相似,用玉麦骨头[77]之类将口堵上。有的是将篾子编成长筒形,做一个倒须盖,另一端把编制未尽的竹篾捆拢成一束,取鱼时放开捆绳即可。篾多在春分至清明前后安放。[78]有首歌谣唱道:

梁山人,弟兄等,即上山林。砍竹子,数十根,拿回家庭。花篾条,编篾子,田中安定。篾门上,放曲蟮,透鼻香闻。有黄鳝,闻得香,来约我们。跟他去,吃东道,闯进牢门。我只想,闯出去,倒锥伤人。[79]

人们一般在夜晚将篾子安在水中,使其一半陷入泥内,第二天早晨去收取。运气好的,

中国风俗图志·川西卷

箕河虾

便会捉到泥鳅、黄鳝以及一些小鱼、小虾。20世纪90年代的川西农村仍盛行这种捕捞方式，但近年来由于农药、化肥的大量使用，田中鱼虾、泥鳅、黄鳝基本绝迹，因此，篆子之类的捕鱼工具也慢慢退出历史的舞台，不再被使用。

湃 鱼

每年春夏引水到稻田后，农人会在田中放养一些小鱼。等几十天后稻谷成熟，湃水晾田时，小鱼也已经长大。在放水口安上虾箔等捕鱼工具，水流完后，鱼被虾箔拦住，很容易被捉。而有些农民还会"放秧沟水"，这时鱼儿也会被虾箔拦住，这种捕鱼方式即称为"湃鱼"。

这些令人眼花缭乱的捕鱼方式一代代传承，又一代代创新，但它们无不是川西农人智慧的结晶。川西地区仅有少数沿河而居的渔民，他们以捕鱼为生，在大风大浪里讨生活。这些渔民依船傍水，常年半身裸露在水中作业，为了祛湿，多喜饮酒、吃干辣椒。旧时，他们还喜欢在河滩上翻找一种褐色的小昆虫——打屁虫，用热水烫之，逼出臭气后烘干佐酒，因为据说此种虫子易得，又香脆可口，且有祛湿的功效。[80]渔民劳动艰辛，但收入微薄，还面临诸多不可预测的元素，因此俗谚有"捞鱼捞虾，饿死船家""摸鱼捞虾，饿死全家"。为了求得平安，这些渔民奉镇江王爷为行业神，组织王爷会作为渔民相互扶持的行会。但对大多数农人来说，捕鱼只属兼业。他们在农闲之际捕得鱼儿，或吃或卖，既可改善日常饮食，补充营养，又能换得银钱，增加收入。同时，捕鱼还能丰富他们的农闲生活，让他们忘记农忙时的艰辛，在欢声笑语中打发缓缓流淌的时间。

注 释

① [唐]房玄龄等：《晋书》（第7册），中华书局，1974，第2168页。
② [清]董诰等编：《全唐文》（第3册），中华书局，1983，第2133页。
③ 袁珂译注：《山海经全译》，贵州人民出版社，1991，第333页。
④ 参见[晋]常璩著，任乃强校注：《华阳国志校补图注》，上海古籍出版社，1987，第118页。
⑤ 林向：《童心求真集：林向考古文物选集》，科学出版社，2010，第247页。
⑥ 刘向：《战国策》（上），上海古籍出版社，1998，第117页。
⑦ [晋]常璩著，任乃强校注：《华阳国志校补图注》，上海古籍出版社，1987，第134页。
⑧ [晋]常璩著，任乃强校注：《华阳国志校补图注》，上海古籍出版社，1987，第141页。
⑨ 四川地区现已出土的画像砖中，有大量反映汉代巴蜀农业生产的内容，如水利灌溉、水稻栽培、粮食收获与加

工、蚕桑养殖、种芋与家畜饲养等，反映出农业已成为当时巴蜀地区最为重要的产业。参见刘志远等：《四川汉代画像砖与汉代社会》，文物出版社，1983，第27—52页。

⑩民国三十六年（1947年）《郫县志·物产·谷属》："五谷之中，稻为最贵。郫邑皆水田，故宜稻……有'酒''饭'二种，作饭曰'粳'，作酒曰'糯'。"

⑪[元]王祯撰：《王祯农书》，中华书局，1956，第55页。

⑫俞陛云著，赵永康注补：《蜀𬨎诗记校补图注》，泸州市文化研究中心编印，第11页。

⑬俞陛云著，赵永康注补：《蜀𬨎诗记校补图注》，泸州市文化研究中心编印，第22页。

⑭四川省峨眉县民间文学三套集成编委会：《中国民间文学集成·峨眉县资料集》（内部资料本），1987，第292页。

⑮参见姜光前：《柳帘乡农村经济调查》，国立四川大学法学院经济学系毕业论文，1940。今巴蜀偏远地区如仍存此俗。

⑯参见曾启智：《江津县之农业经济概况》，国立四川大学农学院农业经济学系毕业论文，1945。

⑰乐山市中区民间文学三集成编委会：《中国民间文学集成·乐山市中区资料集》（内部资料本），1989，第120—121页。

⑱转引自胡昭曦：《张献忠屠蜀考辨：兼析湖广填四川》，四川人民出版社，1980，第48页。

⑲乐山市中区民间文学三集成编委会：《中国民间文学集成·乐山市中区资料集》（内部资料本），1989，第49页。

⑳于省吾：《甲骨文字释林》，中华书局，2009，第251页。

㉑"田租"当作"田祖"。《诗·小雅·甫田》："琴瑟击鼓，以御田祖。"孔颖达疏："迎田祖先啬之神而祭之。"朱熹集传："谓始耕田者，即神农也。"

㉒[清]顾炎武撰，黄坤等校点：《天下郡国利病书》（第4册），上海古籍出版社，2012，第2199页。

㉓中国民间文学集成全国编辑委员会、《中国歌谣集成·四川卷》编辑委员会：《中国歌谣集成·四川卷》（上），中国ISBN中心，2004，第44页。

㉔[明]杨慎编，刘琳、王晓波点校：《全蜀艺文志》（下），线装书局，2003，第1516—1517页。

㉕参见四川省峨眉县民间文学三套集成编委会：《中国民间文学集成·峨眉县资料集》（内部资料本），峨眉县彩印厂印制，1987，第52—54页。

㉖《广汉民俗》编写组：《广汉民俗》，成都科技大学出版社，1993，第133页。

㉗郑自谦、谢长江、李国太：《巴蜀乡俗志》，泰山出版社，2016，第28页。

㉘《广汉民俗》编写组：《广汉民俗》，成都科技大学出版社，1993，第132页。

㉙《广汉民俗》编写组：《广汉民俗》，成都科技大学出版社，1993，第133页。

㉚林孔翼、沙铭璞：《四川竹枝词》，四川人民出版社，1989，第150页。

㉛中国民间文学集成全国编辑委员会、《中国歌谣集成·四川卷》编辑委员会：《中国歌谣集成·四川卷》（上），中国ISBN中心，2004，第14—15页。

㉜刘纬毅等辑：《宋辽金元方志辑佚》，上海古籍出版社，2011，第1053页。

㉝乐山市中区民间文学三集成编委会:《中国民间文学集成·乐山市中区资料集》(内部资料本),1989,第56—57页。

㉞参见青神县民间文学集成办公室:《中国民间文学集成·四川青神卷》(内部资料本),青神县印刷厂印制,1989,第96页。

㉟成都市金牛区民间文学集成编委会:《中国民间文学集成·成都市金牛区卷》(内部资料本),1988,第155页。

㊱《广汉民俗》编写组:《广汉民俗》,成都科技大学出版社,1993,第137页。

㊲中国民间文学集成全国编辑委员会、《中国歌谣集成·四川卷》编辑委员会:《中国歌谣集成·四川卷》(上),中国ISBN中心,2004,第15—16页。

㊳林孔翼、沙铭璞:《四川竹枝词》,四川人民出版社,1989,第150页。

㊴林孔翼、沙铭璞:《四川竹枝词》,四川人民出版社,1989,第186页。

㊵此则材料由黄尚军教授提供。

㊶谭徐明:《清代干旱档案史料》(下),中国书籍出版社,2013,第759页。

㊷刘纬毅等辑:《宋辽金元方志辑佚》,上海古籍出版社,2011,第1053页。

㊸[五代]孙光宪撰,贾二强点校:《北梦琐言》,中华书局,2002,第426—427页。

㊹朱易安、傅璇宗等主编:《全宋笔记》(第二编),大象出版社,2006,第44页。

㊺[宋]范成大著,富寿荪标校:《范石湖集》,上海古籍出版社,2006,第259页。

㊻四川省文史研究馆编:《巴蜀述闻》,上海书店,1992,第184—185页。

㊼《广汉民俗》编写组:《广汉民俗》,成都科技大学出版社,1993,第140页。

㊽灌县民间文学集成办公室选编:《中国民间文学集成·四川成都市灌县卷》(内部资料本),成都市前进印刷厂印制,第167—168页。

㊾沙湾区民间文学三套集成编辑委员会:《中国民间文学集成·沙湾区资料集》(内部资料本),1988,第222页。

㊿中国民间文学集成全国编辑委员会、《中国歌谣集成·四川卷》编辑委员会:《中国歌谣集成·四川卷》(上),中国ISBN中心,2004,第43—44页。

(51)参见《成都民间文学集成》编委会:《成都民间文学集成》,四川人民出版社,1991,第76页。

(52)参见《成都民间文学集成》编委会:《成都民间文学集成》,四川人民出版社,1991,第297—298页。

(53)[唐]杜甫著,[清]仇兆鳌注:《杜诗详注》(第2册),中华书局,1979,第918—919页。

(54)此类船在巴蜀各地十分常见。[清]翁霪霖《南广杂咏》:“掠波最数老鸦秋,雨后‘鹭鸶’平水流。‘铜鼓’‘九龙’都过尽,赶船便直下泸州。”自注:“‘老鸦秋’,小船名。”另重庆合川有“白甲头”。[清]张乃孚《合阳竹枝词》:“古佛多灵赛秋会,他生未卜此生求。‘东山’结伴烧香去,‘鸭嘴’争呼‘白甲头’。”自注:“‘白甲头’,舟名。”荣昌县有“瓜皮艇子”。[清]赵懿《荣昌竹枝》:“瓜皮艇子两头纤,船头船尾互相衔。分明一水盈盈隔,令人蓦地眼长馋。”(参见林孔翼、沙铭璞:《四川竹枝词》,四川人民出版社,1989,第104页、136页、145页。)

(55)林孔翼、沙铭璞:《四川竹枝词》,四川人民出版社,1989,第130页。

㊺ 林孔翼、沙铭璞:《四川竹枝词》,四川人民出版社,1989,第44页。

㊻ 撒网又分为"撒明网"和"撒暗网"。参见崔显昌:《三江说渔》,《龙门阵》1986年第2期。

㊼ 参见戴克学:《鱼趣闲叙》,《龙门阵》1993年第2期。

㊽ 参见崔显昌:《三江说渔》,《龙门阵》1986年第2期。

⑥⓪ 林孔翼、沙铭璞:《四川竹枝词》,四川人民出版社,1989,第124页。

⑥① 四川省绵阳市市中区民间文学三套集成编委会:《中国民间文学集成·绵阳资料卷》(内部印刷本),1987,第449页。

⑥② 《彭山县志》(四川省彭山县志编纂委员会,巴蜀书社,1991年11月,第122页)中有载:"在江、河、塘、田、堰、库等水域用罾、网、罩、虾耙、钓竿、发竿、箭子、幌钩、鱼叉、黄鳝夹等工具进行捕捞。"

⑥③ 成都地区有"跟斗儿虫(孑孓)"与"(红)线虫"两类。

⑥④ 如青笋叶、构树叶、油麦草、巴地草之类。在成都地区,鱼饵的制作特别讲究。

⑥⑤ 参见崔显昌:《三江说渔》(《龙门阵》1986年第2期):"什么叫'鱼会'呢?就是在每年农历三月间的某几天——具体日子好像没有一定,反正是春鱼子的时候。"

⑥⑥ 参见崔显昌:《网·罟·钓·叉》,《龙门阵》1986年第3期。

⑥⑦ 参见戴克学:《奇人老朱》,《龙门阵》1994年第3期。

⑥⑧ 参见陆泽怀等:《德阳民俗》(内部资料本),1996,第219页。

⑥⑨ 此为黄尚军儿时在乡下老家双流县(今成都市双流区)白沙乡川心村五组亲历。

⑦⓪ 参见陈柏青等:《崇州民俗志》,方志出版社,2011,第40页。

⑦① 黄鳝夹夹:一般为竹制夹板,有齿,形似剪刀。

⑦② 半截幺爸:十岁左右的小男孩。

⑦③ 拌:摔。

⑦④ 《广汉民俗》编写组:《广汉民俗》,成都科技大学出版社,1993,第151页。

⑦⑤ 参见傅崇矩:《成都通览》,成都时代出版社,2006,第427页。

⑦⑥ 参见段明:《四川省江津市李渡镇神霄派坛口科仪本汇编》(上),台湾新丰文艺出版公司,1999,第468页。

⑦⑦ 玉麦骨头:去掉玉米粒的玉米芯。成都等地多用作柴火。

⑦⑧ 双流歇后语:"黄鳝钻篾子——只能进不能出。"彭州市歇后语:"泥鳅儿进篾篾儿——进退两难。"又参见陆泽怀等:《德阳民俗》(内部资料本),1996,第218—219页。

⑦⑨ 《八字斗虫·泥鳅告状·照例辩解》。

⑧⓪ 参见《广汉民俗》编写组:《广汉民俗》,成都科技大学出版社,1993,第149页。

第三章 生活世界

　　成都平原这片富饶的土地世世代代养育着川西儿女,他们在这片土地上出生,在这片土地上成长,又在这片土地上慢慢老去。他们的衣、食、住、行都深深地烙上了这片土地的印迹。当时光倒转,我们行走在川西坝子上时,或许会感慨于白布缠头的沧桑老者和憨厚的农人;当我们走进香气四溢的餐馆中,或许会垂涎于沸腾翻滚的麻辣火锅;当我们漫步在城市的大街小巷和乡镇弯弯曲曲的青石板街上时,或许会震惊于那遍布街头巷尾的茶馆数量之巨,羡慕于茶客们日常生活之闲;当我们走进公园广场,走进低矮的民家小院,或许又会惊叹于麻将声此起彼伏的场景之盛。当然,在朦胧的城市夜色中,我们还可以听到从灯火昏黄的茶馆中飘出一缕缕丝竹管弦之声以及看客们的阵阵喝彩之声。这些声音与街头卖夜食的小贩们的吆喝声,街边小院中传来的阵阵犬吠声、孩子们的嬉戏吵闹声,以及街头时不时响起的嘈杂声交织在一起,构成了旧时一座川西小城的声色世界。那些或急或缓在街头晃荡的男人们,可能在逼仄的家中实在找不到乐趣,便到街头随便溜达。他们看看各色的灯火,听听各种声响,望望遥远天际中的点点繁星,理理长衫,抽一袋叶子烟,在吞云吐雾中慢慢地咂出生活的滋味。女人们或在小院中逗着孩子,或在昏黄的灯光下做着针线活,或与邻家的大婶大姐张家长李家短地摆摆龙门阵。等夜深露起,男人们从街头、茶馆归来,便收拾家什,熄灯睡觉。

　　而在远离城市的农家,人们日日粗茶淡饭、粗布短衣,整天在田间地头劳作。但他们也需要乐趣,也要将贫寒的生活过得有滋有味。于是我们看到逢"当场天",他们带着几只鸡蛋或几双草鞋走上街头,便一去一天。他们或许为了听精彩故事而流连在街头,或许因为几个故旧新知便相约闪进街边简陋的茶馆,或许为了过过赌瘾便邀约三五友朋到街尾的那株大树下摆开了阵势,天牌、地九杀得难解难分,或许因为四里八乡的一件新鲜事而伫立街头,窃窃私语老半天。就这样,时间在他们的指缝间悄悄地溜走了,当太阳西沉,他们带着女人交代要买的几尺布、几枚针,走上了回家的路。第二天,他们或在田间地头继续辛勤劳作,或去某家某户挣钱养家,要想如此放松,可能需等些日子了。夜幕降临之际,牛羊归圈,倦人归家，虽无丝竹管弦、灯红酒绿之趣，但家人围坐在夜幕星空下谈天说地，聊着那些古老的传说，听着夏虫唧啾，又何尝不是一种快乐呢？

旧时的川西，无论在城市还是乡村，人们都在用自己的方式演绎着生命的交响曲。那些与生活密切相关的衣、食、住、行，虽难有诗意的诉说，却一同钩织起一张生活的密网，在人们日常生活的调色板上，涂鸦出一个丰富多彩的光影世界。下面我们将从衣、食、住、行四个方面，走进旧时川西人的生活世界。

第一节 从左衽到右衽：穿衣之道

两千多年前，蜀地大文豪司马相如在发达之前空有一身本领却无人赏识，恰在这贫困潦倒之际，临邛富豪卓王孙新寡的女儿卓文君走进他的生活，两人一见钟情，却得不到卓王孙的祝福。被逼无奈之下，卓文君随司马相如私奔成都。后迫于生计，万般无奈之下司马相如偕卓文君回临邛开了一家小酒馆，"而令文君当垆，相如身自著犊鼻裤，与保佣杂作，涤器于市中"①，令卓王孙颜面无光。千百年来，司马相如和卓文君的故事家喻户晓，但与此同时，对于当年司马相如卖酒时所穿的犊鼻裤究系何物，历来争议颇多，有人以为是围裙，有人以为是短裤。无论事实怎样，当时川西的下层民众有穿犊鼻裤的习俗是毋庸置疑的。我们今天固然不能说犊鼻裤为川西所特有，但它毕竟是那个时代川西人服饰习俗的一个缩影。

自从秦并巴蜀以后，蜀人原有的以"左衽"为特征的服饰便逐渐被中原地区以"右衽"为特征的服饰取代。直到清末、民国时期，川西地区的服饰与其他汉族地区的服饰差异都较小。关于清末民初川西坝子的服饰，李劼人在《死水微澜》中描写天回镇上一处以经营服饰鞋袜为主的小市时有精彩的描述：

> 小市上主要货品，是家机土布。这全是一般农家妇女在做了粗活之后，借以填补空虚光

阴,自己纺出纱来,自己织成。……但近来已有外国来的竹布、洋布,那真好,又宽又细又匀净,白的雪白,蓝的靛蓝,还有印花的,再洗也不脱色,厚的同呢片一样,薄的同绸子一样,只是价钱贵得多,买的人少,还卖不赢家机土布。其次,就是男子戴的瓜皮帽,女子戴的苏缎帽条,此际已有燕毡大帽与京毡窝了,凉帽过了时,在摊上点缀的,唯有极寻常的红缨冬帽、瑞秋帽。还有男子们穿的各种鞋子,有云头,有条镶,有单梁,有双梁,有元宝,也有细料子做的,也有布做的,牛皮鞋底还未作兴到乡下来,大都是布底、毡底,涂了铅粉的。靴子只有半鞠快靴,而无厚底官靴。关于女人脚上的,只有少数的纸花样、零剪鞋面、高蹬木底。鞋之外,还有专是男子们穿着的漂白布琢袜,各色的单夹套裤、裤脚带,以及搭发辫用的丝绦、丝辫。②

这小市恰似一个清末民初川西地区服饰的陈列馆,从帽子到鞋子,都一一陈列在小市上,供买主随意挑选。从中可一窥川西旧时服饰之一斑。

虽然俗谚说"穿衣戴帽,个人喜好",但是社会阶层和性别差异在服饰上的区分还是较为明显的。士绅之家的男子一般穿长衫,竹枝词中便有"中年便喜服长袍,一朵花簪鬓二毛"③之句。长衫"右衽"即在右侧开偏襟,又称大襟,然后钉上布扣。而马褂、褂褂等则一般开对门襟。根据季节差异,人们的衣物打扮自然也不同。春秋季有穿坎肩的,坎肩又称马甲,一般穿在里面。有的还在长衫外面套上绸缎、皮毛制作的马褂。到了冬天,除了在棉衣外面套一个罩单以抵御寒风之外,更多的市民选择穿轻便保暖的皮衣,正如竹枝词中写道的"衣皮大半是中毛,褂着花灰袄子羔"④。当然,这样的打扮多见于城市和乡村中的士绅之家。更多的体力劳动者则是"布缚头腰冠带稀,蚕绵亦有织无机。冬裘夏葛虽难办,终岁何堪只一衣"⑤。他们夏天常常穿短衣,腰间束一条布带。即便穿长衫,也习惯于将前后摆撩起来扎在腰带上,以方便干活。因此有民歌唱道:"大田栽秧水又深,裤儿扎到勾子墩。"长衫一般在下胯处开衩,前后摆较大。有的还要在长衫外系上一条围裙。而男性所穿裤子,则有单裤、夹裤、棉裤和短裤等类。穿的时候用一条棉带子将裤腰紧束于腰上。旧时,人们还在裤腰上系褡裢,以装钱财,也有一些老人在裤腰上系上烟袋,便于抽烟时从中取出已经截成短节的叶子烟。

1910年冬季的某一天,美国人路得·那爱德带着他的相机来到成都北郊的青龙场,当天恰逢赶场日,四乡八里的老百姓来到这个热闹的集市。集市上摆满了盛产于冬季的各种蔬菜,其中霜后的大萝卜最多,齐齐整整的几乎排成了一条城墙。那或许是一个早晨,近处的瓦房和远处的茅屋在薄雾中稍显迷离。集市上人满为患,但大家似乎被眼前这个从穿着打扮到

外貌都十分奇特的陌生面孔吸引住了，纷纷转过头来望着这个洋人。更为奇怪的是，他手中还举着一个方匣子对准大家。就在这一瞬间，路得·那爱德按下了快门，一张清末川西的风情照就此诞生。照片中的人物有的头戴黑帽，身后一条长辫子直达腰际；有的头缠白帕，将辫子挽在白帕之中；有的身着长衫马褂，双手紧扣站立场中；有的粗布加身，身上补丁清晰可见。但大多数人腰间都系有腰带，也有的将长衫扎到腰带上。长衫以灰、黑为主色调，但葱白色也不在少数。马褂则以蓝、黑色为多。这正是清末川西普通民众最常见的服饰。至今一百多年过去了，画面中的建筑早已不在了，那些饱经沧桑的、浮现出惊讶表情的面孔也已消失在历史的长河中，他们的音容笑貌和服饰着装却成为我们了解清末川西最直观的参照。这样的服饰一直延续到民国末年。其实在乡村，一些老人直到20世纪80年代虽早已无辫可留，但依然身着长衫。无论是长衫还是短衫，一般都由家中妇女手工纺织、缝制。当时的川西城镇中是"共说缫丝车样巧，看来陈品尽翻新"⑥"买丝织锦作征袍，剪尺裁量手自操"⑦。布料以土布为主，颜色大多染成蓝、黑、葱白和二蓝。

"高山顶上栽白杨，白杨长大立楼房。楼房好看要瓦盖，情妹好看要衣裳。"⑧与男性服饰相比，女性的服饰不仅要讲究实用，还需要美观、大方，其样式较多，颜色也相对丰富。有的衣服的裙边还绣有排花，关键部位绣有装饰图案。再加之年轻女性的发饰也比较讲究，因此服饰与发饰的结合便别有一番韵味。李劼人《暴风雨前》中对邓幺姑服饰的记载，便是对清末川西女性穿衣之道难得的描写：

> 梳了个分分头，脑后挽了个圆纂，不戴丝线网子，没一根乱发纷披；纂心扎的是粉红洋头绳，别了根碧玉簪子。别的乡下女人都喜欢包一条白布头布，一则遮尘土，二则保护太阳经，乡下女人顶害怕的是太阳经痛。而她却只用一块印花布手巾顶在头上，一条带子从额际勒到纂后，再一根大银针将手巾后幅斜别在纂上；如此一来，既可以遮尘土，而又出众的俏丽。……她的衣裳，也有风致。藕荷色的大脚裤子，滚了一道青洋缎宽边，又镶了道淡青博古辫子。夹袄是什么料子，什么颜色，不知道，因为上面罩了件干净的葱白洋布衫，袖口驼肩都是青色宽边，又系了一条宝蓝布围裙。里外衣裳的领口上，都时兴地有道浅领，露出长长一段项脖，虽然不很白，看起来却是很柔滑、很细腻。⑨

旧时，川西坝子不论城乡，女性都穿偏襟的单、夹、皮、棉短衣。衣服的材质根据人的经济状况、社会地位和穿着场合，分为粗布料、细布料、绫罗绸缎和皮裘等。乡村妇女大多都穿粗布衣。富贵人家中的女性穿着以细布衣居多，在吉日和庙会等场合则穿上绫罗绸缎制成的衣服。而乡村妇女如要走人户或者是赶场,便往往要换上干净、整洁的衣服。女性服饰的长度与年龄有关,年轻女子的外衣以盖过裤腰将及臀部为宜,中年女性多要盖过臀部,老年女性多穿"二码裾",即至膝的长衣服。女性外衣的颜色也与年龄有一定关系,青年女性的外衣以鲜艳的花色为主,中年妇女多喜欢较为素净的花色,老年妇女则以素色外衣为多。

"嫂儿打扮下山来,不高不矮好人才。满巾围腰(儿)双飘带,灯笼裤脚(儿)红绣鞋。"⑩多数女性还要在外衣外面套上围腰,围腰长短一般与上衣相近或相等。围腰有两种:第一种色泽以素色为主,形制上下边大约齐衣摆,上随偏襟宽窄护胸至领下,有一颗纽襻可扣在上衣领扣上,腰部左右各顶上一根带子,穿时将两根带子结于背后,这一种围腰比较普遍;另一种色泽较为鲜艳,镶有花边,上扣处饰有蝴蝶等图案构成的排花,腰部两侧钉有飘带,钉飘带的地方也绣有排花。后一种围腰不仅实用,而且具有较强的美感,一般年轻女子系得较多。

"太阳出来照高楼,照到情妹好梳头。左边梳个盘龙盏,右边梳个燕窝纠。"⑪成年女性的头饰和发饰也十分讲究。女子婚前一般蓄辫,辫子还用红毛线扎起来,这在川西地区被称为"扎毛根(儿)";婚后则将辫子绾成发髻,即李劼人笔下的"纂",也俗称"饼饼儿"。发髻的样式有猪腰形、麻花形、油线饼形等,在发髻上面套上发网,别上金、银、铜、瓷、木等质料的簪子,再插上钗子,如竹枝词所言"新裁百褶石榴裙,鬓上横拖一片云"⑫。有的女性还会根据实际需要,在头上扎上绸花或鲜花,有的还在发网上缀上一些小珠子。正所谓"攒红叠翠不胜娇,酷热薰蒸粉黛潮。却有东施来斗艳,几根黄发挽猪腰"⑬。有的青年女性除了绾髻,还在额头前蓄刘海,川西称之为"乖毛儿",而老年妇女往往会头缠青丝帕或白丝帕,并将辫子缠在丝帕里面,也有人戴帽,还有人在秋冬季节戴勒子。所谓"勒子",像"两片倒置的抱鸡母棉鞋帮,用黑色绸、缎做面料,中夹布壳,再垫里子料。如是冬天戴的,则加瓤棉花于夹层加包边做成。正中嵌以翠绿玉石或瓷料帽花。富有家庭的老年妇女,所戴勒子多嵌有珍珠、玛瑙"⑭。无论是戴帽、包白帕子还是戴勒子,都是为了防寒保暖。

旧时女性的裤子与男性的差别不大,一般是冬天穿棉裤或者套裤,深秋和初冬穿夹裤,春夏和初秋穿单裤。裤管一般都较宽大,无论城市还是乡下都很少有穿紧身裤的。一些家庭条件较好且年轻的女性也有穿裙子的。裙子在今日为常见的服饰,但我们很少追问裙子的起

源,旧时的川西人对此虽无科学的解释,但他们却诉诸传说,试图将裙子的起源与审美联系起来,如绵阳地区流传着《穿裙子的来历》这一民间传说:

> 从前有个穷娃儿,无依无靠,没田没地,靠每天上山套野兽过日子。他每天套的野兽很多,套的大野兽就给穷人吃,小的野兽就留下自己吃。有一天,他套着一只毛狗,就用刀去砍。"莫杀我,我不是毛狗,是仙女!"这一下把他吓住了,又一想:"毛狗最狡猾,难道是想骗我?"他又举刀砍去,忽然,毛狗的皮掉了,变成一个美丽的姑娘。姑娘说:"你为穷人做了很多好事,把天帝感动了,叫我下凡与你成婚。"这娃儿一想:"我现在又没结婚,既然是诚心的,就答应吧。"结婚后,还是跟以前一样,夫妻俩每天都上山套野兽,套来的大野兽给穷人吃,小野兽留下自己吃。从此,夫妻俩恩爱地过日子。
>
> 有一天,穷娃儿在家做事,妻子一人上山套野兽,遇到一群猴子,猴子就把他妻子的衣服全扒下抢走了。他妻子成了一个光巴溜。这时天又下雨了。她丈夫拿伞来接她,见她成了光巴溜,又要走路,就急了,瓜西西拿着伞呆站着。妻子看见丈夫拿着伞,心头一亮,从丈夫手里拿过伞,把伞布扯下来,从头上往下一拢,拉到腰上,就拉不动了,但正好把下身遮上了。丈夫看了,觉得多好看,腰上小,下身大。他们下山就拿布做了一条。后来很多姑娘看了,就跟着做起来穿,穿裙子的人越来越多。⑮

川西人民所穿服饰不仅与性别有关,而且与经济状况、社会地位、职业类型紧密相关,还能在一定程度上反映出社会的贫富差距。夏天的衣服一定要勤换洗,下层民众因为贫穷多用清水漂洗,不用浆粉濯洗,而富贵人家用香肥皂洗衣洗澡,极尽奢华,"浆粉卖来又费钱"与"胭脂胰粉香肥皂"是穷人和富人最为形象的对照;有穷人在大冬天穿着单薄的小汗衫去拜年,也有富人穿着暖和、样式新潮的大皮衣去拜年,"一件单衫也拜年"与"宽裁倭缎滚长袍"生动地描绘了这样的场景;有穷人走投无路只好拿着衣服去典当,还与店家为了一分两分争得面红耳赤,也有富人光头饰就可以买几百件衣裳,"典当衣裳总是银"与"翡翠簪环宝石冠"便是最强烈的对比。但无论贫富,穿衣都需要端庄。乐山地区的俗语"歪戴帽子斜穿衣,一定不是好东西",正谓此也。

就鞋而言,旧时川西地区夏天多穿草鞋或赤脚,冬天穿布鞋或棉鞋。草鞋多由谷草或蓑草打成,布鞋、面鞋则一般为家中妇女手工制作而成。做布鞋时,先做鞋底,再剪鞋帮,最后将两者缝制在一起,再加上鞋襻即可。制作鞋底时,要将废布料用糨糊粘多层,中间夹上一张笋壳以隔水,然后用麻线依次扎牢实。一般姑娘在出嫁之前,都要为婆家的所有成员做一

双鞋,正因如此,在川西民歌中便出现了许多通过做鞋来呈现男女爱情的歌谣,如《小情哥带信来做鞋》:

> 一根线儿掉下岩,小情哥带信来做鞋。
> 白天做鞋怕爹娘嚷,黑了做鞋费灯油。
> 桐油儿点灯灯不亮,菜油儿点灯晃眼睛。
> 桐油儿点了二三两,菜油儿点了两三斤。
> 鞋底儿打的是芝麻底,鞋圈儿纳的是木瓜心。
> 芝麻底来木瓜心,小情哥穿起有名声。⑯

女孩子为情郎做鞋成为许多爱情故事和歌谣中的重要情节。流传在峨眉山市的情歌《望你穿起跑界外》同样以女子为情郎做鞋展开:

> 三月杨柳正抽苔,情哥带信叫裱鞋。
> 白天裱鞋不得空,晚上裱鞋费油灯。
> 桐油点灯灯不亮,菜油点灯晃眼睛。
> 芝麻油啥倒好点,一夜点了大半斤。
> 头夜裱的双飘带,二夜裱的鹞子鞋。
> 情哥不嫌我针嘴怪,望你穿起跑界外。
> 鞋底烂了圈圈在,情哥你没有鞋穿要转来。⑰

旧时,针线活往往是衡量女孩子能干与否的标准。正因如此,川西女子从小便在母亲、姨娘、姑嫂的指导下学习针线活。对此,有首名为"幺姑儿"的歌谣唱道:

> 幺姑年纪小,针嘴还要操。爹娘过世早,全望嫂嫂教。幺姑心灵巧,灵巧做花鞋。穿起去掐菜,露水打湿鞋。朝着东方拜,拜出太阳来。太阳一出来,幺姑要晒鞋。左边一树蕉,幺姑把脚跷。跷起二郎腿,现出白裤腰。右边一树桃,幺姑把桃摇。摇桃是假意,假意把郎瞄。瞄郎不转眼,要得相思痨。⑱

这首爱情歌谣感情真挚又诙谐幽默,生活气息十分浓厚。歌中以"做鞋、湿鞋、晒鞋"为层次,将年轻姑娘对情郎的浓浓情意铺陈开来。"鞋"在其中为起兴之物,至关重要。实际上,女性的鞋历来十分讲究。旧时,"三寸金莲"曾一度被视为女性美的象征,因此女子从小便要缠足。有童谣唱道:

幺姑娘儿会包足，一包包个弯牛角；包不小，嫁不脱，留在家里做笨活。⑲

正因如此，便出现了"尖尖鞋"。尖尖鞋多用各种颜色的布料、绸缎做成，又有"面鞋"和"本鞋"之分。所谓面鞋，就是穿在外面、做工考究的绣花鞋。而本鞋则穿在面鞋里面，一般用夹层软底白布或蓝布做成。本鞋里面才是由缠足布包裹的畸形小脚。尖尖鞋虽然做工精致，却是旧时代戕害女性的一个缩影。当然在那个时代，大多数人认为三寸弓鞋能衬托出女性步姿的婀娜，《四川竹枝词》中便有词句道：

杏花衫子藕丝裙，三寸弓鞋踏晓云。阿嫂押头孃押尾，路尘都带麝兰薰。⑳

清末、民国初年，社会上的有识之士开始提倡"天足"，一些得风气之先的女性也开始放足，当时《四川竹枝词》中有"往来妇女颇妖娆，赢得身轻步步娇。非是惹人偷眼看，旗袍天足合新潮"㉑之句。旗袍、天足因能展现出女性的体态美，在当时已成为时代潮流，但对于农村地区而言，缠足之风依然盛行，直到中华人民共和国成立后，它才最终退出历史舞台。

还需要特别说明的是：旧时的四川地区，无论在乡野农村，还是在城镇场坝，男女头缠白帕的现象十分常见。白帕子与孝帕相似，故它在大部分地区都属禁忌，但在四川地区不仅不是禁忌，反而是人们日常生活中常见的头饰，它也因此成为川西服饰习俗的一大特征。黄炎培曾在《蜀游百绝句》中记录了他所看到的这一习俗：

川西男女白缠头，此俗相传念武侯。文野在心非在貌，东邦木屐亦风流。㉒

关于该俗起源于何时，由于文献不足证，已不可详考。但至今川西坝子上仍然广泛流传着"诸葛孝与白帕子"的传说：

诸葛亮六出祁山，北伐中原，在五丈原逝世了，葬身在定军山。蜀中老百姓非常悲痛，要求朝廷在成都给诸葛亮建个祠庙，好让大家四时八节去祭奠。刘禅是个昏君，一听就不高兴。"哼，你们只晓得诸葛亮，就不记挂我真龙天子！"他把老百姓的呈子丢在一边，整天大口酒、大块肉地祭他的"五脏庙"㉓。

一些大臣怕惹怒了百姓出事，劝刘禅说："关二爷、张三爷都在成都修了衣冠庙，诸葛武侯也可以立庙嘛。"

刘禅一听，鼓起眼睛说："关、张与父王生死结拜，是朕的皇叔，诸葛亮是臣下，哪能建祠立庙？"

百姓们听说刘禅犟起脑壳不准为诸葛亮立庙，想起诸葛亮治蜀的功绩，个个都伤心得很，不约而同地到郊野去点蜡、焚香、烧纸，遥望定军山放声大哭。有的边哭边骂刘禅是个大昏君，不会有好下场。这话传到刘禅的耳朵里，气得他直顿脚，下令不准百姓野祭，违者抓来打板子，罚银子。

野祭的路堵住了，有人想出给诸葛亮戴孝的主意，把一丈多长的白帕子在头上盘一两圈，拖下两三尺吊在脑壳后面，算是戴孝。一传十，十传百，几天时间，满城之内，城郊乡镇，只见白花花一片白帕子，人人头上缠了孝巾。

刘禅又听说了，沉下脸说："打轿上街，我要看看哪个敢戴孝。"说完，他坐着大黄轿，打起龙凤旗上街了。转过御河金水桥，穿过锦江万里桥，只见满街遍野，不分男女老幼，人人头裹孝巾。刘禅心头鬼火冲，在人群闹市下令停轿，让卫士喊路边的人过来问话。这时，人们齐刷刷地把拖在脑壳后面那截白布收上去盘在头上了。刘禅哼了一声，问："你死了爹还是死了妈？""父母健在。""为啥头戴白孝巾？""不是孝巾是白帕。"人们背朝刘禅叫他看。"捆块白帕有何用？""天气凉了好挡风寒，天气热了好擦汗。"

周围百姓知道刘禅是安心来找碴的，便围过来七嘴八舌地喧嚷开了：

"先王法典没有说不准裹白帕！""子龙、孟起将军还穿白袍呢。""戴帕子比戴帽子暖和，不信你也来试试。"

一人一张嘴，万口像打雷，刘禅的威风摆不起来了，只好连连顿脚说："回宫！回宫！"

从此，川西坝的人头盘白帕的习俗代代相传，一直戴了千多年。㉔

该传说将这种独特的头饰归结为三国时期蜀国百姓对著名历史人物诸葛亮的敬仰，但仁寿等地却将包白帕子与"湖广填四川"的历史联系在一起，说"湖广填四川"的时候，仁寿的人多数是从湖北麻城县（今麻城市）孝感乡用绳子绑起来的，当时正遇族长死亡，全族吊孝。他们头上顶着白帕布，走路常被风吹掉。吹掉以后，手又是被绑着的，就要由押送的人捡起来重新给他们顶上。押送的人捡够了，干脆就给他们包在头上。吊孝时间有的是一百天，有的是三年。时间久了，他们包白帕子就成了习惯，孝期满了也仍然包着。这样一辈传一辈，就一直传到现在。㉕用白帕缠头不仅见于老年男女，在青年和中年男性以及中年妇女中也十分常见。这种独特的头饰到20世纪90年代依然被部分老年男女传承，但在中年男女中已十分少见。

民国时期，社会风气发生了变化。这在服饰上也有所体现，不仅中山装等新式服装进入男性的世界，旗袍等服装也成为部分时髦女子追逐的对象。女性不但可以在穿着打扮上追求新潮，而且可以自由出入公共场所，"时样云鬟鸦髻盘，靓妆争引少年看。避人怪底人

难避,故向高楼倚画栏"[26]就是对此新变的描写。当时的一些公共场所经常有女性出入,这自然引起了一些守旧人士的注意,如郫县便出现"谁家妇女学西装,高蹬皮鞋短短裳"[27]等现象;少数的新潮女性开始剪短发,这也自然引起守旧人士的不满,如川西北部的安县竹枝词言:

青丝剪去乱蓬蓬,雄化雌来雌化雄。无怪河东狮子吼,大施挞伐逞威风。[28]

不过此时城乡之间的差距依然明显,乡下大多数的女性依然恪守传统,也有少部分青年女子开始受到城市中时髦女性的影响,但基于思想见识和经济条件等的限制,她们一方面尽可能模仿城市中的青年女性,另一方面,依然保留乡村的"土气",所以当时有人写道:

乡女村姑苕气多,缩头缩脑四边梭。恐防面貌无色彩,脸上胭脂打一沱。[29]

虽然新潮已进入川西坝子,但由于众多因素的制约,乡村女子的服饰依然多为土布制成的寻常衣物,不过爱美之心人皆有之,于是便出现"不必绫罗不必纱,寻常衣服本田家。偶来观剧懒收拾,戴朵半开栀子花"[30]的现象,乡村女子身上保留着一份"清水出芙蓉,天然去雕饰"的质朴之美。

时代总在向前发展,服饰自然也随时代的发展而变化。20世纪后半期,虽然从清代延续下来的长衫、对门襟衫子并没有完全消失,绣花鞋依然穿在女孩子脚上,但中山装、西服、牛仔裤、喇叭裤、踩脚裤以及各式各样的裙子,还有令人眼花缭乱的各种品牌的鞋子与饰品开始走进人们的生活。无论是"布拉吉"还是"的确良",无论是"灯草呢"还是"阴丹布",都有属于它们的年代,都曾引领一时的风尚。在衣服、鞋袜的制作上,除"妈妈纳的千层底"外,大部分布料都是从布店中购买,再交给裁缝铺缝制,人们已经很少亲自缝制衣服了。到今天,大街小巷更是店铺林立,各种服饰争相进入人们的生活,曾经男耕女织的时代一去不复返了,那些传承了成百上千年的针线活,也被无情地扔进了历史的角落里。姑娘们不会再为情郎做一双情意绵绵的鞋,母亲们也不会再为孩子们纳一双千层底。时代给予了我们诸多便利,但同时也消磨掉了太多的温情。

第二节 舌尖上的川西：饮食之道

1911年8月10日，美国人路得·那爱德在写给他远在美国的姐姐尤雯塔的信中，对成都的宴会以及他当天的食谱有这样一段描述：

> 宴会很复杂，大家往往吃得很饱。无论是穷人家还是富人家，米饭都是主食，还有肉、面饼和土豆等。米饭用碗盛，蔬菜和肉类混合食用。吃饭时把碗举至嘴边，用筷子将饭送入口中，然后像吸尘器一样，米饭顷刻吞入腹内。
>
> 刚刚吃过午饭，让我告诉你我吃了些什么：水牛嫩腰肉加水烧板栗、煮玉米、烤南瓜、烧土豆和炖西红柿汤，还有玉米面饼、橘子酱、泡生姜、点心和葡萄，以及饮料和开水。[31]

如果说这段描述的前半部分是一个用惯刀叉进食的西方人对川西饮食习俗的客观描述，那么他在后半部分所列出的菜品就让我们倍感困惑了。看来这个高鼻梁、蓝眼睛的洋人对川西的饮食还不甚了解，那就让他跨越时空跟随我们去近距离看一看川西普通百姓餐桌上的菜肴吧！

四川俗语说，"富顺才子内江官，有吃有穿在四川""催工不催食，雷公不打吃饭人"，人们见面问候也以"你吃饭没"为常，可见四川人对"吃"特别重视。由于地处"天府之国"这一得天独厚的地理环境中，四川的饮食又以川西坝子为重要的发源地。川西坝子的食材丰富，造就了川西饮与食的种类繁多。加之盆地空气潮润、湿度较高，使得麻、辣成为川菜中最具标志性的味觉感知，也因此有"食在广州，味在四川"的说法。川菜中的夫妻肺片、麻婆豆腐、麻辣火锅、锅巴肉片、宫保鸡丁、回锅肉等都是人见人爱的美味，而一些地方上的美食也颇具名气，如富顺豆花、乐山跷脚牛肉、眉山东坡肘子等不一而足。川菜也因此位列"中国八大菜系"之中，收获了广泛的赞誉。成都的一些著名餐馆也享有盛誉，如"姑姑宴""努力餐""赖汤圆""钟水饺"等。不止如此，诸多文人雅士对川菜也颇为青睐，他们讲究"吃的艺术"，李劼人、车辐等文化名人更能亲炙佳肴，这无形中提升了川菜的"文化"品味。又如著名诗人流沙河就曾受成都著名川菜馆"市美轩"主人文瑄之请，为其店题有24句拟古风诗句，并用其俊秀的正楷书法书之于店中，其辞曰：

中国风俗图志·川西卷

担担面

> 民以食为天，食以民为铨。百姓所称赞，物美且价廉。白肉拌斋蒜，腰花炒猪肝。落座便可啖，爽口即为鲜。鸡丁说宫保，豆腐话淮南。锅巴烩肉片，炸响满堂欢。嗟彼千金宴，凤牝配龙鞭。宴毕犹未饱，花些冤枉钱。惟食可忘忧，惟肉可延年。能吃你不吃，齿落吃铲铲。我来市美轩，青春想从前。幸哉胃口好，饕餮喜有缘。㉜

作者为著名诗人，餐馆为著名餐馆，在名诗人的指引下，著名餐馆中的招牌菜已一一端上来了。蒜泥白肉、宫保鸡丁、锅巴肉片等，无不是川菜中的招牌。望字而生味，不见佳肴口已生津，可谓绝妙的广告，同时又凸显出该店的古雅。但相比之下，普通百姓则更注重"实用"，他们不甚讲究这些"艺术"的吃法，更习惯于采摘自己菜园中的时令蔬菜，稍作烹调便入腹。对他们来说，食在求饱而已。著名文人兼食客李劼人对此也曾有精到的描述：

> 我可以坦白告诉大家，在天府之邦内，能满足此种口福的，仍是少数的高等华人，而绝大多数川胞，还不必计及处在下川东、大川北、上川南（今日应该说是西康省），以及僻处在川西之西的人，光说肥沃的川西平原内，成都附郭的乡村罢，若干种田莳菜的劳苦大众，一年四季连吃一顿白米饭尚作为打牙祭，而主要食品老是玉蜀黍，老是红苕、芋头，老是杂菜和碎米煮的粥，老是豆多米少的饭，这还是有八成丰收后的景象。他们要求的，只在平平静静的终年吃得饱，哪里还敢涉想到下饭的菜肴！倘若每顿有点盐水泡菜，有点豆腐或家造豆腐乳，有点辣子或豆瓣酱，那简直就奢华极了。他们没力量奉行"食不厌精，脍不厌细"的圣教，也没力量来实践节约运动，这便是中国劳苦大众顶基本的吃。㉝

虽然上文描写的是抗战时期的情况，今大川西坝子上的农人们早已不会因吃而发愁了，但时至今日，饮食中体现出的雅、俗之别仍十分明显。普通百姓依然不会追求"食不厌精，脍不厌细"。正是这千百万普通民众的饮食，才构成了川西饮食民俗的主体，从日常的一日三餐到节庆宴客的九大碗，从食材的生产到食物的烹制，从"吃"到"吃"的礼仪，都属于饮食习俗的内容。下面，我们将分而述之。

川西坝子农作物的出产以水稻、小麦、油菜为大宗，周边丘陵和山地则以出产玉米、红苕、小麦以及马铃薯为主。因此，旧时川西地区的主食为大米，而周边丘陵山地则以红苕、玉米和麦面居多，其中又以玉米最为重要，如歌谣中有言：

> 背篼淘米手拿饭，早晚吃的团团转。
> 早晨吃的烫得很，晌午吃的横起啃，晚上吃的黄蜡饼。㉞

烁腊肉香肠

所谓"背筐淘米"之米，乃戏言玉米粒大，可用背篓淘洗；"团团转"则指玉米棒子，因将嫩玉米煮熟直接啃食，因此又有"横起啃"之说；"烫得很"乃就玉米糊糊而言；"黄蜡饼"因玉米饼颜色而得名，竹枝词中"御麦曾经进御前，磨来细面白于绵。阿娘想夺天孙巧，做得馍馍月样圆"[35]也正谓此也。玉米在人们日常生活中的重要性由此可见一斑。与玉米同样重要的是红苕，旧时有的地方以红苕为主粮，还有"红苕半年粮"之说。竹枝词中也有"喜逢嘉客火烧锅，也识鸡豚味最饶。借问平时糊口计，可怜顿顿是红苕"[36]之语。在玉米、红苕之外，小麦也在人们日常饮食中扮演着重要角色，有的地区一日三餐中至少有一餐为面食。小麦磨成面粉可以烙饼，可以蒸馍，可以擀面条，还可以包饺子、做馄饨。除此之外，还可以做尤具四川特色的面食——锅盔。

锅盔俗传因诸葛亮为备办干粮，让士兵用头盔烤面团而得名，在川西地区是十分常见的一种面饼，备受下层劳动人民的青睐。旧时，常常用"挣干锅盔钱"来比喻下苦力的人对生活的简单需求。锅盔常见的有三种口味：白面锅盔、椒盐酥锅盔和糖锅盔。[37]白面锅盔是纯用面粉而不加任何调味品做成的锅盔，人们在食用时往往在其中夹入其他菜肴，也可以将其与回锅肉一起烩炒，让锅盔吸收回锅肉的油脂和汁水。椒盐酥锅盔则在揉面时刷上椒油、芝麻或肉末等。而糖锅盔一般都加红糖，其中又分为"包糖"和"混糖"两种，包糖锅盔是把糖包在锅盔中间，一口咬下去，热气腾腾的糖汁便涌进嘴里。不过吃包糖锅盔的时候也有几分惊险：热糖多半会一路流下，不小心则会烫了手，乃至打翻烫了背，于是便有了"吃锅盔烫倒背——顾前不顾后"之歇后语。而混糖锅盔则是把红糖均匀地揉在老面中，做好的锅盔软中带弹，口感细腻，甜味若有若无，又不用害怕糖汁流下来。

除了灾荒年月，粗粮为山区和丘陵地区的主粮，一般情况下坝区则以米饭为主。川西地区的稻谷种类多样，以黏与不黏来划分，便有粳稻与籼稻之别，也有饭谷与酒谷之说。酒谷即糯谷，除酿酒外还可以做成糍粑或者汤圆粉子，但由于其亩产量相对较低，种植面积便相对较少。因此，在主食中，以饭谷为主。米饭可做成干饭，也可熬成稀饭。许多贫苦之家三餐均为稀饭，冬季熬制时可加入红苕，被谑称为"醪糟炖猪蹄"；春季熬制时加苕菜，被谑称为"鱼儿钻杂草"[38]。然而，在农忙期间，农人们由于要干较重的体力活，大多三餐都需吃干饭。近年来，受城市生活的影响，加之农村体力活也相对较少，因此人们早晨也多吃稀饭或面食。

川西地区的干饭又有焖锅饭和滤米饭之别。焖锅饭又称"连水干"，即淘米下锅，掺入

中国风俗图志·川西卷

转糖画

合适的水量,然后用旺火将水煮开后减小火力,待到水干后熄灭明火,用灶膛中的余温将其焖熟。全程需要用锅盖将铁锅盖上,越闭气,饭越香。滤米饭则是在铁锅中先加较多的水并将其煮沸,再淘米下锅,待米煮至半熟后将其舀起倒入筲箕之中,滤掉米汤之后再倒入锅中用小火焖之。有喜欢吃粗粮的人家,还可以在锅底垫上红苕、南瓜、土豆等一起焖制,也有在米中加入豆类或玉米粒的。而甑子饭与滤米饭相似,只是滤掉米汤后需将其倒入甑子中蒸熟即可。筲箕和甑子均用篾条编织而成,是旧时川西地区必不可少的厨具。流传在彭山等地的民歌《肚皮饿了一个槽》中唱道:

> 肚皮饿了一个槽,喊放牛娃儿回去瞄。
> 筲箕还是高挂起,甑子还在坐饿牢。
> 喊声放牛娃不消闹,灶烘头还有两个红苕。㊴

主食之外,川西坝子的蔬菜种类也十分丰富,不同季节有不同的时令蔬菜。一般农村人家都在自家种植,城镇人家则多在集市上购得。洪雅地区流传的一首《小菜歌》将川西坝子每月出产的蔬菜娓娓道来:

> 正月蒜苗把肉下,二月葱花拌豆花。三月薤头挽把把,四月豆豆满地爬。五月海椒结满架,六月黄瓜配苦瓜。七月豇豆起挂挂,八月茄子老疙瘩。九月南瓜圆了把,十月萝卜放手拉。冬月白菜要出嫁,腊月芹菜要打发。菠菜打汤营养大,黄豆又好生豆芽。芫荽子喜欢"羊肉朒",大头菜凉拌吃麻辣。莲花白有那背篼大,切成丝子锅头哈。味精豆油一起下,另外加点好麻辣。这些小菜把饭下,胜过山珍与海虾。㊵

除这些时令蔬菜,泡菜、盐菜、豆豉、红豆腐、豆瓣酱也是餐桌上常见的下饭菜。俗话说"蒸炒俱全,离不得泡菜一盘""鸡鱼鸭蛋,当不得泡菜送饭"㊶,川西的泡菜以各种时令蔬菜泡制而成,一般春季泡青菜,夏季泡豇豆、黄瓜等,秋季泡红辣椒、嫩姜等,冬季则以萝卜为主。蔬菜多的季节可以随泡随吃,这样不仅可保证蔬菜的清脆,又能品味到泡菜的酸辣。盐菜则以嫩青菜、白菜、苔菜、嫩萝卜为原料,用盐渍后晾干再装入坛内,在坛弦上加水以使其与空气隔绝,过一段时间后即可开坛食用。豆豉则多以黄豆煮熟后发酵而成,制作时在其中加入盐、姜、干海椒末,搓成坨晾干或熏干即可。豆瓣酱则是将胡豆去皮,然后用黄荆叶盖上发酵,待其发酵生霉后揉散曝晒,然后加盐、香料与剁碎的红海椒揉匀,再装入坛中密封。海椒剁

中国风俗图志·川西卷

卡丝饼

碎后需要下大量的盐，所谓"舍得盐，下得酱，舍得儿子学和尚"的谚语便源于此。㊷无论是泡菜、盐菜，还是豆豉、豆瓣酱，它们既可以成为贫苦人家桌上的菜肴，也可以作为烹制美味佳肴的调味材料，因此在川菜中占有一席之地。这种平民化的倾向，或许正是川菜的一大特色吧！

在川西坝子，还有一种奇特的菜肴——冲菜，颇能引起外地人的惊讶，著名杂文家何满子就曾视该菜为难得一见的佳肴，并在《清淡蔬菜有绝活》中写道：

> 还有是蔬菜的做法特别，为成都所独有者，如用芥菜（成都叫青菜）切细，炒至半熟、压制而成冲菜，制成后以醋、熟油辣子并稍加糖拌食，不仅鲜嫩爽口，尤其对鼻部的强烈刺激，予人以一种特殊的美感体验；如吃入嘴后立即吃口热饭，效果尤佳，往往刺激得眼眶出泪，反觉过瘾。比起南北各地的辣白菜来，鲜脆各有千秋，而鼻感刺激大胜，比起芥末来，鼻感刺激各有千秋，而芥末本身无鲜脆的味觉和触觉美，冲菜则兼有辣白菜和芥菜两者佳处，可为"二难并"。㊸

作为成都女婿，何满子对成都之美食极有研究，与车辐等老成都"吃货"也相交甚厚，想来他对川菜中的诸多名菜也早已饱口腹之欲了，但他也对这平民化色彩十足的冲菜却念念不忘，并说这是他"离开成都后朝夕所向往的美味"。除此之外，还有许多菜肴也是外地所没有的，如冬苋菜淡煮醮豆瓣、夏季之际的炒海椒叶等都是食材易得、做法简单而又独具特色的菜肴。

旧时，川西普通百姓的日常饮食颇为简单，但若有亲朋好友到家中做客，则要尽其所能地招待客人，以显示主人的热情好客。可杀鸡宰鱼，但最常见的还是用腊肉招待客人。腊肉都是由冬季的猪肉腌制而成的，有的还用柏枝点燃熏制。无论菜品丰盛与否，家宴席上的诸多礼节必须要遵循。吃饭时一般用正方形的八仙桌，家中的长辈首先入上席坐定，客人和与长辈平辈的老者坐在长辈的对面。如果六人入席，还要注意座席不能上下各一人、左右各两人，或者上下各两人、左右各一人，因为这种坐法形状似乌龟，被戏称为"乌龟席"。上菜时，要先上下酒的凉菜，再上热菜，最后上汤。端菜时菜不能高于客人的肩头，更不能从头上端过。菜上得差不多时，主人举起筷子说"请菜"，大家便开始动手了。有些主人家为了显示好客，还要给客人碗中夹菜。㊹

宴客时为客人斟酒也有一定讲究，如要从客人右方斟酒，应该右手提酒壶，左手放在右手上表示双手给客人敬酒；如执壶者在客左，则应左手执壶，右手扶壶嘴。如客人不会喝酒，则

酒逢知己

用手盖住酒杯，并站起来说"不会，不会"。旧时，喝酒也有一桌上共用一只土巴碗盛酒，将酒倒入后大家轮流喝的习俗，如桌上有长辈，则要长辈先喝，然后从左至右依次传递。有时平辈喝酒为了喝出气氛，还多行酒令。川西酒令所用数字颇具特色，如《排子山歌·唱十字歌》：

> 一字下来一条匡，张爷站住古城中。关公辞朝古城来，擂鼓三通斩蔡阳。
> 二字下来一条躬，二郎老爷显神通。手拿金勾桂练子，贯州城内祥业站。
> 三字下来三条行，磨房受苦李三娘。一时不见磨鬼响，房中坐下乌辟响。
> 四字下来不立门，黑脸包公不容情。仁宗皇帝不认母，杀死皇亲原劝人。
> 五字端来下五方，马上抛刀杨六郎。大吼三声打一阵，滑石面上放毫光。
> 六字下来六荫荫，仙姬下凡闹东京。一心配合崔文瑞，扰乱江山不太平。
> 七字下来把脚翘，齐崇世界走一遭。领兵跨帅薛仁贵，杀进南唐乐逍遥。
> 八字下来两边排，八洞神仙过海去。手内拿个云牙板，口念黄河水不流。
> 九字下来九重山，昭君即即去合番。龙袍挞在马鞍上，一步跳下舍身岩。
> 十字下来十川心，释迦有个十总佛。二十四可黄金叩，干戈一起动刀悬。㊺

这首酒令全用数字开头，中间穿插各种历史故事。酒过三巡，主人便要为客人舀饭，饭应舀得疏松适量，并用双手递给客人，客人也要双手接过饭碗。吃饭时，要将饭碗端在手中，不能放在桌子上埋头吃饭。吃饭时也不能倒菜汤，俗话有"贼怕拿赃，菜怕倒汤"。倒汤泡饭既不雅观，也会让主人家难堪。饭吃完后，应该双手横拿筷子向桌上的其他人一一打招呼说"请慢用，请慢用"。这些习俗处处显示出在人们日常生活中的"礼"，但今天许多规矩已经不再被遵守了。

"破费一席酒，可解九世冤；吝惜九斗碗，结下终身怨。"川西地区若遇岁时节庆或红白喜事，主家便会一改平时宴席的简朴而使宴席尽可能丰盛。在宴客习俗中，川西地区以"九斗碗"最具特色。1946年的《新繁县志·礼俗·风俗·饮食》载：

> 吾县每日三餐，均以白饭为主。菜则各种园蔬，佐以猪肉，此为普通常馔。至于婚丧、庆吊、祝寿、暖屋㊻，中下之家，则雇厨役造筵席，以猪肉为主要物品，多制样式，谓之"肉八碗"，又谓之"九斗碗"。富贵之家，则珍错罗列，最上者为烧烤席，此不常设；次则鱼翅席，又次则海参席。

"九斗碗"之名本源于宴席上的九道主菜。㊼川西人遇红喜事，一般都要办"九斗碗"宴请客人㊽，所以也称赴宴为"吃九斗碗（儿）"，俗语说："挨些毡戳脸，吃些九斗碗。"高档的

中国风俗图志·川西卷

大木活路

"九斗碗"一般举办三天,头天称为"毛坯(子)",第二天称为"正席",第三天称为"收尾席"。至今,川西地区尤其是农村,遇到娶妇嫁女、建房造屋、做生拜年等"红喜事",都要办"九碗(儿)"宴席,成都市双流区还流传着一首《九碗(儿)歌》:

主人请我吃饷午,九碗摆得胜姑苏。头碗鱼肝炒鱼肚,二碗仔鸡炖贝母。
三碗猪油焖豆腐,四碗鲤鱼燕窝焯。五碗金钩勾点醋,六碗金钱吊葫芦。
七碗墩墩有块数,八碗肥肉油漉漉。九碗清汤把口漱,酒足饭饱一身酥。[49]

实际上,九斗碗之九样菜与歌谣中的不尽相同,除了少数富裕之家有"鲤鱼燕窝焯"等名贵菜品,普通人家多以猪肉为主要食材,或有鸡、鸭、鱼等,大多是蒸、烧、炖和凉拌菜俱全。但无论家庭条件如何,都会凑齐九样。随着人们生活水平的提高,"九斗碗"之名虽然仍在川西坝子流传,但无论是菜品的种类还是菜品的质量,都早已与传统"九斗碗"有天然之别。或许这也属于民俗的创造性传承。

"民以食为天,食以民为铨","食"在满足人们基础生存需要的同时,又蕴含着丰富的文化信息。因此,无论时代如何变化,我们既要关心"早晨开门七件事,柴米油盐酱醋茶",还要回望传统,看看来时的路,因为那是一条文化传承的路。

第三节 竹篱茅屋野桃花:建筑之道

人们常说"吴牛喘月,蜀犬吠日",意为江南一带平地多、山地少,遮不住太阳,故江南的牛看见月亮以为太阳会喘气;而四川盆地四周均为高大的山脉,且阴天多,故蜀地的狗看见太阳,也会少见多怪地乱叫。话虽夸张,但也道出了四川盆地的地理特点。受到此种地理环境的影响,川西坝子的建筑无论是建筑材质还是布局形态,都具有自身的特征。当我们从飞机上鸟瞰川西坝子这片富饶的土地时,不仅可以看到绿油油的庄稼和纵横的河曲,还可以看到从一

中国风俗图志·川西卷

小木活路

个个镶嵌在平原中的竹林人家中升起的一缕缕炊烟。那些隐藏在竹林深处的人家，正是这伟大土地的主人，而竹林、人家的组合，也被称为“林盘”。清代陆箕永《绵州竹枝词》云：“村墟零落旧遗民，课雨占晴半楚人。几处青林茅作屋，相离一坝即比邻。”并自注曰：“川地多楚民，绵邑为最。地少市村，每一家即傍林盘一座，相隔或半里或里许，谓之一坝。”[50]正是对川西林盘的描述。与北方大多数村落相比，川西人家多分散居住，且房前屋后多种竹，从而使房屋掩映在竹林中，与大自然形成和谐共生的关系，构成了一幅“竹篱茅屋野桃花”[51]的画景。

旧时，川西房屋有竹泥结构，即柱用木头，墙用竹编，然后在竹上涂泥，房顶上则多盖茅草。正因如此，大诗人杜甫在成都草堂居住时才会有“八月秋高风怒号，卷我屋上三重茅”的名句。其实，这种建筑不仅为贫寒人士所独有，就连县署建筑，也有以此为之的。五代孙光宪《北梦琐言》逸文卷四“电取乖龙”条载：

> 伪蜀王氏彭王傅陈绚，尝为邛州临溪令。县署编竹为藩而涂之，署久，泥忽陊落，唯露其竹。侍婢秉炬而照，一物蟠于竹节中，文彩烂然，小蛇也。[52]

“泥忽陊落，唯露其竹”，可见当时建筑的墙体正是以竹为骨、以泥为肉。这种建筑在清末民国时期的川西乡村中依然十分普遍。一般的贫苦人家无力建筑宽敞舒适的瓦房，只能就地取材建草房。清代彭址《江油竹枝词》有云：

> 疏竹编墙指罅宽，任他风雨不遮瞒。辛勤好把泥灰抹，家室无虞魂梦安。[53]

1911年的秋天，路得·那爱德将他的镜头对准了一座川西坝子上贫苦农户的茅草屋，这座草顶、泥墙的简陋茅草屋的前面是一块不大的菜园，草屋与菜园被竹篱分隔开来。低矮的屋檐下站立着两个人，还有一人坐在屋子前。[54]这张照片里，我们虽无法看清楚三人的表情，但他们与背后的茅屋共同构成了清末至民国初期川西乡村的文化生态景观。这黑白的图画，让我们跨越时空的界限，看到那在川西坝子上延续数千年的建筑依然为穷苦的人家遮风避雨的画面。当然，除了这些数量众多的泥竹建成的茅草房，家庭条件较好的人家的房子则可能用木板为墙，以瓦为顶，有的则以土为墙，或用墙砖砌之，或用泥土夯实。与茅草房相比，这些房子的自然条件较好。

川西房屋在布局结构上有“三合头”“四合头”“磨把手”“一字形”等样式。所谓“一字形”，就是房屋或三间或五间，依次排开，两边无须合围。中间为堂屋，其中供奉历代祖先神位，两边为卧室或厨房。房间较多者，还有储物间等。房屋前面多有一个晾晒粮食的小院，这里同时也是重要的生活场地。房前屋后往往种竹木、夹篱笆以作环护。所谓"磨把手"就是在"一字形"房屋的基础上，在一面再加修一间或两间房子，房屋平面有如直尺形。"一字形"和"磨把手"的房屋多是单家独户居住，家庭条件一般。如果家族势力较大、成员较多，则往往会修"三合头"或"四合头"的院落。川西地区将四合院建筑称为"四合头院子"，院子正前方开一门，称为"龙门子"。夏夜，天上繁星点点，地上蛙鸣一片，一家人坐在龙门子下乘凉，长者手摇蒲扇，孩童嬉笑打闹，而忙活了一天的男人和女人们也终于可以享受一天中难得的闲暇时光，张家长李家短地闲聊开来，据说四川方言将聊天称为"摆龙门阵"就来源于这夏夜龙门子下的闲谈。如果院子三面有墙有屋，一面敞开，则被称为"三合头"。有的家庭还会在敞开的一面修建照壁，据说照壁既可以阻挡煞气，又能防止屋内的财气流失。

三合头和四合头建筑还可以有两进或三进院落，这类富家建筑在设计上也有颇多讲究，有的家庭的窗户、柱头都会有精细的雕花，在天井中还会植樟树、桂花树等树木，有的还会养花种草，颐养性情。但无论是三合头还是四合头，宅院的房屋全为左高右低，因俗语有"左青龙，右白虎，白虎抬头要伤人"之语。

川西坝子的城镇、乡场上也有数不清的瓦房连绵起伏，而最豪华的建筑无疑是富贵人家的公馆和神灵居住的庙宇。衙门的建筑自然也以高贵的气质区别于普通百姓家的房屋。当然，沿街开设的诸多茶馆也是一道难得的风景线。川籍作家李劼人在《死水微澜》的开篇便对清末民初川西的乡镇景观有如下描写：

> 就在成都与新都之间，刚好二十里处，在锦田绣错的旷野中，位置了一个不算大也不算小的镇市。你从大路的尘幕中，远远便可望见在一些黑魆魆的大树荫下，像岩石一样，伏着一堆灰黑色的瓦屋；从头一家起，直到末一家止，全是紧紧接着，没些儿空隙。在灰黑瓦丛中，也像大海里涛峰似的，高高突出几处雄壮的建筑物，虽然只看得见一些黄琉璃碧琉璃的瓦面，可是你一定猜得准这必是关帝庙、火神庙，或是什么宫、什么观的大殿与戏台了。㉟

李劼人用他生花的妙笔，将我们带入了那个时代川西的乡场上，这个离成都不远的小镇实际上可以代表整个川西乡镇的样貌。那些居住在乡下的贫苦人家，每逢赶场天便走出那低矮的茅草房，沿着那些或宽或窄，或长或短的乡间小路，带着自家菜园中出产的蔬菜水果，在那石板铺就的街面上找个一尺见方的地方，与城镇中的居民进行着近乎原始的交易。如卖得银钱，便又到街上的店铺中购置一些生活必需品。如果心情大好，或者碰上几个熟识的朋友，还会找一家茶馆坐坐，呷一口茶，天南地北地摆起龙门阵，然后在日落时分踏上归家的路。

城镇上的深宅大院犹如侯门，普通百姓是无缘进去的。还有那沿街而设的店铺，虽然可以看到柜台上陈列的令人眼花缭乱的物品，但那店铺后面的世界却是个谜。而小镇上那些客商云集的客栈，也非一般百姓所知，但这些建筑却是川西建筑的代表。幸亏有李劼人这个导游，带领我们进入这个未知的世界：

> 即如火神庙侧那家云集栈，虽非官窝，而气派竟不亚于官窝。门口是一片连五开间的饭铺，进去是一片空坝，全铺的大石板，两边是很大的马房。再进去，一片广大的轿厅，可以架上十几乘大轿。穿过轿厅，东厢六大间客房，西厢六大间客房，上面是五开间的上官房。上官房后面，一个小院坝，一道短墙与更后面的别院隔断；而短墙的白石灰面上，是彩画的福禄寿三星图，虽然与全部房舍同样地陈旧暗淡，表白出它的年事已高，幸而青春余痕，尚未泯灭干净。⑯

虽然无缘亲见这些百年前的建筑，但通过作家的描写，我们似乎回到了那个时代，回到了那条长长的街道上，并走进了那一家家旅店，看到店内的天井中停放着几乘接客的轿子，听到店家与客人们交谈的声音，还有屋后马房里那些劳累了一天的马儿一边轻轻地打着响鼻，一边津津有味地咀嚼着刚上的草料。

无论是哪一类房屋，在修建时都要经历相似的工序。川西俗语说"太岁可坐不可向，三煞可向不可坐"，因此在动工之前，首先要请阴阳先生帮忙选定基址，并确定朝向。选定基址、朝向之后，还要选择一个破土动工的日期。破土之后先下基石，也称"下基脚"，一般由石匠师傅主持仪式，届时会唱诵《下基脚歌》：

> 修房石工先行官，吉日来把基脚安。玉石打底金盖面，建成华堂宽又宽。水晶墙脚安稳当，上面泥工好砌墙。主家看了喜心上，富贵荣华传四方。⑰

接着，主人家会再用版筑技术一层一层向上筑墙。届时，亲友邻居都会前来帮工。挖土的挖土，挑土的挑土，筑墙的筑墙，大家干得热火朝天。主人家要用好酒好菜招待大家，在劳动间隙也不忘送上一壶老荫茶供大家解渴。如果天气晴好，经过两三个月的时间，房屋便可筑上梁了。上梁是旧时川西坝子修建房屋最重要的仪式之一，需要选"宜造作"的黄道吉日，还要由掌墨师傅举行隆重的上梁仪式。

上梁的程序分为备梁、祭梁和上梁三个步骤。在上梁之前，主家首先要准备好上梁过程中所需的各种物品，尤其不能少的是一只雄鸡、各种红包，还要准备一定数量的花生、核桃、豆子和铜钱，并将其染成红色。除此之外，还要提前准备好正梁，并将其三面染成红色，向下一面还要画上龙凤或者太极八卦等图案。这些东西准备齐全后，提前选定的黄道吉日也便到了。届时，参加建房的工匠都有礼封红包。礼封有宰鸡礼、承平礼、借光礼、平安礼之分。由于掌墨师傅主持上梁仪式，因此宰鸡礼由他收纳，礼钱最多。其他泥、土、石、解等工种的工头则收纳承平礼和借光礼，参与拉梁上屋架的普通工匠和亲朋近邻则可以获得一个小红包，是为平安礼。祭梁时，掌墨师傅一边用雄鸡鸡冠血在梁上画符，一边大声念诵《祭梁辞》：

> 一不早，二不迟，正是鲁班祭梁时。
> 一祭祭梁头，儿孙代代当诸侯；
> 二祭祭梁腰，儿孙代代耍金刀；
> 三祭祭梁底，主人发财从今起。㊽

唱诵完毕，在雄鸡身上扯下一小撮鸡毛，用鸡血粘贴在梁上，祭梁仪式完成。接下来掌墨师傅便可以率工匠们拉梁上架了。拉梁时，动作要缓慢，一边拉一边还要吼梁。吼梁属于劳动号子的一种，实词较少，衬词较多。如眉山地区一首吼梁歌如是唱道：

> 喂呀哈，喂咗呢，喂呀咗呢！昨迟又哦来左，迟喑不迟！正喑是，主家喑呢！喂呀呀喂左呢，正是啦来，主家舍，上梁罗时。㊾

此歌谣基本上全为衬词，如果单就歌词而言，几乎没有任何价值。当上梁时，大家一边拉梁柱，一边唱着雄壮的号子，这样不但可以使力量协调到一处，而且还能活跃气氛。有时拉梁到一半时，大家故意将梁柱悬在空中，拉而不动，以等待主家发红包。梁上好后，上面放一只雄鸡，称"鸣梁"，再在上面放一些茶、盐、米、豆等称"压梁"。此时，掌墨师傅站在墙头，将主家早已准备好的花生、核桃、豆子和铜钱等撒向下面的人群令大家哄抢，此称为"撒红"。但撒红时不能全部撒完，还要留一点给主家，以示有余。撒完后，上梁仪式结束，当天工匠不再上工，但工资照发，称"息梁"。而这天中午，主家吃饭时要上座不让客，称"重梁"。接下来三天内，屋不盖顶，称"晾梁"。同时，主家摆上九大碗大宴宾客，亲朋好友也携礼物前来庆贺,称"贺梁"。夜幕降临后,主家还要请人在梁下屋内打牌、下棋、打围鼓,称"守梁"。⁶⁰三天结束后,便可以为新房盖顶了。

在墙面和屋顶都建好晾晒一段时间后,还有一个重要的环节便是装门,旧时堂屋门一般比其他门大和高,且多为双扇门。木匠师傅们装门时,主家也要送上喜封,并且要诵一些吉祥话,如眉山地区一首《祭门歌》唱道:

一把小刀白如银,主家请我来钉门。手拿钉子十二个,钉起两扇状元门。
左边一扇生贵子,右边一扇成功名。状元门来状元门,头戴金花手捧银。⁶¹

门装好后,新房的主体建筑便完工了。这时,主家根据自身情况开始用石板铺砌院坝,建猪圈、牛圈,搭建柴棚。屋内则需夯实地面、修灶等。而一些富贵人家还要立照壁、建院墙。待这一切结束后,新房宣告完工,主家便可搬入新家了。

随着社会的发展和人们经济条件的好转,古老的以泥竹为墙、以茅草为顶的房屋早已不见踪影,我们已经无法体会"八月秋高风怒号,卷我屋上三重茅"的窘迫。那些因地制宜以木板为墙和以夯土为墙的房子也渐渐地消失在人们的视线中。如今,无论是城镇还是乡村,都是一样的砖砌房,只是有的高入云霄,有的低俯在大地上。与这些古老的房屋一起消失的,还有房屋上附着的中国传统文化,以及修建房屋过程中的一系列仪式。上梁、祭梁、吼梁、压梁及守梁等仪式,仪式中的歌谣及仪式中人与人之间的温情、人对神的敬畏也一并消失了。我们生活在一个高度物质化的时代。

第四节　山高水长路底宽:交通之道

1908年,一位蓄着八字胡、长着蓝眼睛的陌生面孔出现在成都平原,与当时来成都的其他传教士不同的是,这个外国人背着一个奇怪的大黑匣子,上面写着"SDG"的字母。此后的

十余年中，正是这个陌生的面孔和他手中奇怪的大黑匣子，为20世纪初的中国留下了无数珍贵的影像。1917年，这位名叫"西德尼·D.甘博"的美国人再次出现在新都至成都的乡间小路上，像往常在川西坝子上旅行一样，甘博抱着他宝贵的黑匣子坐在独轮车上，后面一位年近五旬、戴着一顶帽檐硕大的草帽的农民推着独轮车，正经过一条泥泞的街道。㊷不知出于什么原因，甘博找人将这个画面永远定格在他的镜头下，直到一百年后的今天，我们还可以看到独轮车与照相机所呈现出的传统与现代的交汇。那辆独轮车，在川西坝子有一个独特的名字——鸡公车。据说，鸡公车是从诸葛亮发明的木牛流马演变而来的。著名川籍作家李劼人曾说："我们川西坝的人到底感谢诸葛亮先生，他的遗制木牛至今尚在为我们服务，不过改了一个名字叫叽咕车。"㊸在川西坝子上，这种随处可见的手推独轮车不仅可以用来推货物，还可以用来载客。而旧时成都、德阳等地称推鸡公车为"吆凤凰"，坐鸡公车为"骑凤凰"。当时尚无马路，多以鸡公车载客。㊹抗战时期，从北京、上海等地流寓成都的文人学者们，对川西坝子上的鸡公车印象深刻，何满子便曾回忆道：

> 鸡公车，或谓应写作"叽咕车"，以行车时发出叽咕叽咕的声音而得名，我想是。但成都人分明叫它鸡公车。……抗战时期，四川的交通实在不方便，走稍远的路而没有代步工具，相当恼火……成都平原的中远距离则仗鸡公车。㊺

鸡公车有大小之分、高矮之别。宽架鸡公车如果遇到推车能手，一次可以载重500公斤，而窄架鸡公车一次也能运输200公斤左右。正因为其运量大，所以成为川西坝子农家最重要的输运工具，运往成都的粮食、日用品等多由鸡公车运输。正所谓"鸡公车，真正好，不吃粮食不吃草。农忙时，推庄稼，农闲又把百货拉"。鸡公车不仅是川西农村常见的运输工具，在城市中也十分普遍。旧时成都市区交通不便，为方便鸡公车过往，许多较宽的街道还专门在街中心安上一道石板，并使其略高于两侧的路面，也因此有"鲫鱼背"之说。

鸡公车的车把末端一般系有车襻，在推车时要将襻挂在两肩上，双手握住车把，腰稍向前弯，再用力向前推。由于是独轮，因此在推车时还要讲究一定的技巧，旧时在川西坝子流传着这样的口诀：

> 一要眼睛灵，二要手撑平，三要脚排开，四要腰打伸。
> 上坡腰躬下，下坡向后蹬，背带要绷紧，平路稳到行。
> 转弯游到碾，早把路看清，推车本不难，只要有决心。㊻

随着现代交通方式的出现,曾经在川西坝子上盛极一时的鸡公车逐渐退出了历史舞台,今天只能在乡下的少数农民家中见到它破败的身影。当然,鸡公车更多属于"引车卖浆者",它不可能是川西坝子上唯一的交通工具。旧时,乘轿才是川西富贵人家一种较常见的出行方式,许多大家庭不仅有自家的轿子,还有专属的轿夫。巴金就曾在《我的几个先生》一文中说他的第二个先生就是他家里一个叫作"老周"的轿夫,这位轿夫让年幼的巴金知道在家庭之外还有社会,并且传递给巴金一种生活的态度。巴金对他家的轿夫有如下文字描述:

> 轿夫住在马房里。……轿夫们白天在外面奔跑,晚上回来在破席上摆了烟盘,把身子缩成一堆,挨着鬼火似的灯光慢慢地烧烟泡。……公馆里的轿夫时常更换。[67]

当然,并非所有的家庭都有自己的轿夫,当时街头的大部分轿子都属于轿行所有,而轿夫则类似于老舍笔下的骆驼祥子,他们出卖劳动力给轿行以谋生。1905年日本人山川早水用四个月的时间在四川旅行,他的《巴蜀旧影》中有一段就记载了成都当时的交通,他说:

> 交通工具只有轿子,就像我们的人力车。有出租轿子与流动轿子,然而,一般结构粗糙而且形状很小。官吏或者中流以上阶层的人,大抵都有自己的专用轿。但当只有轿子而轿夫外出时,可从外边雇人。[68]

民国时期,成都轿业十分发达,据《成都市政年鉴》统计,1925年全市共有轿子2300乘,可谓轿子的鼎盛时期。但由于种种原因,到1926年,轿子的数量锐减近半,仅有1369乘。[69]而到1932年,数量又增加到2300多乘。[70]各个轿行为了相互区别,都制作了代表自己轿行的标志,并将其缝在轿帘上,以示众人。除自我标识外,每乘轿子还有政府发的纸质轿证,它作为合法营业的凭证,被贴在轿子上显眼的部位。轿证长约18厘米,宽约16厘米,以绿色花草为图案。[71]

每一家轿行皆有自己营业的区域,如1948年"成都市彩仗业同业公会"理事长石青云的轿行,营业范围为外东一带。轿行管辖区域的大小并未明确划分,仅依其习惯,自然形成而已。如果其他区域同业有侵犯该区域同业的利益,则会受同业间的议论,所以轿行相互间还有动武之事发生。为了解决竞争与合作的问题,促使行业良性发展,轿行成立行业组织是必要的。成都轿行在民国初并无专门的组织,只附属于"灯彩帮"。随着轿行数量的增加,轿行渐次脱离"灯彩帮"而独立。但轿行自成立以来,因连年遭受社会动乱,加之其行规也无明

打草鞋

文规定，这样的组织不过是空有一纸公文而已，并没有实质作用。

除轿行外，旧时川西一些较大的民宅式旅馆中也备有街轿，作为接送客人的交通工具。1911年，美国人路得·那爱德便用他的镜头记录下一家旅馆的天井中放着三乘街轿的场景。同一年的夏天，路得·那爱德在川西某地考察时留下了一张照片：在群山环绕的一处村落中，一条小路通向远方。在画面的中间，身着白色西装的那爱德正在向一位留着长辫子的中国青年交代着什么，他们的身旁停放着一乘轿子，轿门洞开，不见轿夫。我们可以推测，这或许正是那爱德此次考察所雇佣的代步工具。[72]由此可见，轿子不仅是川西城镇的交通工具，在农村地区也可以使用。

轿子主要流行在城镇，乘坐者也有一定的身份地位。在广大川西农村，比轿子更常见的是滑竿。其用法一般是一个人躺在上面，两个人一前一后将滑竿抬在肩上。抬时要求抬夫腰杆要挺得直，桩子要稳得起；上路时要脚动身不动；换肩时要不停步，只轻轻一抛，便在乘客不知不觉间换过来；同时要求抬夫同起同落、步调协调、快慢一致，所谓"踩得到点子"。[73]与轿相比，滑竿具有轻巧灵活、方便适用的优点，又能适应山区地形，俗话说"潜行有艇，飞行有船，山行只需一摇篮"，便谓此也。而在回程无客时，滑竿只需一个人背着，两人还可相互轮歇。民国时期，川西地区滑竿十分普遍，如任乃强在《泸定考察记》中写道：

> 川康间行旅往来向恃肩舆，民国五、六年后，改为滑竿。抬滑竿者号为流差，全为四川人，初出皆精壮青年，不吸鸦片。山高路险，行旅欲速，气力不济，则吸烟以兴奋之，日久成瘾，非烟不行。力价所入，仅偿烟债；渐至于不偿烟债，典卖衣服；渐至节食烧烟，有每日所耗饭食不过一二角，而烟费八九角者。[74]

滑竿的制作十分简便，即砍下两根特意精选的约三米长的竹竿，在其两端各绑上尺把长的短竹竿或木棒作为抬肩，中间架以竹片或绳索绷成的躺椅，椅上绑一个篾枕头，吊一节小木片或竹棒做踏脚。天冷时，可在躺椅上垫上一些被褥；天热时，可在竹竿上加两条弓形竹片，撑一篷布以作凉棚。滑竿或许正是轿的前身。据文献记载，唐代时出现了一种叫"兜笼"的代步工具。《旧唐书·舆服志》载：

> 兜笼，巴蜀妇人所用，今乾元已来，蕃将多著勋于朝，兜笼易于担负，京城奚车、兜笼，代于车舆矣。[75]

黄包车

兜笼这种竹制小轿初用于巴蜀妇人，后因其"易于担负"，才盛行于京师。兜笼的形制虽无图像可参考，但其制作简易，这一点毫无疑问。川西地区曾有一种藤轿，其形制与有凉棚的滑竿相似，但座椅由篾条或者藤类编织而成，且有靠背和顶棚，两边也有护栏，又与舆轿接近，或许这正是兜笼的形制，是一种介于滑竿和舆轿之间的过渡形态。兜笼今已不见，但滑竿至今在峨眉山、青城山等地依然可见。

无论是轿还是滑竿，作为一种需多人协作使用的交通工具，抬时都需要较高的技巧。以抬轿为例，轿夫因所处的位置不同，其相应的称呼也有差异。以"软八抬"为例：走在最前面的叫"掉头子"，处于第二位的称"亮眼子"，紧随轿后的称"黑窝子"，走在最后的称"扯尾子"。扶轿的四人也有相应的名称，依次为"二掉头子""二亮眼子""二黑窝子""二扯尾子"。各种称呼都与轿夫在抬花轿过程中所起的作用密不可分。"掉头子"需负责路况的勘查，起到领头的作用；"亮眼子"主要协助"掉头子"，负责向后面的人报明前面的情况；"黑窝子"因紧靠轿后，视线几乎完全被遮住，只能听"亮眼子"的指挥，也因此而得名；"扯尾子"在队伍的最后边，与"亮眼子"一报一答，前后呼应。由此也诞生了特色浓厚的报路号子，其特色主要表现在方言俗语的应用上。如前报"大钉带小钉"，后答"脚板长眼睛"；前报"青石放光"，后答"稳踩莫上当"之类。

报路号子大致可以分为三类：第一类是关于路况的号子，如前报"左（右）边有个吊脚楼"，后答"文武百官在里头"，吊脚楼指路边有个大缺口，而回答"文武百官在里头"，既讽刺了当官的，又实指要靠路里边走；又如"三条板子两条缝"，后应曰"单踩中间不踩缝"等。第二类是路上遇到各种事物的号子，如路前方有小孩，前面便报"天上一朵云"，后面应曰"地下一个人"；如遇路边有青年妇女，前报"左（右）手一枝花"，后应曰"莫要去睬她"，或者戏谑道"就是娃娃的妈"。第三类是关于操作技术和鼓舞情绪的号子，如需要横着走若干步，前报"横的一丈八"，后应曰"两步拿来一步踏"；又如报"招呼左手边"，应曰"歇气好吃烟"等。[76]随着轿子、滑竿等交通工具退出历史舞台，报路号子也已成绝响，如今只保存在少数老人的记忆中。

说到旧时川西的"行俗"，除鸡公车、轿子、滑竿外，不得不言及那些常年为了生存在川康路上负重前行的背夫们，他们用后背和肩膀支撑起生的信念。川西俗语"背不完的汉源街，装不满的打箭炉"，充分肯定了背夫们在康藏运输中的巨大作用。1934年，川西籍作家周

中国风俗图志·川西卷

板板车

文的散文《茶包》中对他们有如下描述：

> 那些粗壮胳膊的汉子，一气是可以背十五六条之多的。他们把那茶包一条叠一条地扎好背在背上，就像背一个顶大的方桌面子似的，从腰起离头有三四尺高，那宽度在他背着的两旁还可以遮着两个人。然而走十来步却就要休息半天。十几个人结着伴，一串串地在半崖的羊肠小路上扫着上面垂下来的树叶一步一步地走着。⑰

在那漫长的川康道上，这些背夫们大多从十几岁便开始跟随长辈上路了，从雅安出发，过飞仙关，行走在茫茫的大山中，翻越高耸的二郎山，跨过奔腾的大渡河，最终沿着大渡河右岸前行至瓦斯沟再攀越至康定。除川康大道，旧时岷江上游沿岸也多见背夫们的身影，他们多来自川西平原，同样用他们的血与汗铸就了一首首生命的赞歌，但他们却过着辛酸的生活，如崇州一首《背夫谣》如是唱道：

> 背夫命，不值钱。生急病，喊皇天。阎王传，跑快点。沟边死，沟边埋。
> 路边死，插个牌。天高地远搬尸回，妄想心高办不成！⑱

"未晚先投二十八（宿），鸡鸣早看三十三（天）""鸡声茅店月，人迹板桥霜""高人下榻，吉士停骖"，旧时在川西地区旅行时，总能在路途中看到大大小小的旅店，门前挂着一只长方形的灯笼，上面写着这些文雅的招揽语。这些被称为"幺店子"或者"鸡毛店"的旅店多十分简陋，有的甚至孤零零地坐落在乡野之中，却为过往行人提供了饮食和住宿服务。无论是轿夫还是客商，在落日的余晖中看到前面有一家幺店子时，会涌出一种怎样的美好感受呢？

除了这些陆上交通方式，旧时川西的水上交通更加发达。一千多年前杜甫在成都西郊卜居时曾写下"窗含西岭千秋雪，门泊东吴万里船"，而同为唐代诗人的刘禹锡也曾有"王浚楼船下益州"之句。乐山地区流传的一首《船夫歌》唱道：

> 一根树儿嫩悠悠，生在深山老林头。
> 青枝绿叶大如斗，砍作船儿划九州。
> 南京好耍南京走，北京好耍北京游。
> 南北二京都走遍，好耍要算贵码头。⑲

旧时，岷江船一路南下到宜宾驶入长江，再顺江而下远可抵达南京。从成都沿岷江南行

中国风俗图志·川西卷

滑竿

经彭山、青神到乐山，屹立船头，听着船桨划水的声音，看着那河岸数不清的高大水车和一眼望不到边的万顷良田，还有那袅袅的炊烟和牧童骑黄牛的画面，这是一幅怎样的图画呢？正是这一路美景，曾引起杜甫、陆游的诗兴，也正是这条河流，曾放飞李白、苏轼的梦想。但那些辛劳的船夫们，却早已消失在历史的长河中，留下的只有他们唱过的那些或悠扬，或急促的船工号子。这些号子或叙事，或抒情，或协调拉纤的步伐，或打发悠闲的时光，它们均是以江河为生的船夫们生命的歌唱。乐山沙湾区曾流传着一首铜河号子：

> 幺啵幺哟 幺幺走 朝前走
> 正月里来嘛 幺啵幺也啵 是新春
> 娘教女儿幺也啵幺也嗬 听原因
> 一学剪来幺也啵幺也嗬 二学裁
> 家庭事情哟嗬要照管
> 三要事事有理也又有条
> 锅头灶尾幺也啵幺也嗬 样样会
> 四要支宾待客幺也啵幺也嗬 都要懂
> 素饭小菜幺也嗬要齐备
> 五要乖巧嘿 娘才爱幺也啵幺嗬
> 六要荷包幺也啵幺也巧安排
> 七要堂前把客待幺也啵也
> 八要孝公婆幺也啵幺也嗬理应该也
> 九劝丈夫幺也啵幺也嗬不出外
> 勤巴苦做幺也啵幺也嗬把家安也⑧

自古以来，长江三峡乃出川要道。而川内更是河流纵横，嘉陵江、涪江、沱江、岷江、大渡河等诸多河流都具有通航能力，各类大小船只遍布河渠，物资、人员流动往往依仗河流。顾炎武在《天下郡国利病书·四川备录（上）》中记载了嘉陵江上的航运情况：

> 嘉陵之源，发于凤之大散……自渔关下武兴……米舟相衔，旦昼犯险。率破大竹为百丈之篾缆，有力者十百为群，背负而进，滩怒水激，号呼相应，却立不得前。有如竹断舟退，其遇石而碎，与泪俱入者，皆蜀人之脂膏也。⑧

河流不仅为运输提供了方便，而且为区域文化的发展奠定了基础。除高亢嘹亮的号子

大渡河上的纤夫

外，那些外人难以理解的行业词汇以及船工的技艺和他们的信仰世界，无不呈现出一种独具特色的文化。

有河必有桥，川西众多的河流也造就了众多桥梁建筑的出现。据嘉庆二十年（1815年）的统计结果显示，成都当时有桥梁183座，嘉定府有桥梁77座，同属于川西的眉州则有桥梁53座，绵州有桥梁30座。[82]我们有理由相信，由于受调查方法、入选标准等的影响，各地桥梁的实际数据远不止于此。但川西桥梁之密集从中已可见一斑。

桥除有使"天堑变通途"的功能外，它更多体现出文化创造的魅力。不同的地方有不同类型的桥梁，川西地区的笮桥便有着明显的地方特色。所谓"笮桥"，即竹索桥，又称"绳桥"。最早的竹索桥只有一根或两根竹索，一般是将其拴在两岸的大石或大树桩上，渡过时将一个半圆形的溜筒子反扣在竹索上，下面吊一个用竹篾编的空箩筐，人坐在其中，便顺竹索悬空溜滑过河。[83]杜甫在入川道上经过今川北昭化时便见到了笮桥，这对于生长在中原地区的他来说实在诧异，于是他写下了《桔柏渡》：

青冥寒江渡，驾竹为长桥。竿湿烟漠漠，江永风萧萧。
连笮动袅娜，征衣飒飘飘。急流鸨鹢散，绝岸鼋鼍骄。[84]

只寥寥数笔，河流之湍急、河面之宽阔、笮桥之险峻便在诗人笔下呈现出来。虽然笮桥常见于以藏彝走廊为核心区域的山地河流之上，但在川西坝子及其周边地区也屡见不鲜，宋代诗人范成大在《吴船录》卷上中曾写道：

将至青城，再度绳桥。每桥长百二十丈，分为五架，桥之广十二绳排连之，上布竹笆，攒立大木数十于江沙中，辇石固其根，每数十木作一架，挂桥于半空，大风过之，掀举幡然，大略如渔人晒网、染家晾彩帛之状。[85]

其实，旧时在成都也有一座笮桥，宋代乐史撰《太平寰宇记》卷七十二《剑南西道一·益州》中有这样一段话："笮桥，去州西四里。亦名夷里桥，又名笮桥，以竹索为之，因名。"[86]据考证，夷里桥在流江之上，位于万里桥之西，正对少城。而且正因为江上有笮桥，所以岷江在古名"大江""汶江"外，还有"笮桥水"之称。[87]如唐代李吉甫在《元和郡县志》卷三十一中说："蜀人又谓流江为悬笮桥水。此水濯锦，鲜于他水。"但至少到宋代，笮桥已经不是"上无一发可援手，下则百丈奔惊龙。身如云浮脚绵软，达岸回视人飞空"了。因为陆游曾在《看

梅归马上戏作》中写道："平明南出笮桥门，走马归来趁未昏。"通过"走马归来"可推测，当时的笮桥已不再是需行人"凌空虚渡"的竹索桥了。今天，笮桥在川西坝子已经成为历史，曾经著名的都江堰之安澜桥早已改为钢索。成都之笮桥也湮没在历史的烟尘中，连其位置都要经过考古学家的精心清理才能一窥究竟。只有藏彝走廊的部分峡谷中还可见到"驾竹为长桥""连笮动袅娜"的场景。

川西的交通方式和相关习俗固不止于此，但通过以上所述，我们可以管中窥豹，看到这些交通方式及习俗所具有的浓厚的川西特色。它们基于川西的地理环境，体现了川西人的智慧和创造力。

注 释

① [汉]司马迁：《史记》（第9册），中华书局，1982，第3000页。
② 李劼人：《死水微澜》，人民文学出版社，1995，第57页。
③ 林孔翼：《成都竹枝词》，四川人民出版社，1986，第74页。
④ 林孔翼：《成都竹枝词》，四川人民出版社，1986，第83页。
⑤ 林孔翼、沙铭璞：《四川竹枝词》，四川人民出版社，1989，第73页。
⑥ 林孔翼：《成都竹枝词》，四川人民出版社，1986，第182页。
⑦ 林孔翼：《成都竹枝词》，四川人民出版社，1986，第182页。
⑧ 四川省峨眉县民间文学三套集成编委会：《中国民间文学集成·峨眉县资料集》（内部资料本），1987，第228页。
⑨ 李劼人：《死水微澜》，人民文学出版社，1995，第12—13页。
⑩ 沙湾区民间文学三套集成编辑委员会：《中国民间文学集成·沙湾区资料集》（内部资料本），1988，第190—191页。
⑪ 彭山县民间文学三集成编辑室：《中国民间文学集成·彭山资料集》（内部资料本），1989，第68页。
⑫ 林孔翼、沙铭璞：《四川竹枝词》，四川人民出版社，1989，第56页。
⑬ 林孔翼、沙铭璞：《四川竹枝词》，四川人民出版社，1989，第85页。
⑭ 《广汉民俗》编写组：《广汉民俗》，成都科技大学出版社，1993，第45页。
⑮ 四川省绵阳市市中区民间文学三套集成编委会：《中国民间文学集成·绵阳资料集》（内部资料本），1987，第155—156页。
⑯ 沙湾区民间文学三套集成编辑委员会：《中国民间文学集成·乐山沙湾区资料集》（内部资料本），1988，第199页。
⑰ 四川省峨眉县民间文学三套集成编委会：《中国民间文学集成·峨眉县资料集》（内部资料本），1987，第

229页。

⑱ 乐山市中区民间文学三集成编委会：《中国民间文学集成·乐山市中区资料集》（内部资料本），1989，第326页。

⑲ 《广汉民俗》编写组：《广汉民俗》，成都科技大学出版社，1993，第47页。

⑳ 林孔翼、沙铭璞：《四川竹枝词》，四川人民出版社，1989，第66页。

㉑ 林孔翼、沙铭璞：《四川竹枝词》，四川人民出版社，1989，第32页。

㉒ 林孔翼：《成都竹枝词》，四川人民出版社，1986，第178页。该诗自注曰："白布缠头，遍于西蜀，相传为诸葛武侯纪念服。"

㉓ 五脏庙："肠胃"的戏称。陈宛茵《哈哈镜》（《龙门阵》1988年第5期）："他从不洗澡，不换衣，所有的衣服都被他变钱修了'五脏庙'了。"

㉔ 汪青玉：《四川风俗传说选》，四川民族出版社，1992，第199—200页。金堂县等地传说，川西坝子的人们喜欢用白色或黑色的帕子包头，应与"鳖灵开山治水累死"有关。参见洪钟等：《中国民间故事集成·四川卷》（上册），中国ISBN中心，1998，第108—110页。

㉕ 仁寿县民间文学三套集成编委会：《中国民间文学集成·四川省仁寿县资料集》，仁寿县民间文学三套集成编委会编印，1988，第105—106页。

㉖ 林孔翼、沙铭璞：《四川竹枝词》，四川人民出版社，1989，第67页。

㉗ 林孔翼、沙铭璞：《四川竹枝词》，四川人民出版社，1989，第37页。

㉘ 林孔翼、沙铭璞：《四川竹枝词》，四川人民出版社，1989，第91页。

㉙ 林孔翼、沙铭璞：《四川竹枝词》，四川人民出版社，1989，第37页。

㉚ 林孔翼、沙铭璞：《四川竹枝词》，四川人民出版社，1989，第85页。

㉛ [美]路得·那爱德著，王虎、毛卫东译：《华西印象》，四川人民出版社，2003，第65—66页。

㉜ 车辐：《川菜杂谈》，生活·读书·新知三联书店，2004，第36—37页。

㉝ 曾智中、尤德彦编：《李劼人说成都》，四川文艺出版社，2007，第256页。

㉞ 《广汉民俗》编写组：《广汉民俗》，成都科技大学出版社，1993，第53页。

㉟ 林孔翼、沙铭璞：《四川竹枝词》，四川人民出版社，1989，第43页。

㊱ 林孔翼、沙铭璞：《四川竹枝词》，四川人民出版社，1989，第193页。

㊲ 何韫若：《锅魁琐忆》，《民俗文化研究文集》，四川人民出版社，1997，第267—270页。

㊳ 《广汉民俗》编写组：《广汉民俗》，成都科技大学出版社，1993，第53页。

㊴ 彭山县民间文学三集成编辑室：《中国民间文学集成·彭山资料集》（内部资料本），彭山印刷厂印刷，1989，第67页。

㊵ 中国民间文学集成全国编辑委员会、《中国歌谣集成·四川卷》编辑委员会：《中国歌谣集成·四川卷》（上），中国ISBN中心，2004，第463页。

㊶ 崔显昌：《盐、茶及其他——旧蓉城市民生活漫忆之三》，《龙门阵》1987年第1期。

㊷ 参见崔显昌：《盐、茶及其他——旧蓉城市民生活漫忆之三》，《龙门阵》1987年第1期。

㊸何满子：《五杂侃》，成都出版社，1994，第196页。
㊹参见孙旭军等：《四川民俗大观》，四川人民出版社，1989，第89—90页。
㊺此书为黄尚军于2000年7月至首都图书馆复印所得，原本为民国年间木刻本。
㊻暖屋：旧俗称备礼贺人迁入新居。也说"暖房"。[宋]周辉《清波别志》卷中载："里巷间有迁居者，邻里酿金治具过之，名暖屋，乃古考室之义。"
㊼旧时，川西民间举办寿席或婚宴时，菜肴的总数一般要取九或三、六、九的倍数，并且宴席上的不少菜名均暗含"三、六、九"，如"红烧三鲜、韭（谐'九'）黄肉丝"。
㊽另有"四季发财"，即分"冷热蒸炒"四轮上菜，每轮又分素菜、荤菜、海味、野味四种共16品，加上尾汤、泡菜，共18品。参见章玉钧等：《川剧文化研究》，四川人民出版社，2007，第411—412页。
㊾转引自黄尚军：《四川方言与民俗》，四川人民出版社，2002，第168—169页。
㊿林孔翼、沙铭璞：《四川竹枝词》，四川人民出版社，1989，第86页。
㈤林孔翼、沙铭璞：《四川竹枝词》，四川人民出版社，1989，第43页。
㈥[五代]孙光宪撰，贾二强点校：《北梦琐言》，中华书局，2002，第429页。
㈦林孔翼、沙铭璞：《四川竹枝词》，四川人民出版社，1989，第72页。
㈧[美]路得·那爱德：《回眸历史：二十世纪初一个美国人镜头中的成都》，中国旅游出版社，2002，第37页。
㈨李劼人：《死水微澜》，人民文学出版社，1995，第18页。
㈩李劼人：《死水微澜》，人民文学出版社，1995，第18—19页。
㊼《成都民间文学集成》编委会：《成都民间文学集成》，四川人民出版社，1991，第1775页。
㊽《成都民间文学集成》编委会：《成都民间文学集成》，四川人民出版社，1991，第1777页。
㊾四川省峨眉县民间文学三套集成编委会：《中国民间文学集成·峨眉县资料集》（内部资料本），1987，第323页。
㊿参见《广汉民俗》编写组：《广汉民俗》，成都科技大学出版社，1993，第163—164页。
㉑四川省眉山县民间文学三套集成编委会：《中国民间文学集成·眉山县资料集》（内部资料本），1989，第202页。
㉒参见邢文军、陈树君：《风雨如磐：西德尼·D.甘博的中国影像（1917—1932）》，长江文艺出版社，2015，第24—25页。
㉓曾智中、尤德彦：《李劼人说成都》，四川文艺出版社，2007，第192页。
㉔参见陆泽怀等：《德阳民俗》（内部资料本），1996，第186页。
㉕何满子：《五杂侃》，成都出版社，1994，第219页。
㉖孙旭军等：《四川民俗大观》，四川人民出版社，1989，第142页。
㉗巴金：《巴金选集》（第十卷），四川人民出版社，1982，第103页。
㉘[日]山川早水著，李密等译：《巴蜀旧影》，四川人民出版社，2005，第71页。
㉙参见成都市档案馆编研部：《民国时期成都的轿证》，《四川档案》2003年第3期。

⑩参见陈党:《旧时成都的交通工具》,《四川档案》2002年第5期。

⑪参见成都市档案馆编研部:《民国时期成都的轿证》,《四川档案》2003年第3期。

⑫参见[美]路得·那爱德:《回眸历史:二十世纪初一个美国人镜头中的成都》,中国旅游出版社,2002,第93页。

⑬参见杨世煌:《也说滑竿》,《龙门阵》1987年第6期。

⑭任乃强:《任乃强藏学文集》(中),中国藏学出版社,2009第238页。

⑮[后晋]刘昫等撰:《旧唐书》(第6册),中华书局,1975,第1957页。

⑯赵维炎:《四川交通史志文稿·民间运输篇(一)》(内部资料本),1982,第76—80页。

⑰周文:《周文选集》(下),四川人民出版社,1980,第372—373页。

⑱四川省崇州市政协文史和学习委员会编:《崇州文史资料》(第二十七辑),中国文史出版社,2013,第141页。

⑲乐山市中区民间文学三集成编委会:《中国民间文学集成·乐山市中区资料集》(内部资料本),1989,第297页。

⑳沙湾区民间文学三套集成编辑委员会:《中国民间文学集成·乐山沙湾区资料集》(内部资料本),1988,第204—205页。

㉑[清]顾炎武撰,黄珅等校点:《天下郡国利病书》(四),上海古籍出版社,2012,第2223—2224页。

㉒参见赵维炎:《四川交通史志文稿·民间运输篇(一)》(内部资料本),1982,第50—51页。

㉓参见黄尚军:《四川方言与民俗》,四川人民出版社,2002,第145页。

㉔[唐]杜甫撰,[清]仇兆鳌注:《杜诗详注》(第2册),中华书局,1979,第718页。

㉕[宋]范成大著,孔凡礼点校:《范成大笔记六种》,中华书局,2002,第189页。

㉖[宋]乐史著,王文楚等校:《太平寰宇记》,中华书局,2007,第1465页。

㉗参见四川省文史研究馆:《成都城坊古迹考》,成都时代出版社,2006,第103页。

中国风俗图志·川西卷

书香门第

第四章 人生礼俗

古人云"人生七十古来稀",短暂的生命之花旋开旋谢。我们可以感叹"时间都去哪儿了",但无法让生命的脚步停下。正因为明白"生年不满百",所以"常怀千岁忧"。于是在人生旅程中,人们尤其注重那些重要的节点:出生、成年、婚礼、寿诞和死亡。我们试图用"文化"来庆贺生的喜悦,也试图用"文化"来消除死的恐惧。我们会将"洞房花烛夜"视为人生的大喜事,也会在"寿比南山""福如东海"的祝福中感受老之将至的悲哀。无论如何,生死无法避免,但在这一系列或喜庆或悲伤的仪式中,人们却不断地丰富着从生到死的文化。这些文化中既有为全国各地所共通的,又有一些为某地所特有的,它们作为一种民俗文化传承发展、生生不息。在下文中,我们将按照从生到死的时间顺序,对川西坝子的生育、婚嫁和殡葬习俗进行逐一介绍。

第一节 生命的起点:生育习俗

传统中国有"乡土中国"之称,基于农耕文明的乡土性孕育出了"不孝有三,无后为大"的伦理观念,因此古老的《礼记》在阐述婚姻缔结的功能时便明确表示:"昏礼者,将合二姓之好,上以事宗庙,而下以继后世也。"[①]个人在家族中的一种重要功能便在于世系传承中的过渡性。这样的观念随着政治大一统的实现成为统一的价值观念,在全国各地推行,并逐渐内化为人们的道德准绳。所以在中国传统社会中,人们尤其害怕"无子",包括在骂人时也将"断子绝孙""绝了香火"视为最恶毒的语言之一。为了杜绝"无子"事件的发生,人们从婚礼仪式

中国风俗图志·川西卷

爸爸的声音

开始，便用各种象征物来表达对"子"的渴望和期盼，在婚姻祝福语中，"早生贵子"也是必不可少的。但天不遂人愿的事情常常发生，要么难有"弄璋之喜"，要么则连"弄瓦之喜"也不可得。于是，旧时的人们在百般无奈之下只能祈求于神灵，这便产生了方式多样的求子习俗。川西地区也不例外，从拜观音到童子会，再到打儿石、摸门钉、摸青羊、偷瓜等习俗，不一而足。下面，我们便从千年前暮春三月成都的一个名叫"海云寺"的地方开始讲述我们的故事。

千年前的一个暮春三月，川西坝子上和风煦煦，熬过了整个冬天的土地此时已经披上了绿装，正是春游的好时机。名刹古寺、城郊浅丘成为人们最好的去处。三月二十一日，省城东边的海云寺里游人如织。寺外的空地上，小商贩们也不失时机地赶来摆小货摊，还有那些五花八门的饮食挑子，也一字排开，原本的空地此刻犹如闹市。但在拥挤的人群中，偶尔有一对行色匆匆的男女，他们没有心思驻足流连，结婚许久，到如今依然膝下无子。夫妻俩早已商量好在今天来庙中摸石，希望在神灵庇佑下，能在明年开春抱上一个大胖小子。于是他们直接进了庙门，奔向那一方小池塘。此情此景恰好被正在游寺的诗人吴中复看到，其实他早已听过成都的这个风俗，不过那天亲见则另有一番感触，于是提笔写下了《游海云寺唱和诗》，并在诗的序言中专门记载道：

> 成都风俗，岁以三月廿一日游城东海云寺，摸石于池中，以为求子之祥。太守出郊，建高旌，鸣笳鼓，作马驰骑之戏，大宴宾从，以主民乐。观者夹道百重，飞盖蔽山野。欢讴嬉笑之声，虽田野间如市井。②

时光流逝，吴中复及他看到的那对夫妇早已作古，海云寺也几经沧桑，到清代便已被人们遗忘。但是千年前的故事依然在上演着，只是换了人物，也换了场地，不变的是人们求子的虔诚。于是我们在那首竹枝词中又看到了那熟悉的画面：

> 绝怜二月好春光，席扎牌楼灯烛光。妇女丁男齐结束，药王庙里烧拜香。③
> 彩亭锣鼓送南瓜，送到人家一片哗。吃罢酒筵才散去，明年是否有娇娃。④

无论是药王庙里烧拜香，还是采亭锣鼓送南瓜，最终目的都是希望能在第二年春天抱上娇娃。读罢上文，我们似乎已经在烟雾缭绕的药王庙中看到了那对三叩九拜的夫妇，我们又似乎在热闹的街头上看到一大队人马，将一个硕大的南瓜送往结婚数载却依然没有子嗣的家庭中。这南瓜得来颇为不易，它是缺儿少女人家的亲邻好友趁夜黑风高，摸进邻居菜园

天伦之乐

偷摘而来的。有意思的是，虽为偷，却要故意弄出响声以激起菜园主人的怒骂，据传园主骂得越厉害，偷瓜人越吉利。而这只大南瓜还需要被细心打扮一番：人们或为其裹上襁褓，或为其贴上喜字图案的红纸，用彩笔绘出眉脸，使之成为小孩模样，称为"瓜孩"。然后选上一个机灵漂亮的小男孩稍事打扮，在一群活蹦乱跳的儿童簇拥之下，敲锣打鼓，兴高采烈地送"子"上门。正所谓："投胎要往富翁家，鼓乐纷纷此送瓜。明岁生儿方谢客，今宵销夜算萌芽。"⑤尚未生育的夫妇则十分虔诚地感谢上苍，接过襁褓，放在床上，小男孩也钻进被窝和瓜睡在一起，假装婴儿啼哭，并撒一泡尿在床上。此时，众人便大呼："生了！生了！"一时间鞭炮齐鸣，热闹非凡，主人家给孩子们发赏钱，用酒食犒劳送瓜的众人。⑥街边的行人们都驻足观看，好一个热闹的场景。这正应了"生育艰难暗中愁，乡邻偷瓜贺中秋。观音菩萨多保佑，喜得闺人面带羞"的歌谣。

锦城虽云乐，不如早还家。在那拥挤的人群中，有一位家住德阳的年轻人看到这一幕，他想起了家乡的"壁山会"，那也是一个热闹的去处啊。想想自己去年刚娶到家的美貌妻子，他决定还是回家一趟，与妻子也去赶赶三月初三的壁山会，希望来年也能遂了父母的心愿，生一个大胖小子。那么，壁山会到底是什么模样呢？民国二十八年（1939年）《德阳县志·风俗志》载：

> 三月初三日为壁山会。在县北圣觉寺有壁山并妻妾像，刻木为之，机关转捩，皆可屈伸，祈子者多祷焉。得子则以红布数尺横覆像首，只鸡斗酒以酬神恩。杀鸡必至座前。是日，鸡血常凝至寸许。此会近亦衰歇，惟黄许镇之娘娘会尚有出驾及撒童子之风，届时求嗣酬愿者络绎不绝。

实际上，道光十三年（1833年）修的《德阳县志》中已经记载了此风俗，其大部分内容与民国县志所记相同，但也有"此会亦有数处，惟寺为盛耳"一句乃新志所无。广汉城内米市街娘娘庙和高骈乡的玉皇观等，前去求子和还愿的人也络绎不绝。每年三月初三，娘娘殿更是人山人海，人们相信"拴了童子，即可得子"，因此在向娘娘敬香、献供之后，便用一根红线拴在一个自己满意的童子身上。据说清末娘娘殿中共塑有三百余个童子，拴童子也成为当地十分有特色的祈子之俗。⑦

"娘娘会尚有出驾及撒童子之风"，则反映出川西另一种求子风俗——"抢童子"。虽然这一民俗在民国时期的德阳地区已较少见，但在彭山地区则依然盛行。民国三十三年（1944

享福图

年)《重修彭山县志·民俗篇》载:

> 三月初三日"三婆会"。仙女山是日乡会最盛,四方朝拜者,男女如云。为此会者,以木刻童男女掷于众,众争捉之。得者,夜导以鼓乐,送于无子人。捉时曰"抢童子",送时曰"送童子"。

童子会上撒的木刻童子,是用一截桐木雕刻的娃娃模样的玩偶,有"头童""二童""三童"之分,头童长约一尺二寸,二、三童依次矮一寸左右。木童雕刻好后还要涂上颜料,大都是黑衣绿裤,颈上系一小段红绸。会期将近时,由会首主持,请寺庙主持或掌堂师为木童开光。开光仪式颇为隆重,僧众穿着法衣,敲动法器,请出木童,掌堂师念《金光咒》。开光后,木童便被赋予了灵气,被供奉在娘娘殿中,等待会期时抛撒出去。[8]至于彭山"三婆会"起源于何时,以及"三婆"之源流,已不可考。但在嘉靖四十一年(1562年)《洪雅县志·风俗志》中已经有"三月三日,则赛三婆神,祈嗣"的记载,可见,此俗至迟于明代便已在川西地区流传。清代王昌南《老人村竹枝百咏》中也有"'三婆胜会'月三三,无限芳情诉佛龛。愿乞慈云常普护,花开香阁尽宜男"[9]之句。但清末民国时期,在川西地区会期却并不一致,如成都中和场之三婆会在农历二月二十五至二十八九举行,三婆会期间还要在川主庙演戏酬神。[10]川西祈子往往与春季游赏相重叠,其中又以农历三月初三最为重要。不仅彭山、洪雅、德阳等地区在这一天是大型会期,有祈子之俗,就连成都也不例外。《成都通览》便记载三月初三为送子娘娘生辰,届时省城的延庆寺、娘娘庙等处都要举办童子会。

除了童子会,川西还有一些祈子之俗,如刘师亮《成都青羊宫花市竹枝词》载:"闻说铜羊独出奇,摸能治病祛巫医。求男更有新方法,热手摸他冷肚皮。"自注曰:"'青羊宫'以铜羊得名。妇女迷信,摸羊肚求子。"[11]与前面各类会期中的祈子习俗相比,青羊宫摸铜羊没有时间限定。成都客家人则有一个习俗,如果出嫁的女子久不怀孕,其母会缝制一条红裤子,趁女儿在雨水节送寄生时让其贴身穿着,据说这样就可以尽早怀孕。[12]同样,遍布四川的有关打儿洞、打儿岩的故事,也反映出一种特殊的求子方式,虽无固定时间,却十分普遍。三台县流传着一则"打儿岩"的故事:

> 在三台县黎曙乡佛爷岩村四组的小山上,有一块好几十立方米的大岩石,上面刻着几尊佛像,佛像旁边是一尊送子观音。相传,这些佛像和观音大有来历呢。
> 很久很久以前,这大岩石侧面不远的地方住着一户人家,男的叫王善人,女的叫肖氏。

能知滋味乎

老两口年近花甲,身体健壮,日子倒也过得去,只是膝下无儿无女,很是孤独。他们很想生儿育女,就是生不出来。王善人想起别人说过无儿无女要多行善事,如岳飞的父母原来也是无儿无女,因他们多做善事,后来才生了岳飞。想到这些,便和老伴一商量,就做起好事行起善来了。他们把家产分给穷人,食米送给讨口子,耕牛借给种田人用,王善人还帮他们犁田、耙地。

一天早上,王善人扛起犁头,赶着牛去给一个寡妇耕地。他起来得很早,走到岩石下,岩石上突然出现一个白头发老太婆笑呵呵地对他说:"只要你们夫妻扶危济贫,多行善事,诚心诚意,三年后的今天,你到这里来找我,我肚脐下有一个洞,你捡一颗石子向洞中投去,若能投中,我保你儿女齐全。"说完就不见了。

王善人帮寡妇干完活回到家里,就把早上遇到白头发老太婆的事给老伴说了,老伴说这是菩萨显灵。两口子高兴得不得了。从此,两口子对穷人更加豁达,早出晚归行善事。王善人的名字传得更远了。

白发老太婆的话,王善人时时刻刻记在心里。满了三年的那一天,王善人两口子没等鸡叫就到了岩石下,一看,果然有一白发老太婆站在岩石上,肚脐下有碗那么大一个洞。他捡起石子一投,不偏不歪,正好投入洞中。两口子又作揖又磕头,求菩萨保佑。

不久,王善人老伴的肚皮渐渐大起来了。十月临盆,一胎就生下了一男一女。受过王善人两口帮助的人都来贺喜。人们七嘴八舌,说王善人两口子心肠好,积了阴德才有了这样的好报应。老两口听了高兴得不得了。王善人就将遇到白头发老太婆的事告诉了大家。人们相互传扬,于是大岩石下便有了香火,又一天天旺盛起来。后来,人们说那是送子观音显灵,于是就在大岩石上雕刻了佛爷像,又雕刻了送子观音。人们在它里边的洞中投掷石子。从此,就把这个地方称为"打儿岩"了。那些结婚后没有孩子的人,便去打儿岩烧香投石。说是投中了,就能生个儿子。[13]

打儿岩或打儿洞在川中十分普遍,一般都是将一些岩石上的自然洞穴视为灵异之处,将是否能把石子从远处扔进洞穴中视为能否生育的征兆,有的地方认为扔进便能生育,扔不进则表示与子女的缘分还未到来;也有的地方将扔进视为生男的征兆,将扔不进视为生女的征兆。各地虽有差异,但均与祈子习俗相关。

经过一系列艰难的祈子活动,送子娘娘被感动了,妻子终于怀孕,一家人便高高兴兴,细心地呵护着产妇:一般不让产妇做重体力活,在饮食上为产妇补充鸡蛋、豆类等。而产妇也有诸多禁忌,如严禁吃鸭肉,以免孩子出生后会像鸭子一样摆头;严禁吃兔肉,以免孩子将来会出现兔唇;严禁吃母猪肉和羊肉,以免孩子出生会出现癫痫;严禁吃鲢鱼,以免孩子会流长长的口水等。一些迷信的人家,还要请端公或道士画一张护胎符,装在一个由红黑两

同乐图

色布缝制的三角形的布袋内，戴在孕妇身上，以避免"血光鬼伤胎"。就这样谨小慎微，一直要等到怀胎十月后孩子出生，一家人才能舒一口气。由于生产造成产妇气血两虚，家里人会第一时间为产妇煮上一碗热气腾腾的"红糖醪糟儿蛋"，以使其恢复体力。

但难产也偶有发生，俗话说"有命吃鸡汤，无命见阎王""娘奔死，儿奔生"。如果遇到难产，在医疗条件极差的情况下，人们往往只能求助于巫术信仰。例如为了催生，人们会在房中撑开雨伞、打开箱子，认为这样可以加快宫口打开的速度；或用筷子烧成灰让产妇用水服下去，因筷子寓意"快子"；或者认为难产是鬼祟所致，因此撒米并用鸡冠血点在产妇脸上以"驱邪避鬼"。

川西地区将第一个闯入刚生完孩子人家的人，称为"逢生人"。对主家来说是喜事，但对逢生人来说却是倒霉的事，如成都双流俗语有"男逢男，霉三年；男逢女，霉到底"之说。成都龙泉驿区又有"男逢男生，四脚长伸；男逢女生，穿金戴银"的俗语，认为碰见生男孩，会有血光之灾；碰见生女孩，则会大富大贵。无论怎样，主人家都要煮"红糖醪糟儿蛋"为逢生人敬上，并且要让逢生人吃醉，俗传若不吃醉，婴孩脾气就不好。有的还要给逢生人红包，借以除灾。民间传说逢生人对婴儿至关重要，因为婴儿长大以后，性格乃至长相多与逢生人相似，故产妇家的亲戚常要找借口支使一位不知道这家生孩子而又品行好、长相好的人去逢生，这样便能使孩子也成长为品行好、长相好的人。[14]

"谁家汤饼大排筵，总是开宗第一篇。亲友人来齐道喜，盆中争掷洗儿钱。"[15]婴儿诞生三日便要"洗三"。虽看似只是给婴孩洗澡，但民间对此颇为重视。洗时，要在浴盆中放入喜蛋及金银饰物，洗完后还要用蛋在婴儿头上摩擦，以求不生疮疖。有的地方，"洗三"的水用艾草、八角、三角风、蒜杆、水菖蒲等中草药熬制而成，不但可以为婴孩祛湿，避免以后出现病痛，而且还寄托了一些美好的寓意。

旧时，川西地区生男孩都会隆重庆贺。尤其是富裕之家孩子出生，男家即向女家报喜，岳父母家将早已准备好的婴儿衣物及手镯、帽饰、百家锁等金银饰品，产妇所需的食糖、鸡、鸡蛋、糯米等，在"洗三"和"打十节"送至女婿家，[16]有的当外婆的还要对孩子讲吉利话，如："外孙才把外婆见，一见外婆笑连天。我想打发银不便，金圈一支望海涵。"[17]其他亲戚朋友也陆续前来贺喜，称为"送粥米"，也称"送祝米"。关于该俗的起源，川西地区流传着这样一则传说：

中国风俗图志·川西卷

小人儿书摊

> 人家户生了娃儿，十天左右，娘屋头和亲戚家门，要送"粥米"，这是咋个兴起的呢？相传，早先时候，有家姓朱的，家里很穷，住间烂朽朽的权权房，那女的跟叫花婆一样。一天，天打麻子眼，人们看到朱家屋头通红，以为是叫花婆把权权房弄燃了，跑去救火。走拢一看，叫花婆生了，娃儿刚落地。人些觉得稀奇，见这叫花婆面黄肌瘦，有气无力，大家怜惜她，就一人送点米去。叫花婆晓得好歹，只把米用来煮稀饭吃。那阵子，稀饭叫"粥"，送的米就叫"粥米"。这个奶娃儿，就是后来明朝开国皇帝朱元璋。从此以后，一代传一代，谁家生了娃儿，大家都送"粥米"庆贺。[18]

传说在解释送粥米习俗的起源时固然带有想象的成分，但这一习俗本身则体现出亲戚朋友、邻里乡亲之间浓浓的情意。旧时，生活艰难，这些赠送的礼品恰能改善产妇的生活，有助于其恢复气力。当然，坐月子在川西地区也有诸多禁忌，如产妇不能进堂屋，认为进堂屋会玷污家神；忌讳产妇到别人家中，因为俗语有"月母子进门，家人不安宁"；产妇忌哭泣，认为月子期间流泪会留下眼疾，以后见风便会流泪；产妇必须戴帽子或包帕子，认为如遇风寒，终生都会受风寒困扰。

在月子期间，孩子的父亲还需要给孩子取一个乳名。旧时，由于缺乏科学的育儿方式和必要的医疗保障，往往出现"生孩容易养孩难"的情况，俗语也有"多见娘怀胎，少见儿走路"之类。家长们往往借助各种手段以保证孩子的成长，取名也是其中之一。乳名是小孩的第一个名字，在童年时比学名更为重要。旧时，人们相信名字关系到小孩子能否健康成长。川西民间认为，有一类专门残害小孩的鬼[19]，喜欢长得漂亮和名字好听的小孩，所以川西人忌讳说小孩"乖"而改说"丑"。在给小孩子取乳名时，也往往借用动物名，因此乳名为"狗娃子""牛娃子""猫娃子"等丑名者尤多，这样便不讨鬼祟喜欢，小孩就易养成人。其他如"吃百家饭、穿百家衣"等，也是为了孩子"好养"。

满月之后，富贵之家往往要邀请亲戚朋友到家中做客。在唐代，蜀中富裕之家在孩子满月时还会延请僧道到家，如张读在《宣室志》卷九"诸葛后生"条记载：

> 唐故剑南节度使太尉兼中书令韦皋，既生一月，其家召群僧会斋，有一胡僧，貌甚丑，不召而至，韦氏家童咸怒之，以弊席坐于庭中。既食，韦氏命乳母出婴儿，请群僧祝其寿。[20]

满月之后，产妇就可以出门了。到40天时，便要为婴孩剃胎毛，由于旧时的人们受巫术思维影响，认为一个人的毛发直接关联生命，因此胎毛剃下来后要妥善保管，一般将其搓成

中国风俗图志·川西卷

夏天的古城河边

团,用红绿花线拴起来挂于堂屋高处。小孩满100天时,要为其举行简单的"开荤"仪式。届时主家置办酒席邀请德高望重的老人,用筷子蘸点酒和菜,一边在婴孩嘴唇上抹,一边说吉利的四言八句:"吃点酒,天长地久;吃点油,穿缎穿绸;吃点肉,多福多寿;吃点饭,家财万贯。"说完还要给小孩赏钱。开荤仪式后,部分富裕人家在小孩周岁时还要举行抓周仪式。至此,有关小孩的出生仪式便几乎全部结束,以后只有在孩子生病时才会举行一些简单的仪式,如"烧胎"或"喊魂",清代川西地区的竹枝词曰:

不是烧胎即叫魂,手持儿服月黄昏。谁家少妇拈香出,细唤连声进大门。[21]
鸡子烧胎实创闻,人家妇女自殷殷。小儿有病延巫至,也学医家看手纹。[22]

旧时,川西人认为小孩如果长期精神不好,生病医治无效,便是因为小孩子的魂被带走了,于是母亲便要为孩子喊魂。喊魂的时间多在傍晚,每次喊一小时左右,一连喊三天。喊魂的时候,母亲一手拿着燃着的香,一手握着一个鸡蛋。每天喊魂结束后,将尚未燃完的香插入堂屋神龛上的香炉中,然后将手中的鸡蛋从头到脚地在小孩子身上画圆圈圈,边画边叫孩子的乳名,说"三魂七魄回来哟"。三五天后,如果孩子病好了,便将鸡蛋用被水浸透了的纸包好放在柴火上烧熟,让孩子吃下。[23]不仅生病时要叫魂,在旅行途中也要为小孩叫魂,郭沫若回忆孩童时代一次与弟弟一起跟随母亲到外公家的经历时便写道:

我们母子三人同坐在一乘轿子里。母亲在轿门外插了三炷香,一面走,一面唤我们的名字:"八儿,诈出回来哟!元儿,诈出回来哟!"……就这样反复地呼唤着我们,这是怕我们的魂魄在黑暗中被什么鬼魔骇出了躯壳,所以不断地在替我们招魂。这是我们乡下人的一种迷信。[24]

如孩子时常夜哭,长辈往往将"天皇皇,地皇皇,我家有个夜啼郎,过路君子念一遍,一觉睡到大天光"或"小儿夜哭,请君念读。如若不哭,谢君万福"[25]等话语写在红纸上,贴在马路边的电线杆或树上,供人念读,人们以为这样孩子就不会夜哭了。还有一些小孩,由于缺五行中的某一种,或命中犯某种关煞,往往会拜寄干爹干妈,有的拜寄给端公神婆,有的拜寄给屠户等手艺人,也有拜寄给观音菩萨的,具体根据孩子的命相而定。在川西的德阳、广汉等地,拜寄干爹被称为"拉保保",尤具特色。甚至还有一年一度的"保保节",其规模之大由此可见一斑。下面让我们通过八十多年前的一则真人真事尽可能复原神秘的"拉保保"。

1939年初夏,时年十五岁的马达仁从山东流亡到四川德阳,在城外文昌宫中继续学业。

中国风俗图志·川西卷

滚铁环

一天他与同乡张风兰到城内拍电报后返校，路过一乱葬岗时见两位少妇鹄立道旁，怀中各抱着婴孩左顾右盼，似有所待。并且在其身后置香案一方，上呈香烛、果蔬之属。这令马达仁感到十分奇怪。当他们走近时，两少妇拦道而语曰："请伯伯行个方便。"接下来又娓娓道来："吾乡习俗，小儿拜外地人为干爹，可以成人且长寿。向闻此地多外乡人，故来此迎候，望伯伯幸勿拒之。"在马达仁同意后，身材较高之少妇便告知认亲仪式需要经历以下步骤：一、点燃香烛；二、洒酒祭天；三、向四方射箭驱邪；四、小儿三拜干爹；五、为小儿取名。马达仁一一照办，并为小儿取名"永贵"。少妇闻之大喜，斟酒三杯，挟扣肉三片以为敬，并取手帕一副为礼。手帕一尺见方，细白布为之，绣狗牙边，中绣松鹤。马达仁称谢后出铜元二十枚权当给小儿的见面礼。还是中学生的马达仁，就这样成了一个素不相识的小孩的干爹。㉖这则故事颇为普通，却引出了川西德阳等地一种颇具地方特色的风俗——拜干爹、拉保保。

旧时，由于医疗、卫生等条件的限制，婴幼儿死亡率极高。于是人们将婴幼儿的死亡归结为遇到各种关煞，他们相信婴幼儿过不了关就要夭折，拉了保保则可以保小孩顺利渡过关煞。拉保保也逐渐演变为川西地区一种颇具特色的民俗活动。"保保"在四川方言中为"继父母"之统称，拉保保即拜干爹的意思。

在广汉等地，拉保保地点常常选择在或有碑，或有桥，或有茂盛大树，或行人多的道路边上。届时，需要为孩子拉保保的妇女携孩子、酒食及香蜡钱纸等在路旁等候，见到有年岁相当的男子便上前拉住，说明原因。如果被拉者同意，便焚香化帛向树叩拜。然后孩子向被拉者行跪拜礼，喊"保保"，双方互道姓名、住址、职业等情况后就地饮酒进食。保保需要给孩子起名，并赠予孩子钱物。一般事后便各奔东西，但也有从此以后结为干亲、长期相认的，逢年过节干儿、干女儿还要去给保保拜年，两家有红白喜事也互相备礼往来。㉗正所谓："为儿关保具盘飧，男女亲家分外欢。从此往来无界限，十分热情莫言干。"㉘该俗起源于何时，文献不足证，但在民间则流传着这样一则传说：

> 清乾隆时，有年正月十六日，有乡下母女俩进城游春，走进文庙，累了，就在城墙下的12株古柏树下歇气。几个无赖汉见姑娘漂亮，就说些不三不四的话。母亲拉着女儿起身便走，几个无赖也紧紧跟着。母女俩走到衙门口，母亲急中生智，转身对无赖们说："你们紧跟着做啥，我女儿要进衙门去看她干爹！"无赖们摇头晃脑表示不信。母亲就对衙门的差人说："麻烦你给老爷禀报一声，他的干女儿来看他了。"差人进去照禀，州官又惊又疑："我是外地人，汉

说媒图

州哪有干女儿啊？"转念又想："一般平民百姓怎敢到衙门来冒认官亲呢！必定事出有因。"于是，他出内厅来到门口一看，只见母女二人面带惊惶，旁有几个无赖汉嘻皮笑脸。州官心里明白了八九分，遂问几个无赖："你们几个年轻后生跑来在这里干什么？"无赖们你看我，我看你，不知如何回答。母亲为了息事宁人，忙打圆场说："这些年轻娃娃，是我们在路上碰见的，要跟着我们一起游春。"几个无赖趁机下台，说："跟她俩娘母各处走走，没得其他意思。"州官说："太平世界，朗朗乾坤，万民游春，各游各的，男女有别，你们这样成何体统！"几个无赖吓得额头上冒汗急忙离去。母亲才向州官说明原委。州官见那母亲十分机智，女儿也聪明伶俐，就将错就错把姑娘认为干女儿。后来，人们为了使子女健康成长，就在每年春社日（立春后第5个戊日）和正月十六日游百病时为子女找一个干爸爸，也称保保或保爷。[29]

拉保保的时间集中在春社日和正月十六日游百病时，这时节川西坝子还沉浸在闹元宵的鞭炮硝烟里和料峭春寒的晨雾中，广汉一年一度的保保节已拉开了帷幕。届时，不仅有广汉二十四个乡镇的人来参加，而且还有来自成都、德阳、什邡、中江、绵竹、彭州、金堂等市县的群众，真可谓人山人海，场面蔚为大观。演变到今天，保保节已经成为广汉地区最具特色的民俗节日之一，吸引着大量游客。

第二节 洞房花烛话婚俗：婚姻习俗

随着孩子们一天天长大，父母不再因他们的夜哭而揪心，也不再因他们的生病而焦急，他们已经成为家中的小小帮手。孩子们成长到十五六岁，做父母的便要开始操心他们的终身大事了。若是男儿，便托媒人为孩子打听哪家有适合的姑娘；若是女孩，不用父母操心，媒人早已踏破门槛。一般再经过长则两三年，短则一年半载的时间，便可以举办婚礼了。川西俗语曰"十八女儿莫要留，留在家中结冤仇""女大不可留，留倒结冤仇"。旧时，大家又相信"早栽秧子早打谷，早生儿子早享福"，因此男女结婚较早，一般都在20岁之前完婚，有的甚至十四五岁便已完婚。以20世纪40年代成都中和场一份统计数据为例："镇上的已婚

中国风俗图志·川西卷

甜言蜜语

妇女中，有35个是15岁以前成亲的，半数的新娘在坐花轿去婆家时稍微大一些，但均不足20岁。……25岁被认为是女子出嫁的最大年龄。"[30]但无论何时完婚，都要遵循那套从"六礼"中演变、传承下来的礼俗。川西坝子的婚礼继承了"六礼"的程序，但也具有一定创新。其具体的婚礼环节在"六礼"的基础上有着不同程度的增减，且各个环节在仪式举行的顺序和时间长短上亦有不同。下面我们尽可能详尽地描述川西地区从说人户开始，经看人户、合八字、落拜、请期、制陪奁、过礼、迎亲、拜堂、闹洞房、拜大小、回门等一系列的婚嫁仪式，较完整地勾勒出川西地区传统婚姻的风俗画卷。[31]

"天上无雷不下雨，地上无媒不成亲。"旧时结婚，三媒六证必不可少。婚姻的缔结必须经过媒人从中说合，每一个仪式都少不了媒人参与。男女双方在结婚前往往并不能见面，因此对方的各种条件主要通过媒人间接了解。而媒人有时为了撮合婚姻，往往会夸大其词，最终出现名实不符的结果，这在川西的民间故事中多有体现，如在眉山便流传着一则《媒婆说亲》的故事：

> 从前，有一个媒婆给一家说媒，她把她要说的那个女的说得啥子都对。男方一听，很满意，送了她很多东西。媒婆说："只有一点要先说清楚，免得第二天怪我。就是她有一只眼睛不对。"男子心想，一只眼睛不对也没啥子关系，其他啥都对嘛。于是，还是同意了这门亲事。男的送媒婆出来，走拢龙门子，媒婆又给男方再次说明："记得哦，一只眼睛不对哦！"男的说他晓得了。
>
> 等过了门，进了洞房，男的才发现，那女的是个瞎子，两只眼睛都不对，气得去找媒婆。媒婆说："那天，在堂屋头我给你说过有一只眼睛不对，走到龙门子，我又说过一只眼睛不对，加起来不就是两只眼睛不对罗？"[32]

故事内容固然不可信，却较形象地反映出"媒妁之言"在旧时婚姻中的决定性作用。由于男女婚前不曾见面，造成婚姻悲剧的事例不在少数。

媒人往往以中老年妇女居多，她们能说会道，消息灵通，方圆几十里内哪家有女要嫁、哪家有男有娶，都了如指掌。有时，她们主动找上门前为人说亲，有时做父母的则央求媒人为自家儿女物色一个合适的对象。何为合适呢？俗语有"笆笆门对笆笆门，板板门对板板门""一碗米对一碗米""鱼恋鱼，虾恋虾，乌龟找个鳖亲家"，男女双方在家世、门第上要匹配，所谓"门当户对"正是此意。民国二十二年（1933年）《安县志·婚礼》载：

老伴

> 安县民间议婚，先倩媒妁说合两家，谓之"作伐"。有男家先求女者，亦有女家先择男者，其情不一，大抵各因其门第、财力相当而已。

当媒人物色好了人选，便告知男方父母，并共同商量一个适合的日子，大家借赶场之机，在街头寻一家茶馆，由男方做东，请媒人和女方父母喝碗茶、吃顿饭，借机相互了解男女双方的基本情况，如社会地位、经济状况、年龄情况，以及身体是否健全、品德是否良好、学识技能如何等，是为说人户。说人户往往无须赠送礼物，形式也相对自由。其实在说人户之前，许多父母都会托亲戚朋友暗中访查，因为"订坏一门亲，传坏九代根"。说人户时若双方略有好感，媒人便可探询是否有意愿通婚。如果愿意通婚，接下来就进入"见人"的阶段了。

见人乃"六礼"之"纳彩"遗意，在川西地区又有"看人"吃对面酒"探家风"等说法。民国二十八年（1939年）《德阳县志·风俗志》载："男先至女家，相其女之材貌，谓之'看人'。"见人时，媒人偕同男子的母亲、舅舅、舅娘、伯叔、婶娘、姨娘等备礼品前往女家，礼品一般为四个"抬盒"：一抬盒簪环首饰，一抬盒四季衣服，另有两抬盒精美食品。民国三十五年（1946年）《新繁县志·风俗》载："届日，男家具钗钏、缯帛、羊豕等物，躬往女家，谓之'看人'。"

见人时男子不会前往，但当事女子要给客人倒茶敬烟、斟酒盛饭、递水送巾，还要陪客聊天，自然地向男方展示女子的持家之能，如果男方对姑娘比较满意，还可索要姑娘平日做的"女红"等物。见人不仅要看女孩是否勤快，还要考察女子的身高、脸色、头发、嘴巴、牙齿，包括有无狐臭、稀耳等。旧时，大户人家甚至要看女孩子是否有三寸金莲，因此便流传着这样一句俗语："脚啊脚，我把你莫奈何，走了好多好人户，钩了好多板凳脚。"意为女子害怕别人嫌自己脚大，于是老想将其藏在板凳脚后。这句俗语虽语带戏谑，却表现出"三寸金莲"在旧社会作为审美标准的重要性。

除了观察姑娘本人，姑娘父母的为人处世、家风家教也属于考察内容，成都与此相关的俗语就有"买牛要买合角牸，相亲要看老丈母""买罐要看釉子，相亲要看舅子"等。[33]看人后如果男方觉得不如意，也许连茶都不会喝一口就起身告辞；如果满意，则会留下来吃午饭。当然，在这个过程中，媒人会尽力撮合。

八字在婚姻缔结中也尤其被看重，因此看人户后便要换庚合八字，此仪式在六礼中被称为"纳吉"。一般由男方托媒人求女子的出生年月日时，即生辰八字，女方将八字书于"草

中国风俗图志·川西卷

抬花轿接新娘

帖子"之上，通于男家。该俗在川西称之为换庚，也称为开八字，但不同地区的叫法也稍有差异，详见表5。

表5　　　　　　　　　　川西地区旧时方志对"请庚、发庚"的记载

资料来源	记载
嘉庆十八年（1813年）《彭县志》	男家倩媒向女家请庚，与男庚合占。叶吉，则请媒携榼酒，告女家祖先。
道光九年（1829年）《新津县志》	惟亲迎久不行，而媒妁传言、换庚、赠物，有古时问名、纳彩之礼焉。
民国十三年（1924年）《乐山县志》	男女家两许之后，由男家择日，女家即以其日书女子之庚于帖，名曰草八字。……至合庚时，男家书男子之庚于左行，纳采礼采用绘布、猪羊、鹅酒、果脯之属，女家书女子之庚于右还之。距婚时有数月者，有逾月者。
民国二十六年（1937年）《犍为县志·风俗》	凡议婚，婿家遣媒如女氏致辞，既谐，择吉往请女生年、月、日，书以柬，裹以绫锦，谓之"过草庚"。
民国二十八年（1939年）《德阳县志·风俗志》	媒妁以女之庚帖送于男家，五行相合，双方父母交赠衣履、簪珥。
民国三十五年（1946年）《新繁县志·礼俗》	得两姓同意，即用红帖书女之生年月日，由媒氏送至男家，谓之"发帖"。此即古之纳采而兼问名也。

无论是送草庚，还是开八字，男女双方一般不会亲自出面，而往往将此事托付于媒人。这是旧时婚姻的特征，但在大多数人听命于"父母之命，媒妁之言"时，也有一些颇具叛逆精神的青年男女，他们顶着社会上的种种压力，追求自由恋爱。这在一首采录于青白江区的有关开八字的民歌《红甘蔗》中有所体现：

红甘蔗，蜜蜜甜，张大哥，来拜年。
走进堂屋就下跪，跪在地上不起来，这下拿来咋下台！
叫一声："妈呀妈，快把生庚八字开给他。"
"死女子，你想嫁，梳个饼饼没得酒杯大！"[34]

该歌谣在川西地区流传较广，但各地稍有差异，如温江区《对门幺哥来拜年》中的头两句是"汤圆搓得圆又圆，对门幺哥来拜年"，末句为"纂纂还没汤圆大"，其他便完全相同了。成都市区流传的，前几句与青白江区相同，末两句则为"背时女，你想嫁，毛根还没得酒杯大"。歌谣诙谐有趣，通过母女俩的对话，将女孩想嫁个情哥哥的心情清楚地表露出来。但在其中我们也看到合八字在婚姻中的重要性。

新人拜堂

男方拿到女子生辰八字后,一般可采用以下方式来看八字是否相合。最常见的是找一位算命先生将男女双方生辰八字进行排列,看是否相合,并将结果誊抄在一张红纸上交给男方。此又叫"批八字""推八字""扎八字"。民间将八字中有"六字"相合视为大吉,四字相合也可结婚,但如果只有两字相合或者没有相合的,则一定不能结婚。与之相对的是,如果八字都相合,也不能婚配,所谓物极必反是也。

川西地区还有一些颇具特色的合八字方式,如男方将男女二人庚帖压在自家神龛上的祖宗灵牌或香炉下,点燃香烛,请祖宗神明鉴定,经过三天或七天之后,若家中一切安好,则认为二人八字相合,该女子能与婆家人和睦相处。还有一种合八字的方法是:晚上临睡觉时,将男女二人庚帖放在自家神龛上,其上用一只碗压住。碗内盛水,再放入两小节灯草。第二天早上或三五天后查看,若两根灯草挨在一起,则预示两人八字相合;否则便被视为八字不合。还有"合水八字":夜深人静时,将男女二人的庚帖分别放在两只碗内用铜钱压住,并使两只碗漂在水缸对角。第二天一早如两只碗相距甚远则说明两人八字不合,如相距不远甚至相靠,则表示八字相合。㉟

如果八字不合,无论男女双方人多么好、家庭条件多么适合,都不能缔结婚姻;如果八字相合,女方父母和亲朋便要在媒人撮合下到男家考察,这就进入"看人户"的阶段。看人户为女方到男方家中考察男子及其家庭情况,内容不仅包括男子相貌、人品等要素,还要看家庭存粮如何、土地是否肥沃、水源是否好。当然,也考察男方家庭为人处世是否得当。其实在此之前,媒人已经向女方反复强调男方家庭条件如何优越,双流就流传着一首《媒人夸男家》的歌谣:

幺姑长得粉嘟嘟,我来给你填庚书。侧边有家大粮户,年年要收万担租。
长年穿的大绸裤,丫鬟戴的玛瑙珠。镰刀都是熟铜打,刀把又是银箍箍。
一进朝门三合土,两边又是瓦灰糊。二进朝门滚龙柱,两边又挂八仙图。
十二个天井像皇府,一对青狮门外立。那天请豪杰吃晌午,九碗摆得胜姑苏。
头碗鱼肝炒鱼肚,二碗鸡子炖贝母。三碗猪油焖豆腐,四碗鲤鱼燕窝焯。
五碗金钩勾点醋,六碗金钱吊葫芦。七碗墩墩有块数,八碗肥肉油漉漉。
九碗清汤把口漱,不咸不淡辣乎乎。端一阵菜来香一路,甑子好比檀香炉。
板凳脚脚有龙虎,当门一对大角牯。瓢儿都是香樟做,后头还有几圈大肥猪。
走进茅房去解手,地下都是红毡铺。这种人户你不放,未必留着女儿学尼姑!㊱

歌谣中极尽夸张之能事，首先说男家田产的丰饶，再说服饰的华美，接下来将男家房屋夸得如皇宫一般。当然，男家生活之富裕还可从饮食中窥见一斑，川西宴客习俗中的"九大碗"就这样自然地被镶嵌到歌谣中。除此之外，狗、牛、猪等家畜也必须一一道来。最后，就连厕所的地板也铺上了红毡。这当然有所夸张，但也生动地呈现出媒人为了撮合双方所做出的诸多努力。

看人户后便要举行"纳彩"之礼，在川西地区称之为"插香"，也称之为"下定"，有"大下定"与"小下定"之分。民国三十二年（1943年）《新成都·婚丧礼俗·婚礼》载：

> 商人交易，先将货物行情看准说妥，以少数金钱作为定银，以免翻毁（反悔），旧式婚姻之下定，与买卖又有何异处？下定时，通常不用聘金（有的名曰折"果盘钱"），只要聘礼，由聘礼的丰俊（俭），分为"大下定"与"小下定"两种。下定亦须择定吉日良辰。在男家方面，预备早面，招待亲友。㊲

插香或下定的目的是以此将婚姻关系正式确定下来，使双方家庭、亲友、邻居周知。该仪式是整个婚礼活动中的重要一环，人们对此极为重视。订婚日子多由男女双方共同慎重约定。一般做法是男方主动向女方提出订婚请求，女方"诹吉"选择某个黄道吉日，把结果通知男方，男方按日行聘。

川西婚俗中，聘礼规模往往受制于双方的家境，家境富裕者，聘礼往往丰厚；家境贫寒者，聘礼往往薄寡。有钱人家在订婚时，要送给女方金银首饰、玉器珍玩等，如金耳环、簪子、玉镯各一套，称为"金一套、银一套"㊳。一般人家通常以"礼物"代"聘金"，嘉庆十七年《汉州志·风俗志》便记载："只酒果，请媒行聘，谓之'酒水亲家'。"可见，今日婚礼中的高额聘礼在旧时并不常见，古人更注重"礼"而非"财"。同样的情况也见于民国二十二年（1933年）《安县志·婚礼》：

> 数日内男家另具衣服、钗饰等物馈送女家，俗谓之"插香"；女家亦报以衣帽及文具等项，从不议及聘金。俗云"结亲结义"，非为财也。

旧时，订婚聘礼中一般有四者必备：盐、茶、酒和糖。㊴这四者皆为日常用品，其中盐被视为有驱邪功能；茶多籽，寓意婚后多子多福；酒与"久"谐音，寓意双方婚姻将天长地久；糖则预示婚后夫妇生活如糖一般甜蜜幸福。

订婚仪式中，女方回礼称为"回定"。回礼中一般会有女方当事人亲自做的女红，如手帕、鞋垫、香包之类，其目的是向男方展示女子的手巧之功及家庭教养等，表明她是一位能持家之女。若回礼之中没有女红，则说明该女子有可能手拙，拿不出像样的东西来证明自己的持家能力。订婚之后，双方的婚姻关系基本上确定下来。若女家违婚，一般会受到亲朋好友及舆论的谴责。

插香下定后，男家终于可以松一口气，这家的女孩基本可以算作自家人了。为了尽早将她接到家，还要选一个吉祥的日子。确定这个吉祥的日子之后要请媒人将期书送至女家，是为"下期书"，实乃古"请期"之礼。光绪十二年（1886年）《灌县志·风俗》载："请期：婚有日，主人具书备礼物，遣使如妇家。"所谓"具书"，就是将期书送到女家，以告知亲迎时间。当然礼物也必不可少，民国十年（1921年）《金堂县志·礼俗》载：

次则惟重报期之礼。择吉已定，或先一年，或先数月，书吉期于帖，副以首饰衣服、果饼酒肉之类，命媒氏送之女家；女家亦以针黹、女工之类相答报。

当然，请期礼物之丰简，也要视双方家境而定。普通家庭略备薄礼，便可前往女家。但富贵人家则讲究较多，须准备若干抬盒，随媒人及押礼者送往女家。礼物包括红蛋、花生、点心、肉类、水果、盐、茶、喜钱，以及胭脂水粉、头花、衣料、首饰、帐料等，其数量也有规定。㊵

请期除了报送婚期外，还承担着以下功能：询问女方婚事筹办情况，如嫁妆的质地、数量、制式，送亲人员和压轿娃儿的人数、称呼、年岁；请女方就男方过礼、迎亲等提出要求，如礼物的种类、数量、迎亲方式，方便男方及时筹备；男方提出有关结婚仪式的一些建议，如女方何时加笄、发亲等。道光十七年（1837年）《德阳县新志·婚礼》载：

至及年，婿家托媒妁先以期告请女家，所需衣物、服饰及其伯叔、甥舅之应送嫁者，皆列于单。此古者纳吉、请期之礼也。

有的家庭在请期时，还要将期单用大红纸封好后，与给女方近亲长辈每家准备的茶食礼品一同送到女方家，向女方的亲朋好友发出邀请，请他们在结婚日前来做客。女方收到礼物后，及时转送长辈。讲究的还由婚姻当事人备上礼物，写好请帖，双双登门拜访，称"请客"，即请亲友届时来添箱、送亲、吃花筵酒。

请期与亲迎的时间往往有一定间隔。在这期间，女方最重要的工作便是为女子准备嫁妆，川西地区称之为"办陪奁"。有首《陪奁树》这样唱道：

红衣裳，黄心瓤，阿爹阿妈精心藏。土里生，岩边长，霜打雪压怪树秧。
三年鸡，五年羊，十年八载买牛忙。织女房，梭床响，吹吹打打会牛郎。㊶

歌谣反映的正是川西客家人栽"陪奁树"的风俗：女儿出生时，父母便栽一棵果树，果实成熟后卖钱买鸡，日渐积累便买羊、买牛、买织布机，到出嫁时，姑娘劳动所得都作为陪奁送往男家。这其中还有个"落旭书子赔嗯连"的故事。㊷

陪奁之多寡由男家聘礼之丰薄和女家家境情况而定。一般都包括铺笼罩盖等床上用品，箱柜、立柜、碗柜等木制家具，杯、盘、碗、盏等厨房用具，以及衣料、饰物等。富裕人家也常将田地、房屋、丫鬟等作为陪奁。但对普通家庭而言，不说房产、田产，就是陪嫁基本的生活用品都倍感压力，有一首民歌如是唱道：

正月里，是新年，别家择期在今年。二月里，是春分，别家择期认了真。
三月里，是清明，别家在把期单誊。四月里，是立夏，别家已把期定下。
五月里，是端阳，别家期单送到房。我爹接到期单看，开口就把大气叹。
哥哥接到期单看，这下陪奁哪个办？嫂嫂接到期单看，姊妹今年要分散。
兄弟接到期单看，今年钱要用一半。我妈接到期单看，半天没有把话谈。㊸

歌谣将家中不同人对女孩子即将出嫁的态度栩栩如生地刻画了出来。其中，父亲的叹息、母亲的沉默固然有对女儿即将离去的不舍，但或许也有面对陪奁还无着落的焦急。而哥哥看到期单后，更是直接担心陪奁是否能够凑齐。但婚期已定，无论如何焦急，眼下最重要的事就是请木匠到家，打制各种木制家具了。于是，屋前屋后那些在女孩子刚刚出生时就栽下的树一棵棵被伐倒了，木匠的斧头下飞溅起木渣，墨斗弹出了一条条墨线，大锯呼呼呼地拉起来了。那些木料眼见就成了光滑的木板。很快，那些漂亮的箱子、柜子在木匠手中变戏法一样成型了。这时，还要请漆匠到家，将那些原色的家具染成大红色或朱红色等喜庆色，在关键的部位，还会出现一只只逼真的鸟儿、一朵朵鲜艳的花儿，或一幅幅精致的山水画儿。那个大红的喜字是少不了的，它以后还要伴随着主人走向甜美的生活。

时间一天天过去，婚期眼看就要到了。女家的陪奁准备得也差不多了，男家过礼的物品也基本上备齐了。再想想该发出邀请的所有的亲朋好友,似乎已无遗漏。这时男方还要忙着布置新房,确定婚礼举行时帮忙人员的名单——厨师、押礼先生、压轿娃儿、伴郎伴娘,以及其他迎亲人员都要一一考虑周到。女方也不例外,置办酒席的货物、人员都要备齐。当然,送亲人员也要提前确定。真可谓"万事俱备,静候佳期"。

> 风吹竹叶排对排,小家屋里过礼来。人家过礼走大路,小家过礼走小路。
> 抬盒抬的是细的,箩筐担的是粗的。抬盒抬的抬进来,箩筐担的担转去。
> 红布裙子白围腰,周围团转都借交。粗布棉衣不稀奇,我家爹妈置得起。㊹

迎亲的日子终于到来,过礼的队伍在婚礼前一天便用若干抬盒盛衣饰、食品等前往女家。同行的自然少不了媒人,还有锣鼓唢呐以及迎亲的人员。道光九年(1829年)《新津县志·婚礼》载:"将婚之日,婿家倩媒氏、亲友奉币来迎,牲酒、香烛告于女家之祖,币聘装奁,各听其便,有古时纳征之礼焉。"旧时,成都婚俗是由过礼之日起,男女两家均扎彩:富贵人家大门口多扎牌坊形硬彩、绣花软彩,堂屋内挂堂帐,院内屋檐下挂宫灯。"过礼"在川西各地也有所差异:

表6　　　　　　　　　　部分方志所载川西"过礼"习俗

时间	资料来源	记载
前数日	民国九年(1920年)《绵竹县志》	娶之前数日,女家送木器陈于婿室,娶之日再送妆奁。
前一日	民国二十六年(1937年)《犍为县志》	婚前一日,婿家鼓吹延宾,押礼物偕媒往女氏,女氏报以妆奁及各种陈设品,谓之"度礼"。
前一日	民国三十五年(1946年)《新繁县志》	婚期前一日,男家具诸色礼仪,致于女家,复以小柳笼鹅行于前,此即古之奠雁也。女家则以装奁各物,复于男家,谓之"过礼"。

无论是过礼的时间,还是过礼所抬的礼品,都有一定差异。民国时期的成都,男家礼品多于上午十时左右请媒人与押礼者送往女家。富贵之家讲究排场,其过礼队伍也浩浩荡荡:约三四十架抬盒的,前面有执玉棍、金瓜者数人,执事、吹手与拿龙凤旗伞者多人,后面即为媒人夫妇及押礼者,各乘四人大轿随行。接下来的第一样东西是一架亭子,里面放着新娘

要穿的"凤冠霞帔",其次是几十架抬盒,前面的抬盒上挂着各重数斤至十余斤不等的一肘、一肋,或双肘、双肋。抬盒后面还有一架亭子,内置"敬神盒子",盒内盛熟肉一块,约两斤重。㊺小户人家过礼虽无此排场,但抬盒却不可少。而洪雅一带所过之礼又有"水礼"与"干礼"两大类。水礼包括:肥猪一头、大羊一只、鸡若干只以及红封数封。红封封面写有"梳礼""步礼""押礼"或"姐妹钱"等。㊻其中"梳礼"给为新娘上梳的人,"步礼"给媒人,"押礼"给押礼先生,"姐妹钱"是给新娘姐妹的。而将实物礼品折为钱,称为"干折"。

过礼的队伍到了女家,要进行摆礼仪式。男方的押礼先生一一介绍,而女方的总管大人则要照礼单一一清点,如清点结果无误,则招呼男方来客就座;如未按事先约定送来礼物,女方总管便要质问男方押礼先生。摆礼时,女方亲友邻居均来观瞻。当然,过礼队伍回去时要抬的陪奁也早已摆在女家显要的位置。

夜幕降临,招待好男家的过礼人员,安排好前来庆贺的亲朋好友,主家与内管、外管等相帮人员再次确认明天的相关事宜,便已夜深人静了。只有姑娘的闺房中断断续续地传出唏唏而泣的声音,如怨如慕,如泣如诉。这个晚上对新娘来说,注定难以忘怀,想起明天天一亮就要离开慈爱的父母去婆家了,未来的生活是喜是忧都无从知晓。再说,这生活了近二十年的娘家又怎能说走就走?明日之后再回来,便已经是"客人"了。想起在院子里度过的那些童年时光,再想想平日的玩伴从此以后各奔东西,新娘子眼泪就忍不住掉下来。于是离别的伤悲化作那缠绵悱恻的歌谣,一唱就是一整夜。这歌谣中,有女子对未来生活的惶恐:

春季到来气象新,万物长得嫩又青。女儿今朝要出嫁,凄风惨雨来送行。乘龙佳婿哪一个?狗吗?人?

夏季到来小麦黄,哭声我爹哭声娘。女儿今朝要出嫁,窗外鸟儿替我忙。公婆心肠怎么样?虎吗?狼?

秋季到来桂花香,富贵人家谷满仓。女儿今朝要出嫁,珠泪滚滚湿衣裳。不知他是啥心肠?毒吗?良?

冬季到来冷冻大,怨声老子怨声妈。女儿今朝要出嫁,男女陌生共一榻。未曾见面说过话,我吗?怕!㊼

该歌谣以春、夏、秋、冬的四季事物起兴,引出即将出嫁女儿对婆家的各种猜想。无论是新郎的品性,还是未来公婆的心肠,对从未见面,也从无直接了解机会的女孩子来说,都是未知数。歌谣最后用一个"怕"字,将女子对未来的担心一览无余地呈现出来。

除表达自己对未来生活的一种担心外，哭嫁歌的内容一般还包括诉说父母养育之恩、兄弟姐妹的深厚情谊和离别之苦等。依据哭嫁的对象，可将川西地区的哭嫁歌分为哭姐妹哥嫂歌、哭父母歌、骂媒歌等。

俗话说"青菜长大没匹数，女儿长大离娘苦"，哭爹娘是哭嫁歌中最常见的内容，有的直接抒发对父母恩情的感激之情，如仁寿县的《哭娘》如是唱道：

> 小女开口劝我娘，千声万声哭成行。娘的恩德实难讲，带儿带女好惨伤。
> 带大小儿你有望，小儿长大兴家郎。带大小女空自望，小女长大离爹娘。
> 我娘宽怀莫歉望，不久回家看望娘。[48]

有的貌似怨恨父母之狠心，实则表达即将离开父母的不舍之情；也有一些通过婚礼中的物品与平时所用物品的差异来衬托"母女"难舍的心情，如流传在三台等地的《穿嫁衣》，便以嫁衣与平时所穿衣服的对比来抒发离情：

> 手攀我娘红罗罩，脚踩我娘黑漆凳，黑漆凳儿栽牡丹，牡丹开花是我女，牡丹结子我离娘。往天穿衣青对青，今天穿衣不合身；往天穿衣青布扣，人家不扣自己扣；今天穿的红布扣，自己不扣请人扣；往天穿衣青布边，我妈看到心喜欢；今天穿衣红布边，我妈看到痛心肝，女儿离娘心不欢。[49]

在川西地区的哭嫁歌中，骂媒歌占较大比重。虽各地骂媒歌具体内容各异，但除了少量特殊的类别，几乎都有一个相同的结构，即先道出媒人的可恶，接着便历数媒人的"罪状"，最后就是对媒人随心所欲、酣畅淋漓的咒骂。如流传在仁寿县的一首骂媒歌这样唱道：

> 一张丝帕两面花，媒人来去两头夸。一说男儿生得好，二说女子是枝花。
> 呵呵哄哄来扯拢，票子到手笑哈哈。一路白菜一路葱，媒人回去要遭凶。
> 我娘门前一窝竹，媒人回去要烧屋。我娘门前两条河，媒人回去要打锣。
> 我娘门前双古井，媒人回去要吊颈。[50]

不过，笔者在田野调查中发现，媒人从来不怕被骂，反倒怕你不骂。俗传对媒人骂得越凶，新姑娘出嫁才无霉气，媒人也更会交好运，故俗语有"新姑娘骂媒骂得凶，媒人忙西又忙东。新姑娘骂媒骂得绝，媒人一天忙到黑"之说。

哭嫁之俗，不仅新娘要哭，父母、姊妹、兄弟也要陪哭，如民国十三年（1924年）《乐山

县志·礼俗》载:"礼宾毕,侍者将笄者入房。笄者哭,父母亦哭,姊妹、兄弟亦哭。"清代成都旧俗,在结婚前一天晚上,请十名小姐妹相陪,称"陪十姐妹",小姐妹都冠带珠玉整齐,挨次安坐,新娘和女伴之间互相赛唱婚嫁歌到天亮。

晨曦初现,闺房中的歌声、哭声渐渐稀疏。安静的夜被早起忙碌的人们吵醒了,女孩子出阁的时间选在天亮后的吉时。此时,一位全福妇女要将男家过礼送来的五包丝线用来为新娘"开脸"。其程序是:先在新娘脸上淡抹一层熟石灰,用男家先前送来的几股五色丝线或棉线象征性地在姑娘脸上、后颈互相绞缠三次,再用糠壳灰扯花尖额角,用夹子扯眉毛[51]。开脸后即行"上梳"[52],那位全福的妇女将姑娘平时梳的头发打散,梳成小辫儿盘在脑后,用网子网成饼状,别上簪子。事毕,就要为新娘穿戴"凤冠霞帔",新娘身上捆有一裹带,内盛桂圆、红枣、红蛋。整个过程中,新娘双足须踏于一米斗上,即为"踏斗"。笔者以为,女子出阁前的开脸、上梳,乃古代笄礼之遗留。虽然《峨眉县志·风俗》中有"女家冠髻多在嫁娶之前数日,择吉设筵,请男家父母及亲戚宴会"的记载,但那已是百余年前的旧事了。到清末民国时期,"加笄"之礼早已不再举行。

天很快就亮了,发亲吉时一到,唢呐齐鸣。家族中的男性长者点燃香烛,呈上供品,依次恭请各路神君、祖宗前来领受钱财,另在门外焚烧若干散钱给孤魂野鬼,同时告之家中有女出嫁,祈求保佑吉祥平安。新娘则跪拜作揖,然后依次遍辞六亲,接受亲人们的祝福与馈赠。之后,母亲端来一碗米饭喂新娘,但新娘不能吃,只能用筷子夹少许饭粒撒在地上,意谓自己即将出嫁,不能再享用家中的财物了,衣食需留给家中亲人。当这些仪式完成后,由正客中双老健在的人点燃两只五寸来长、拇指般大粗的红色蜡烛,插在神龛上的香炉里作为发亲信号。新娘须将预先准备好的竹筷反手向后投掷,其兄弟赶紧牵衣襟接住。正所谓:"鸹鸹鹅声众语哝,玻璃楼轿八人扛。笙箫迎上阿哥背,代掷娘家筷一双。"[53]此时鼓乐鸣响三次,新娘大哭,媒人或喜娘用大红绸帕[54]把新娘头盖上。亲兄弟背或扶新娘上轿,在送亲、迎亲队伍的陪同下前往男家。[55]一路上,唢呐嘹亮地吼着,人们尽情地笑着,抬轿的轿夫们豪放地唱着:

> 花花轿儿四人抬,抬个美女过门来。头上梳的乌云盖,脚上穿的花花鞋。
> 烧锅督灶好勤快,烧茶煮饭不费柴。问声主家好不好,快把封封儿拿出来。[56]

送亲、迎亲的人们也一起起哄，主家只能乖乖地掏出事先准备的红包发给轿夫。花轿到男家后停在院门外或堂屋门外，花轿门正对院门或堂屋门。男家要设"回车马席"，置香案、燃香烛、放纸炮、焚帛、喷洒神水或神酒、杀鸡沥血，绕新娘所乘之车或轿，向车或轿撒米，念回车马词，禳祈送回车马神。[57]此俗在川西地区十分普遍，民国二十六年（1937年）《犍为县志》载："至婿家，停舆门外，执事者就舆前，焚香烛礼神，庖人割鸡禳除，谓之回车马。"民国三十三年（1944年）《重修彭山县志·民俗篇》载："女至门，未下舆，然烛九，以三箸为叉，架鸡卵一，有客焚帛，捐而祝之，曰回车马。"民国三十五年（1946年）《新繁县志·风俗》载："迨至男家，舆驻于门首，男家则具香烛，杀鸡沥血围绕之，谓之回车马。"届时，要诵回车马词：

> 日吉时辰，天地开张。新人到此，车马回乡。一张桌子四个方[58]，张郎栽木鲁班装。四方安起云牙板，中间一焚一炉香。得香回香灵宝回香，香朝上界遍地十方。娘家车马请回行，婆家车马忙接迎；娘家车马请回转，婆家车马喜相迎。一秉轿子四只角，八人抬起笑呵呵。阳雀叫唤李贵阳，里头抬的新姑娘。八字客堂大大开，金钩吊下钥匙来。送亲娘娘开金锁，迎亲新娘下轿来。左手又提红罗帕，右手又提鸳鸯牌。左边门神秦叔宝，右边门神胡将军，秦叔宝胡将军，细听新人说原因。左脚跨门生贵子，右脚跨门点状元。一步是金鸡，二步百花开，三步到堂前，跪在祖宗神位前。一根席子软悠悠，铺在堂前拜祖宗：一拜长命富贵，二拜金玉满堂，三拜福如东海，四拜寿比南山，五拜玉佛来祝寿，六拜神仙吕洞宾，七拜仙姑七姐妹，八拜南海观世音。祖宗福神都拜过，又拜堂上二双亲。天无忌，地无忌，年无忌，月无忌，日无忌，时无忌，百事无忌，大吉大利。[59]

为什么要举行此仪式？三台县有这样的说法：回车马意在让跟随新郎、新娘一起来作祟的瘟神就此止步，打道回府。而瘟神就是姜子牙的前妻。姜子牙帮助周武王伐纣，生活最艰难时他的前妻离开了他。待姜子牙辅周大业成功封神时，她见有好处了，就厚着脸皮来讨神位，姜子牙见了，生气地说："你这个瘟神。"从此她就做了瘟神，只有到处散播瘟疫才有吃有喝。她谁都不怕，只怕姜子牙。只有说"姜子牙在此"时，这个瘟神才会离去，不会到这家去害人。[60]

回车马仪式结束后，新娘便要下轿进屋拜堂了。新娘下轿时由两位"全命人"牵着，川西俗语有新娘"上不见天，下不沾地"之说，故新娘要头搭红盖头，脚踩红毡子，一直走到"天地桌"前。此时唱礼司仪言"时吉辰良，天地开张。男出华堂，女下香车。先拜天地，后拜高堂。夫妻交拜,转入洞房"之类。新娘会向新郎父母敬茶,此时开始改变称呼;新郎父母象征性地各喝一口茶后,给新娘红包。礼毕,即有一对童子手捧周堂点的龙凤大蜡一对,引新人入房。

此时,新房内已经有两个寿缘长、子孙多、福气好的女性长辈等着铺床。她们一边铺,一边说着四言八句,如:"铺床铺床,金玉满堂。娘家置的绸缎铺盖,婆家置的雕花大床。新郎新郎,快上牙床。二人起本,垒尖一床。"㉑新床铺好后,讲究的人家要用一条红绳或红线将新床围住,不准任何人坐于床上,俗谓旁人"不坐新人床"。新娘子进来后,要找两个男婴滚床。

结婚仪式到此基本结束,只等着晚上闹洞房了。俗语说:"三天不分大小,看到舅舅都喊老表。"这一晚不论辈分大小都可以尽情玩闹,即便在尊长辈分规矩较严的旧社会,长者也可以与新婚夫妇开玩笑。民国十三年(1924年)《乐山县志·礼俗》载:

> 其夕,亲串无少长,皆至新娘房小宴,名曰"贺房"。放浪者为之邪辞、亵语,举止佻达,冀博新人笑,或迫使之言,名曰"闹房",陋俗也。

又,民国二十六年(1937年)《犍为县志·风俗》载:

> 入夜,宾客再聚,茶先酒后。女更衣出,引壶酌盏,授伴娘进客,席终而散。其亲宾联翩入房,以谑词共为笑乐,谓之"闹房"。

虽然方志编纂者认为此乃陋俗,但川西民间即便今天依然盛行闹房之俗。俗语有"闹房闹房,儿孙满堂""闹喜闹喜,越闹越喜""今晚先闹新人房,夫妻地久与天长;连年接生两贵子,文相武将天下扬"等。可见,在老百姓心中,闹房不仅是嬉闹戏谑,更寄托了他们美好的祝愿。"玻璃彩轿到华堂,扶得新娘进洞房。挑去盖头饮合卺,闹房直到大天光。"㉒这一夜,新人在众人的戏谑、欢闹中备受捉弄之苦,直到东边的地平线上泛起白光,众人才陆续散去。

婚礼至此告一段落,那位曾经羞涩的姑娘,完成了身份的转换,从此以后便要操心琐碎的柴米油盐酱醋茶,过上相夫教子的生活。而曾经的那位大男孩,在洞房花烛夜的喜悦过后,不仅要怀揣着对妻子的爱,还要肩负着他们俩共同的家,一步步走向未来的人生,直至岁月的风霜将他雕刻成佝偻的老者,最终消失在人生的地平线上,并以另一场浓重的仪式来同这个世界说"永不再见"。

第三节 作别此生祈来世：丧葬习俗

"青青陵上柏，磊磊涧中石。人生天地间，忽如远行客。"[63] "人生非金石，岂能长寿考。奄忽随物化，荣名以为宝。"[64] 两千多年前，一群无名的诗人，不知经历了何种沧桑的岁月人生，写下了这些令人心碎的句子。人生在世，匆匆数年，还未来得及仔细品赏，便惚惚然已老之将至。死亡，终不可避免，但在面对死的困惑时，我们又如何以人类的方式化解？川西坝子上那些从未走进高门大院探讨人生哲学的老农们，又如何卒了这短暂的人生？千百年来，他们或许从未在死的困扰中悟出道来，但延续着祖祖辈辈流传下来的习惯。他们虽不知道临终安慰，却将临终视为天大的事；他们虽不确定灵魂是否永存，却在生前慎重地为自己打造一个柏木制成的狭小的"家"；他们虽从未涉足那个未知世界，却相信在僧道人士的引领下能跨奈河、闯七殿并最终进入极乐世界。他们用仪式行为展现了对死的困惑和对生的渴望。这是一个漫长的过程，旧时川西地区从治丧准备至丧期结束，要经历五十余项仪式。下面我们择要叙之。

旧时，人们相信人去世后还有灵魂。为了死后有一个好的归宿，人们尤其看重寿枋。川西俗语云："六十不治板，阎王说你好大胆。"因此，许多老人健在时便会将割寿枋、做老衣等视为重要的活动。子女们为老人购置上好的柏木，并请技艺高超的木匠到家割寿枋。寿枋由底、墙、盖和回头四个部分构成，最好的寿枋为整底、整墙、整盖，但这对木料的要求太高，川西平原上很难达到，所以退而求其次，底、墙、盖均可以用几块木料拼接而成。但底和盖的木料数量都只能是单数，而不能为双数，因为双数会被视为分尸板。青白江区流传着一首名为"做寿枋"的民歌：

> 风吹明灯四方亮，我请木匠做寿枋。我娘寿枋做得长，我娘睡得喜洋洋。
> 我娘寿枋做得好，做个二龙来抢宝。我娘寿枋三镶底，我娘睡得心欢喜。
> 我娘寿枋两镶墙，我娘睡得脸发光。我娘寿枋三镶盖，我娘睡得心头爱。
> 我娘寿枋硬肥头[65]，我娘睡得丝枕头。[66]

木匠在割寿枋时，据说还可以根据前三斧头木渣飞溅的距离来预测老人的寿命：如果木

渣飞得远,则说明老人寿命还很长;如果飞得近,则预示老人将不久于人世。寿枋割好后,还要请漆匠师傅用黑漆和红漆涂饰。等漆干后,便将其按"男左女右、大回朝外"的原则,安放在本家祠堂或堂屋一侧。

除割寿枋外,老衣也需要提前准备好。老衣又称"寿衣",面料多为棉布或绫绸,"绸"寓意多子多孙、兴旺发达。但忌讳用缎,因"缎子"谐音"断子",也不可用皮毛制品,怕来生投胎成禽兽。老衣包括上衣、裤子、寿鞋、寿袜、寿被以及头巾,颜色以青白为主,寓意死者"一清二白"。老衣不做扣子,因"扣子"有"扣住后代子孙"之意,穿时用布带子系上,"带子"则寓"带来子孙"。

当这些都准备妥当,老人会时不时看看油亮亮的寿枋,摸摸那些老衣,不仅不会感到死亡的恐惧,反而心中会升起一丝丝欣慰之情。

但死亡迟早都会来临。川西地区的人在病危之际,儿女子孙都应在床前守候,是为送终。如果儿女不能为老人送终,则会被视为不孝。今双流白沙镇等地仍然流行用响篙儿责打未能送终的儿子的习俗。一旦老人气若游丝,儿女便会将老人抱到堂屋内的椅子上坐着,称为"寿终正寝"。落气后,要立马给死者烧三斤六两纸钱,称为"落气钱"或"倒头纸"。民国二十六年(1937年)《犍为县志·风俗》载:"既终,子去冠,女去笄,少妇去首饰,皆易素服。子被冠、徒跣,哭踊床东,妇女哭床西,环跪尸前,焚香烛楮币,谓之'送落气钱'。"俗传死者在去阴间的路上需要用钱打发大小鬼怪。烧落气钱的同时,还要在屋外放一串鞭炮,称为"落气炮",据说亡灵通往阴间的道路有鬼怪把守,燃放鞭炮是请其让道。

与此同时,还要将屋顶的瓦揭去一匹,如果是草房,也需要用竹竿戳开一个窟窿,如民国十二年(1923年)《眉山县志·民俗》载:"亲甫没,使人持竿破屋瓦,三呼三答,曰'出',谓为'出死星',盖即复魂之义。复而不生,始行死事。"同样的记载也见于民国三十三年(1944年)《重修彭山县志·民俗》:"以竿掇死者屋顶,呼应而出之,谓之'出死星'。"因为人们相信,只有这样做,死者的灵魂才能升天,俗称为"出煞"或"出死星"。在川西成都市新都区新繁镇、丹棱县顺龙乡等地,还需要第一时间将堂屋中的神龛用白纸蒙上,或用白纸条贴成十字状。如民国三十五年(1946年)《新繁县志·风俗》载:"凡家中龛上、中霤、门神,均蒙以白纸。"至此,初终事宜告一段落。

接下来,做儿女的便要趁死者身体僵硬前为其抹汗、穿老衣。死者若是男性,还要为其剃光头，以示来去清白[67]；若是女性，则要为其梳头并包上头帕。穿老衣时，一般穿单不穿双。穿戴整齐后，还要用清线捆脚，然后将其平平正正摊在木板或凉床上，搭上盖脸纸[68]。民国二十六年（1937年）《犍为县志·风俗》载：

> 施帏于尸床前，置案，陈沐浴巾栉、含具。侍者迁尸，妇女出妇丧则男出，乃去尸衣，覆以殓衾，抗衾而浴，拭以巾。讫，撤浴具，加殓衣六件、七件不等。执事者以棺入，设于堂正中，南首，棺内奠七星板，藉茵褥，以棺盖仰置棺侧。侍者举尸，陈于棺盖上，犹冀死者复生，故不遽入棺。丧主盥毕，亲视含。

可见，人去世后并不会立刻被装入棺材之中，而要在木板上或者棺材盖上先摊一定的时间，原因在于"犹冀死者复生"。这时还需要为死者点燃一盏"路灯"——旧俗以为，人死后在赶往阴曹地府的路上一片漆黑，要在灵柩之下点一盏菜油灯为亡人照明。这盏灯的灯芯一般用灯草或者棉花条做成，昼夜不熄，直至出殡后才将其翻扣在地。[69]在灵柩前要设置灵位，并点上香烛。香烛不能熄灭，因香烛熄灭有"断了香火"之意。同时，还要不停地为亡人烧纸钱，以送其上路。

当初终事宜一切准备就绪，已经是大半夜了，主人家要开始考虑通知亲朋好友，一般是死者家属戴孝到亲戚家，见到长辈便磕头报告死讯。如果亲戚家较远，也可以请几位年轻人按主人开具的"讣告"——上门报丧。俗话有"男死先报族，女死先报舅"之说。因此，报丧时一般要说清楚死者去世的时间和家祭、下葬日期。死者若为男性，首先通知伯、叔等；若为女性，即需首先报之其娘家人，尤其是孩子们的舅父，谓之"请人主"[70]。同时，要考虑找一位信得过的阴阳先生看风水，当然因和尚、道士主持整个仪式，也要第一时间将其请到家。还有锣鼓、礼生人员，以及办丧事的厨师等，都需要一一考虑到位。

邻居们在听到落气炮响后也已知道这家的老者今夜走了，此时只要有需要，他们会全力帮助主人家来操办这场丧事，买猪购货、担水劈柴、放鞭炮、打钱纸、搭灵堂、打金井等一切丧事中需要的，他们都会一一安排妥当。第二天一早，和尚、道士到来后便开始为亡人开路。开路，即打通其去往阴间的道路，让沿途桥梁、渡口等一切关隘之处的鬼神让路；或为亡人指明道路，以免其在阴间迷失方向。传说阴曹地府遍设关卡，如果没有路引便不能通行，因此开路仪式必不可少。

开路仪式结束后，便可以大殓了，即将死者装入棺材。民国十一年（1922年）《邛崃县志·风俗

志》载:"大殓谓之'封棺'。"民国二十六年(1937年)《犍为县志·风俗》载:"三日大殓,奉尸入棺。实生时已落发齿,并塞空处,令充实,乃盖棺髹漆。"大殓的方法一般先在棺材内铺一层锯木屑,或者将松香熬化后倒入,再垫上一些旧衣被,铺上新垫单,将死者抬入棺中。盛传亡人到阴间要经过"恶狗村",因此大殓时还需在亡者手中放置"打狗馍馍"。李劼人《暴风雨前》中便记载了此俗:

> 开路法事做完,烧了黄表,遂由底下人连木板将死人抬到堂屋里,移入棺内,对准了天线,用灯草包把全身塞得紧紧的。在死人右手边放了一根柳枝,左手边放了两枚馒头,这是道士吩咐的,说亡人走恶狗村过时,才有喂狗同打狗的东西。㉑

有的地方会在死者的口中放入碎金散银。还有的地方会在亡者口中放置几片茶叶,因为他们相信亡者去阴曹地府的路上要经过奈河桥,在桥头会见到孟婆卖忘魂汤,如果口中含有茶叶,亡者便不会喝忘魂汤,这样就会记住前世。此外,还要为亡者盖上数量为单数的寿被。盖法一般要上齐胸部,下盖住脚。死者一般睡白布枕头,枕头内装棉花或纸钱灰,有钱人则睡雕花木枕头或陶瓷枕头。入殓时,要将亡者的身体端平,而且将亡者生前所穿衣物、所落齿发等填塞进棺材。㉒有的地方用草纸填塞棺材中的空隙,使棺内充实无空隙,尸体不致移位,然后盖上棺盖,请和尚、道士敲打唱念一番便封棺。民国三十三年(1944年)《重修彭山县志·民俗》载:"亲属集而敛。敛时,凡睡者皆令醒,术士执斧,绕棺及门,咒而击之,谓之'掩煞'。"有的则要等出殡之前才封棺。犍为县、安县等地封棺后,还要为棺施漆。

远近奔丧者也陆续来到主家。他们在到达主家之前要先鸣炮致哀。炮声一响,孝子便要披麻戴孝前往接客,如果来者是长辈,还需要跪地迎接。然后奔丧者直奔灵堂,为亡者烧香焚帛。川西地区流传着这样一首《丧礼接客词》:

> 柑子开花一树白,今天堂前来了客。往日来客我娘接,今天来客小女接。
> 看炉缸,白菜苔,烧香姨娘跪一排。娘在阴间来领受,烧香姨娘请起来。㉓

奔丧者络绎不绝,相帮人员忙前忙后。孝子孝孙在和尚、道士的主持下按部就班地为亡者燃烛焚帛。一日三餐,照样要为亡者供饭。与此同时,阴阳先生已经看好了一块风水宝地,相帮人员开始打金井,等待下圹之用。

夜幕再次降临,第二天老人就要上山了,今夜要举行丧葬中最隆重的仪式——点主和三献礼。这两个仪式见载于《礼记》,可见其源远流长。至今川西地区的丧葬习俗中依然较完整保留了三献礼,而成都东山客家人中行点主之礼也十分常见。所谓点主,即将亡者的神主牌上的"王"字上补全一点,使之成为"主"字。旧时,人们相信人有三魂,去世后其中一魂居坟墓之中,一魂依附于神主牌而进入祠堂中被后世子孙世代供奉,还有一魂为游魂,在世间四处飘荡。点主仪式的目的便在于让其中一魂能依附在神主之上。民国时期,成都丧葬中的点主仪式如下:

> "神"字的一直与"主"字的一点不写,留待点主官用红笔填此两笔,在开奠的那天,院子中间放一桌二椅,桌上放一红纸包着的笔,锡制的朱盒及笔架。点主官应是学者或名流,事前由孝家用全贴恭请,当天由仆人三请之后,用车接来,至时奏以细乐,孝子到大门跪接,然后孝子脱去孝衣,穿上礼服,跪于桌前。礼生引点主官入座,由孝子跪送神主与点主官。礼生用五色线将孝子中指缠紧刺出血来,用朱笔在血指上拈一下,点主官手执笔,礼生唱"穿神、点主"的时候,即将神字与主字未完的一笔添上。礼生又唱"贯左耳、贯右耳",于是乃在神主左右两边各划一圈。礼生请点主官赞词,点主官便写几句恭贺的话,不外子孙昌达繁茂之意,这样便算礼成。又奏乐送点主官,孝子叩头跪送。然后将神主供在灵前。以后还要送点主官酒席一桌以示谢意。[74]

点主仪式举行前,要先设立安放香、烛、供品的"点主台",还要设简单的碑文所、拜跪位、加冠更衣所、香帛所、酒樽所、羹馔所、文房四宝所、珠盒笔架所、三牲五供所和奏乐亭等。当然,这些仪式场所都具有象征性。点主仪式由礼生和点主官共同完成。点主官是点主的实施者,多由与亡人有交往、有名望、子孙多者或亡人的兄弟担任。礼生是点主仪式的主持者,一般包括引赞、通赞两位。引赞指挥、引导,通赞与之对答、唱和。[75]有意思的是,川西有的地方认为点主所用之笔具有神力,能够治愈病痛,因此在点主仪式结束之后,大家往往一一到点主官面前,如果哪里有病痛便请点主官在那里点一下。

点主仪式结束后,夜锣鼓又响起来了,这时屋外鞭炮齐鸣,孝男孝女们也在里里外外忙着,为即将举行的仪式——三献礼做准备。三献礼也称家祭,有的地方称堂奠,主要内容有致祭、歌诗、读礼、讲孝章、读祭文、奏大乐等。旧时,老人病故,灵堂一般设在堂屋内,三献礼多在堂屋前的院坝中举行。清末至民国时期,江苏南通人徐心余宦蜀多年,曾对蜀地丧葬中的三献礼习俗有如下记载:

> 川省丧家每逢开吊之期,例有家祭,与吾通堂奠略有异同。有说孝歌诗两节目,差堪注目。初献礼毕,设一台高三四尺,中安公座,引赞引一人登台宣讲,择《论语》中问孝章,逐层讲演,孝子以下,均匍匐案前,约一小时始止。亚献而后,又有歌诗一节,形式与说孝略同,惟歌

诗者,均十二三龄学童,或二人,或四人,歌蓼蓼者莪诗全章,或次第歌,或同声歌,或歌罢择诗中扼要语讲演之,讲毕,行三献礼而退班矣。[76]

三献者,乃献帛、献爵、献馔之谓也。有钱人家要将这一仪式举行三天三夜,普通人家则在出殡前一天晚上举行。与点主仪式一样,三献仪式开始前要先设位。然后礼生或坐或站在灵堂面,孝子则跪在灵堂前的院坝中。整个仪式由礼生主持,过程一般是先引赞:"时当家奠,内外肃静。执事者各执其事,成服者各成其服。鸣炮,主事男由东阶而出,面西就位,以迎生气。作大乐一调。"[77]在礼生说到鸣炮之时,负责放鞭炮的人员马上点燃鞭炮;说到"作大乐一调"时,则锣鼓齐鸣,奏《鸦反哺》《山坡羊》《下山虎》等丧礼曲调。奏乐完毕,各孝氏到位,仪式正式开始。一场完整的三献礼包括唱诵"赞所歌""过堂歌""赞香帛""迎神诗""悼亡诗""赞亡灵""思亲诗""初献诗""初献香帛""初过堂""初起酒樽""赞酒樽""初羹馔""赞羹馔""初入帏""初上阶""初上堂""赞内灵""初佾食"等,一直到"告已成"方接近尾声,这时只听到礼生诵道:"已成已成,祀事已成。三献礼毕,礼不再成!"最后以一首"赞采茶诗"结束整个三献礼的仪式。[78]锣鼓便再次响起,鞭炮齐鸣,宣告仪式结束。

在整个三献礼仪式过程中,孝子需要跪在堂下聆听礼生凄婉的吟诵,而锣鼓则要适时配合礼生,从而在人声与乐声的交错中,营构出一种悲伤的氛围。当听到"日落西山难见面,水流东海不回头。孝子承奠真伤惨,痛苦悲哀泪不收"时,堂下的孝子们已经悲不自胜,当听到"五更天,月西移,忽然与亲又相依。生前笑语仍然在,昔日形容尚减些。神仿佛,影依稀,醒来却是南柯梦,叫儿痛煞五更鸡"时,孝子们想到从今以后再也不能与逝去的亲人见面,早已经哭成一片。

但"人生在世几千秋,光阴瞬息不回头",人死不能复生,只余空悲切。

三献礼结束,早已过了午夜时分,丧家又备办酒食款待宾客,称为"坐夜"。同时请坐堂锣鼓吹吹打打,哭灵闹丧,有的甚至通宵达旦。由于闹丧时间为深夜,目的在于为守夜的人们缓解疲劳,因此多夹杂低俗的语言以引人发笑,这便引起卫道者的批评,官方也曾下令禁止。如清末《广益丛报》曾刊《严禁闹丧》如是说道:

> 川省风俗,民间如有丧事,往往延道诵经,其腔调锣鼓与剧班毫无分别。又于出殡之前一夕,聚集多人唱剧,名为"闹丧"。在下等社会行之固多,即绅士之家亦间或有之。此种恶习,于丧礼实属悖谬。昨经警察总局出示,严禁并将律例抄示,想可以湔除陋俗矣。[79]

闹丧无论基于何种目的，作为一种民俗现象已经延续多年。加之，这是死者留在家里的最后一夜，第二天一早便要送灵上山了，丧家在闹丧娱人的同时，或许也希望让亡灵最后一次感受人世间的热闹。因此，无论卫道者如何抨击，官府如何明令禁止，直到今天，闹丧在川西地区的丧葬习俗中依然被保留了下来。

"人死望装棺，装棺望上山。"阴阳先生早已将出殡的时辰算好，吉时一到，鞭炮齐鸣，锣鼓喧天。在阴阳先生准备封棺前，孝子孝孙和亲朋好友们跟在锣鼓队伍的后面最后一次瞻仰遗容，他们要绕棺三圈。鼓乐师傅一边奏响乐器，一边念道："打鼓郎来打鼓郎，你好打鼓我开场，开场不开别一个，单开青山赵母娘。"接下来便要唱绕棺词，包括孝亲歌、十二月散花。当孝子们当听到"腊月里来要过年。锣鼓火炮响喧天，三十晚上吃午饭，不见亡人把碗端"时，早已泣不成声。绕棺结束后，阴阳先生便要封棺，亲人将永别亡者，只待来世再续前缘。

孝子磕了三孝礼，八位弟兄来的齐。天平五尺收拾起，各人摸到各人的。
抬头好来恭贺你，封个红包二百一，送老归山是正理，保佑翻梢不费力。⑧⓪

封棺后，出殡的时辰便到了，这时八位帮忙抬棺的人进入灵堂，开始用篾条或者绳子捆绑棺材，其他人也开始帮忙撤掉灵堂。只待屋外锣鼓一响，抬棺人员便大喝一声"起"，如果抬高肩，棺材便稳稳地放在他们的肩上；如果抬低肩，龙杠便放在肩头。有的地方发丧时还需要在棺材上面放一只引魂鸡，火葬实行后则绑在龙杠上。黄炎培《蜀游百绝句》中便有这样的句子：

扫墓清明纸帛飘，送丧雄羽玉棺高。门前有物同符箓，吞口能驱恶鬼逃。⑧①

抬棺出屋后，一般还要在院中举行简短的路祭仪式。仪式结束后，便由鞭炮为前导，花圈、孝伞继之，鼓乐紧随其后，接下来依次为引魂幡、孝花圈、灵牌、棺材以及后面的送葬人员，一路抵达墓地。到墓地后，将棺材落入金井，阴阳先生开始用罗盘找中线。校正完毕，便要举行下葬仪式，阴阳先生手持引魂幡，在棺盖上反复挥动，同时口念咒辞，诸如"相帮弟兄生人生魂出，孝子孝孙生人生魂出，亡者死魂入棺木"之类。其目的在于把亡魂招入墓穴，佑各方平安，此谓之"招魂入墓"。接下来还要撒五谷粮食：孝子们背对棺木跪下，并用双手牵住衣服后襟使其成包袱状。阴阳站在墓穴旁一边撒五谷粮食，一边念《撒五谷歌》，如：

一把五谷撒上天，子子孙孙做高官。二把五谷撒下地，亡者有福气。

三撒桃园三结义，四撒四季早发财。五撒五子登科，六撒六位高升。
七撒七星点斗，八撒八福寿吉。九撒九九长寿，十撒全家福。

一撒东方甲乙木，二撒南方丙丁火。三撒西方庚辛金，四撒北方壬癸水。
五撒中央戊己土。土能生白玉，地内出黄金。
斗大黄金印，天开白玉堂。孝氏接斗，子孙得长久。(82)

俗传孝子接的五谷粮食越多，未来家庭便会越兴旺。撒完后，则要牵住衣襟，依次退到墓穴前将粮食倒入墓穴中，然后就要掩土了。掩土先由孝子象征性地撮土倒进墓穴中，再由相帮人员垒坟。坟垒好后，焚烧各种纸扎品，而亡者的地契和灵房子也一并被焚化，以使其在另一个世界拥有自己的土地和房产。最后，将孝花圈和孝伞插在坟上，一阵鞭炮鸣放后，众人散去。旧俗以为，人去世后会惊动"家神土地"，因此死者入土后，家人还要请和尚、道士"安神谢土"，并把贴在神龛上、大门上的草纸撕去，表示秽气已尽，一切复原。等待安葬三日"复山"后，丧事便告一段落。接下来便隔七天为死者焚帛祭奠，直到"七七"，后面便只剩下百期和三个周年的祭奠。

生命的故事至此彻底告一段落，从此以后，只余孤坟对风泣，而关于坟中主人的一切只能作为遥远的故事存在于生者的记忆中。随着时间的推移，它要么成为传奇，要么随风飘散再无踪影。这就是川西人的一生，川西人在这片土地上如坚韧的、会思考的芦苇，经历着从生到死的历程。百年生死两茫茫，但他毕竟来过这个世界，欣赏了沿途的风景。他继承着祖先的血统，又将其传递给后代，就这样子子孙孙无穷匮焉，于是才有了川西文化，有了关于这片土地的无数故事和传说。

注释

①[清]阮元校刻：《十三经注疏》，中华书局，1980，第3647页。

②成都市文联、成都市诗词学会：《历代诗人咏成都》(下)，四川文艺出版社，1999，第564页。

③林孔翼：《成都竹枝词》，四川人民出版社，1986，第61页。

④林孔翼：《成都竹枝词》，四川人民出版社，1986，第61页。

⑤林孔翼：《成都竹枝词》，四川人民出版社，1986，第90页。

⑥参见黄尚军：《四川方言与民俗》，四川人民出版社，2002，第183—184页。

⑦参见《广汉民俗》编写组：《广汉民俗》，成都科技大学出版社，1993，第89页。

⑧参见罗仲璠:《抢童子》,《龙门阵》1989年第5期。

⑨林孔翼、沙铭璞:《四川竹枝词》,四川人民出版社,1989,第43页。

⑩参见钟合阶:《在历史的边缘行走中和场》,中国文史出版社,2012,第220页。

⑪林孔翼:《成都竹枝词》,四川人民出版社,1986,第99页。

⑫出嫁的女儿在雨水节当天要用寄生炖猪蹄或熬鸡汤送给年满60岁的父母吃。此外,还要给父母置办一条丈二长的红腰带,为其"接寿",祈求父母寿缘绵长,称为"送雨水、送寄生、炖雨水"。所谓"寄生",是寄长在大树上的小树、藤草一类的植物。

⑬三台县民间文艺资料四集成领导小组:《中国民间文学三套集成·四川省三台县故事资料集》(内部资料本),1987,第101—102页。

⑭参见黄尚军:《四川方言与民俗》,四川人民出版社,2002,第49页。

⑮林孔翼:《成都竹枝词》,四川人民出版社,1986,第90—91页。

⑯参见龙泉驿区地方志编纂委员会:《成都市龙泉驿区志》,成都出版社,1996,第677页。

⑰孙旭军等:《四川民俗大观》,四川人民出版社,1989,第166页。

⑱《成都民间文学集成》编委会:《成都民间文学集成》,四川人民出版社,1991,第1044—1045页。

⑲如惊风鬼、旋头儿风鬼之类。

⑳[唐]张读撰,张永钦、侯志明点校:《宣室志》,中华书局,1983,第120页。

㉑林孔翼:《成都竹枝词》,四川人民出版社,1986,第48页。

㉒林孔翼:《成都竹枝词》,四川人民出版社,1986,第60页。

㉓参见徐伯威:《喊魂与观花》,《龙门阵》1990年第2期。

㉔郭沫若:《少年时代》,人民文学出版社,1979,第55—56页。

㉕《成都民间文学集成》编委会:《成都民间文学集成》,四川人民出版社,1991,第1649页。

㉖参见四川省文史研究馆:《益州集粹》,上海书店,1994,第114—116页。

㉗参见《广汉民俗》编写组:《广汉民俗》,成都科技大学出版社,1993,第259页。

㉘林孔翼、沙铭璞:《四川竹枝词》,四川人民出版社,1989,第56页。

㉙《广汉民俗》编写组:《广汉民俗》,成都科技大学出版社,1993,第290—291页。

㉚[美]玛丽·博斯沃斯·特德雷著,张天文、邹海霞译:《中和场的男人和女人》,中国文联出版社,2011,第75页。

㉛下文有关婚俗的内容,部分参阅了由笔者参与撰写的《四川方言与民俗》(四川民族出版社,2014)中"婚姻习俗"的相关内容,下文不一一标出,特作说明。

㉜四川省眉山县民间文学三套集成编委会:《中国民间文学集成·眉山县资料集》,内部资料本,1989,第171页。

㉝《成都民间文学集成》编委会:《成都民间文学集成》,四川人民出版社,1991,第2229—2230页。

㉞中国民间文学集成全国编辑委员会、《中国歌谣集成·四川卷》编辑委员会:《中国歌谣集成·四川卷》(上),中国ISBN中心,2004,第162页。

㉟参见黄尚军、李国太等:《四川方言与民俗》,四川民族出版社,2014,第229—236页。

㊱《成都民间文学集成》编委会:《成都民间文学集成》,四川人民出版社,1991,第1670—1671页。

㊲周芷颖:《新成都》,复兴书局,1943,第77页。

㊳周芷颖:《新成都》,复兴书局,1943,第78页。

㊴成都双流等地是"盐、茶、米、豆",即少许食盐、茶叶、大米及黄豆等的混合物。迷信的人认为这些物品有驱邪消灾的作用。

㊵参见萧子黄:《成都旧式婚姻之研究》,华西协和大学文学院社会学系毕业论文,民国三十三年(1944年)。

㊶《成都民间文学集成》编委会:《成都民间文学集成》,四川人民出版社,1991,第1672页。

㊷参见成都市群众艺术馆:《成都风物》(第三辑),1982,第123—130页。

㊸中国民间文学集成全国编辑委员会、《中国歌谣集成·四川卷》编辑委员会:《中国歌谣集成·四川卷》(上),中国ISBN中心,2004,第163页。

㊹中国民间文学集成全国编辑委员会、《中国歌谣集成·四川卷》编辑委员会:《中国歌谣集成·四川卷》(上),中国ISBN中心,2004,第167页。

㊺参见萧子黄,《成都旧式婚姻之研究》,华西协和大学文学院社会学系毕业论文,民国三十三年(1949年)。

㊻参见四川省地方志编纂委员会:《四川省志·民俗志》,四川人民出版社,2000,第81页。

㊼《成都民间文学集成》编委会:《成都民间文学集成》,四川人民出版社,1991,第1680—1681页。

㊽四川省仁寿县民间文学三套集成编委会:《中国民间文学集成·仁寿县资料集》,内部资料本,1988,第199—200页。

㊾四川省三台县民间文艺资料四集成领导小组:《中国民间文学三套集成·四川省三台县歌谣资料集》,1987,第51—52页。

㊿四川省仁寿县民间文学三套集成编委会:《中国民间文学集成·仁寿县资料集》,内部资料本,1988,第205页。

(51)扯了眉毛后,要将笋箨毛毛烧成灰,兑上桐油重画。

(52)上梳:又称"上头",指用男家送来的篦、梳之类梳理发、盘发、挽髻、插簪。

(53)林孔翼:《成都竹枝词》,四川人民出版社,1986,第56页。

(54)大红绸帕的四角均有一小钱。

(55)川西旧俗,大姑娘出嫁时,还要请一位年满6周岁,不越"三七",即身高不超过三市尺,不满7岁,或不超过12岁的男孩与新娘同往男家,称为"压轿",又称"坠轿"。(孙旭军等:《四川民俗大观》,四川人民出版社,1989,第181页。)压轿者多为新娘兄弟或亲戚中的小男孩,民间俗称"压轿狗儿",在绵阳等地又称"压轿娃儿"。有时,"压轿娃儿"并不陪伴新娘坐在轿内,而是跟在轿子旁边,抱一个子孙桶,在桶内放枣子、花生、桂圆等,寓意"早生贵子、人丁兴旺、团团圆圆"。

(56)四川省眉山县民间文学三套集成编委会:《中国民间文学集成·眉山县资料集》,内部资料本,1989,第199页。

(57)参见李国太:《"回车马"仪式解读》,《采风论坛》(第13辑),中国戏剧出版社,2012,第148页。

(58)角：原文作“个”，径改。

(59)四川省地方志编纂委员会：《四川省志·民俗志》，四川人民出版社，2000，第86页。

(60)参见赵长松：《塞江乡村厨子调查》，《民俗研究》2001年第1期。

(61)《成都民间文学集成》编委会：《成都民间文学集成》，四川人民出版社，1991，第1705页。

(62)林孔翼：《成都竹枝词》，四川人民出版社，1986，第61页。

(63)[清]沈德潜：《古诗源》，中华书局，1963，第88页。

(64)[清]沈德潜：《古诗源》，中华书局，1963，第90页。

(65)肥头：应为“回头”。

(66)《成都民间文学集成》编委会：《成都民间文学集成》，四川人民出版社，1991，第1727—1728页。

(67)此俗见于渠县、成都市双流区、重庆市巴南区等地。

(68)盖脸纸多为三张纸钱或一小块白布，也称“盖脸布”。迷信者认为，人死后不能见天，否则会受到日月精华照射或冲犯过往神灵。崇州市元通镇等地老人病逝时，还要用叶子烟搭住口部，以堵住体内晦气、病菌。

(69)参见孙旭军等：《四川民俗大观》，四川人民出版社，1989，第208页。

(70)成都俗语有“天上的龙王，地下的母舅”之说。母亲的丧事怎样操办，一定要请舅舅做主，故名。若舅父已亡，则请其子做主。

(71)李劼人：《李劼人选集》（第1卷），四川人民出版社，1980，第523页。

(72)参见黄尚军、王振等：《巴蜀汉族丧葬习俗研究》，四川民族出版社，2017，第154页。

(73)《成都民间文学集成》编委会：《成都民间文学集成》，四川人民出版社，1991，第1729页。

(74)陈钟慧：《成都婚丧礼俗之研究》，华西协和大学毕业论文。参见《民国时期社会调查丛编·四川大学卷》（中），福建教育出版社，2014，第802页。

(75)参见黄尚军、王振等：《巴蜀汉族丧葬习俗研究》，四川民族出版社，2017，第209页。

(76)徐心余：《蜀游闻见录》，四川人民出版社，1985，第96页。

(77)《成都民间文学集成》编委会：《成都民间文学集成》，四川人民出版社，1991，第1731—1732页。

(78)参见《成都民间文学集成》编委会：《成都民间文学集成》，四川人民出版社，1991，第1731—1758页。

(79)[清]广益丛报馆：《严禁闹丧》，《广益丛报》1906年第16期。

(80)中国民间文学集成全国编辑委员会、《中国歌谣集成·四川卷》编辑委员会：《中国歌谣集成·四川卷》（上），中国ISBN中心，2004，第232页。

(81)林孔翼、沙铭璞：《四川竹枝词》，四川人民出版社，1989，第306—307页。此诗自注：“清明扫墓焚纸帛。送丧立一雄鸡于棺顶。门首悬一方形之板，上绘符篆状，名‘吞口’。”

(82)朱仕珍：《巴山民俗歌谣选》，四川人民出版社，1988，第267页。

中国风俗图志·川西卷

龙灯

第五章 岁时节庆

忙忙碌碌的生活总需要短暂的闲暇和欢愉来调节。一年中除了农闲时光，那为数众多的岁时节庆、宗教节日等也是难得的释放机会。在这些特殊的日子里，人们或备一桌好酒好菜改善生活，或走亲访友联络感情，或去郊外踏青以亲近自然。当然，节庆自然少不了信仰的元素，于是在欢愉的同时，还不能忘记祭祀祖先、祭祀神灵——一方面酬谢他们的关照，一方面又许下心愿，希望日子越过越红火。从"桃符万象话新春"，到"爆竹声声辞旧岁"，川西民众的节日不胜枚举，几乎每个月都有相应的节日，有首《十二月习俗歌》如是唱道：

> 正月过年把灯耍，二月又把风筝扎。三月清明把坟飘子挂，四月农忙把秧插。五月端阳龙船把河下，六月间扇子手中拿。七月半祖先人回家耍，八月中秋望月华。九月又把醪糟下，十月要把烘笼夹，冬月又把皮袄挂，腊月过年吃肭肭。①

歌中提到的节日便有正月元宵灯节、三月清明节、五月端阳节、七月月半节、八月中秋节、九月重阳节。除此之外，还有最重要的春节，以及二月初二龙抬头、四月初八浴佛节、七月初七乞巧节等。每个节日都有其特有的习俗，有的节日包含的民俗活动十分丰富，如春节期间的习俗就有几十种。下面就让我们跟随时间的节奏，走进这丰富多彩的川西节日。

第一节 辞旧迎新过大年：春节习俗

"过大年，穿新衣，骑马马，牵兔灯。"当这首耳熟能详的儿歌在川西坝子响起的时候，年就要到来了。旧时的川西地区与中国其他地区一样，非常重视农历年。每年从冬至开始，农

中国风俗图志·川西卷

狮子灯

户们便杀过年猪、熏腊肉、做香肠、准备年货。腊月十六日中午，各大店铺中的雇工、店员和学徒会被老板请去打今年的最后一次"牙祭"。人到齐后先祭祀行业神，然后老板会好酒好菜地招待大家，这种行为被称为"倒牙"或"祷牙"。这一天老板要为雇工结清一年的工资，并告知明年是否继续聘用。

"倒牙"后街上也愈加热闹起来，闹年鼓"咚咚咚"地敲起来了，过年号也"呜呜呜"地吹起来了，过年的日子一天比一天近。"年货闺人办得精，粉糖共和以酥名。家家印板零星样，都是钉锤敲得成。"②家里的主妇开始制作米酥等各种过年期间食用和送礼的点心。米酥不仅味美，而且形状多样，小孩子尤其喜欢。与米酥类似的点心还有年糕，"竹器蒸笼热气高，儿童呼母要年糕。方块拿去待宾客，尖角留来哄儿曹"③，这些自制的点心不仅可以自己食用，而且是过年期间走亲访友必不可少的礼品。那时的女人们都是"巧妇"，她们总能将平时常见的米、面变出各种花样来，既美观又美味。

不是所有的年货都可以自家生产，那些瓜子、糖果，总有一些需要逢场天到街上去买。临近春节，也是街头小贩最为开心的日子，街上人山人海，大家背着背篓在人群中挤来挤去，看到有自己需要的货物，便在摊前停下来。那满街的货物琳琅满目，各种食品、各式服饰，喜庆的年画、对联，还有祭祀用的香蜡、钱纸等应有尽有。大家东张西望、走走停停，时而驻足流连，时而随人潮左拥右挤。如果手头宽裕，年货自然可以多置办一些；如果辛勤一年结余不多，便应了那句"老汉去赶场，婆娘要红糖，儿子要提簧，女儿要衣裳"，感觉真是在过"年关"。但无论经济状况如何，喜钱、门神和春联是少不了的。

新年新气象，自然要把喜钱、门神通通换个遍。喜钱是一片片红纸，又称为"喜门钱"，人们要贴上由五张红纸做成的喜钱，以祈求新的一年顺顺利利发个大财，正如竹枝词中所写"都贴喜钱扫俗尘""红纸五张装体面"。喜钱换了，去年的春联、门神自然也要换掉："临年东主酬恩德，尽与将军换锦袍。"④当然，买门神不能称"买"，而要用"请"；换门神也不能称"换"，而要用"送"，因为气宇轩昂、怒目狰狞、手持武器的武将们在人们心目中是神灵，它们能为家家户户赶走霉运，迎接好运。

每年腊月需要迎、送的神灵自然少不了灶神，因此几乎所有上街的人都会惦记着迎灶神回家。"涂烟黄纸卖盈城，到处喧呼灶马名。祭灶人家都来买，一张送去一张迎。"⑤农历腊月二十四，家家户户"祭灶王爷"。宋代诗人范成大的《祭灶词》更是将祭灶神的习俗描写得

中国风俗图志·川西卷

牛儿灯

跃然纸上：

> 古传腊月二十四，灶君朝天欲言事。云车风马小留连，家有杯盘丰典祀：
> 猪头烂热双鱼鲜，豆沙甘松粉饵团。男儿酌献女儿避，酹酒烧钱灶君喜。
> 婢子斗争君莫闻，猫犬角秽君莫嗔；送君醉饱登天门，杓长杓短勿复云，
> 乞取利市归来分！⑥

灶神又称灶王菩萨，据说是天帝派到人间以察人间善恶的神灵，每年腊月二十四日晚上，灶神会骑着灶马"上天言事"，奏报人间善恶，正所谓"一年好景到嘉平，灶马门神快似风"⑦。而天帝则根据灶神的报告，决定该家来年的祸福。正因如此，旧时祭拜灶神多用麦芽做的饴糖，祈求灶神"吃人嘴短"，也希望糖果堵住灶神的嘴，让他只能"上天言好事"。至今，川西坝子还流传着一则《好吃的灶王爷》的故事：

> 农历腊月二十四日，传说是灶王爷上天给玉皇大帝奏事的日子。每年到了这天，家家户户都要割肉、打酒，备办盐、茶、米、豆，外加七节谷草，作为灶王爷上天的干粮和马料，祈求灶神上天多多美言，保佑下界平安。
>
> 有一年腊月间，眼看二十四又要到了，有家农户实在割不起刀头来敬灶神爷，就买了几块白麻糖来代替。灶王爷见了很不满意，他想，这次上天一定要在玉皇大帝面前奏一本，让你晓得我灶王爷的厉害。正想走，那白麻糖的香气引得他口水直流。管它三七二十一，他一把抓起来，一口一个吃了个精光。这才骑上马"嘀嗒嘀嗒"上天去了。
>
> 玉皇大帝坐在金銮宝殿上，一见灶王就问道："爱卿有何奏本？"灶王爷趴在地上，不知咋个的，就是张不开口，急得他虚汗直冒。
>
> 灶王爷咋个说不出话来了呢？原来是他吃了那农户的白麻糖，把嘴巴、牙齿都黏住了。从此，白麻糖就成了民间献给灶王爷的一种必备供品了。⑧

川西地区在祭拜灶神时，要在灶神位前摆上糖果、祭品，还要点燃香烛并焚化钱纸，同时要烧"灶疏"，全家人向灶神跪拜，祈求他"上天言好事，下地降吉祥"。祭拜之后，便将去年请回来的灶神旧纸马从灶上揭下丢进灶炉，随着火苗的跳动，印有灶神的纸化为灰烬，此时要放鞭炮为灶神送行，有的还会敲锣打鼓，为灶神上天而欢欣鼓舞，正如竹枝词所言"抬得饴糖街巷喊，灶王今夜上天宫"⑨。然后贴上新迎回的灶神，新年的希望和梦想便又有了寄托。车辐《锦城旧事》就再现了民国初年成都的祭灶习俗：

踩高跷扭秧歌

> 祭灶之夜，家家户户都买了一张卧龙桥、学道街一带用木刻印出来的灶马、灶神老爷夫妇的像，神像两旁，总是刻有一副对联："上天奏好事，下地保平安。"这日子以后就开始以不同的形式吃年饭了。每家又得买上街上卖的龙凤钱码、喜神、门神。吃年饭杀鸡时，把鸡血淋几滴于龙凤钱码上，扯几匹鸡毛粘在血上，把它挂在神龛子供奉着，一直到年过完时才焚毁。⑩

祭完灶神，家家户户还要砍一根竹竿做成长扫帚，将屋顶或墙壁上的蜘蛛网、积尘等打扫干净，称之为打扬尘。旧时由于农家房屋的后面一般都修有排水的阳沟，每年这个时候还要将里面的残枝废渣淘出来，使其畅通，称之为"淘阳沟"。至此，过年的准备工作便已经做完了，在外工作的家人这时候也大多回到家中，辛苦了一年的人们停下手中的活计，开始享受难得的闲暇时光。

从腊月二十六开始，一些家庭便陆陆续续开始团年了，这一直要持续到大年三十。团年时，先由家中男子于家神前供上雄鸡、刀头、水果等祭品，再点燃香烛、钱纸跪拜于堂屋家神位前，并放鞭炮，然后全家按长幼之序团坐聚餐，谓之"吃团年饭"。团年饭的菜肴极为丰盛，一些讲究的人家还要求必须有鸡、鱼、韭菜、芹菜，寓意"吉庆有余""久长勤快"。并且认为吃团年饭时不能用汤泡饭，以防止来年谋事"泡汤"，也有说用汤泡饭会使来年秧田"垮田缺"。饭吃完后，还要给果树喂年饭，即用刀在树干上砍一个小口，填入饭食后再用红纸条封上，以求来年树茂果多。在这几天，人们也三三两两地到墓地祭祀祖先。

很快除夕便到了。除夕当天，城乡场镇无论是否当场，都只赶半天，称"赶火把场"，在广汉等地有"赶了火把场，来年才硬梆"的说法，即除夕当天有事无事都要去赶场，这样便能为来年祈得健康。但一到午后，便人去场空了，这时店铺也都关门不再营业。⑪除夕当天，最开心的当数天真烂漫的孩子们。他们不仅可以在这一天收到压岁钱，还可以破天荒的不用早早睡觉，跟着大人一起围着火炉，烤着疙篼火守岁。大人们会告诉孩子们，这一天一个叫"年"的怪兽会跑来作乱，为了抵御它，谁都不能睡觉，一定要清醒地等着它来，然后吓跑它。可孩子们大多会睡得东倒西歪的，最后被大人抱回床上。第二天醒来后，他们还念念不忘前一天的故事，依然纠缠着大人们问"年"为什么没有来，或是问"年"是怎么被吓跑的，正如竹枝词中"儿童相伴天明坐，笑问年从何处来"⑫之句。

那么传说中叫"年"的怪兽究竟是怎么被吓跑的呢？大概是被家家户户的鞭炮声吓走的

中国风俗图志·川西卷

车车灯

吧。在春节这一天，人们必定要放许多鞭炮，不仅在当天中午和晚上就餐时放，在跨年时也放鞭炮。届时，鞭炮齐鸣，染红了天际，预示着新的一年就要到来。即使是贫穷人家，这一天也会买来鞭炮鸣放："就是贫家生计薄，朝朝也放霸王鞭。"⑬燃放鞭炮的同时，家中的男性携香烛祭品开财门，走喜神方迎喜神，在堂屋正中燃香烛敬祖宗神祇。有的人家在除夕之夜会围着火炉整夜守岁，享受这每年仅有的"一夜连双岁，五更分两年"的夜晚。除夕夜的火一定要燃得旺，预示着来年的日子也会越过越旺。

正月初一的早晨，天未亮之际"出天方"的鞭炮便又噼里啪啦地响起来了。睡梦中的人们被惊醒，纷纷揽衣起床。新年的第一天尤其被人们看重，有"初一吉利管全年"之说，因此也有诸多禁忌，如不能扫地、吹火，不能将门大开，忌说"死""鬼""梦""破""耗子"等一切不吉利的字词。这些禁忌不仅限于川西地区，民国十八年（1929年）《合江县志·风俗》载："堂内神前之香终日接焚，弗令烬。不扫地不启箱柜，盥沐之水弗倾于地，以盆盛之，自斗称剪尺之属，悉务藏匿，过三日禁乃解。"有意思的是，如果小孩子在这一天调皮，大人们就会开玩笑说："你是不是想挨打呀？如果你今天挨打，这一年你天天都要挨打哟。"小孩子便乖乖听话了。

吃过早饭，大人小孩都穿上新衣服，拜年活动便开始了。拜年习俗起源甚早，在南北朝宗懔的《荆楚岁时记》中便已有"长幼悉正衣冠，以次拜贺"⑭的记载。川西地区拜年一般是先拜本家，后拜亲友。光绪二十九年（1903年）《江油县志》载：

民间最重元旦……是日只拜父兄宗族。初二日后始拜亲友。多者数十为群，沿门称贺，是为大拜年。

人们带着早已准备好的礼物登门拜年，被拜者要准备好酒好菜招待客人，如果有小孩随行，压岁钱也必不可少。当然，客人回转时，回礼也是必需的。一些士绅之家比较讲究，还拿着拜年帖前往拜年。因大多不会提前知会，故而常常有人落了空。遇此情况，拜年的人会将拜年帖贴到对方门上，正所谓"衣帽都随岁序新，互相来往贺交亲。到门一例粘红帖，遍拜何曾见主人"⑮。中国传统亲属关系十分复杂，需要前往拜年的地方也就不少，即便拜年的时间一直可以延续到正月十五，即便已经"预先分派均匀"，但依然出现了"至亲须得一登堂，逐户亲临走不遑"的情况。未被拜者虽可能有微词，但事后一般也不会介意。

中国风俗图志·川西卷

拜年压岁钱

热热闹闹到正月初五"牛日"，商贩们逐渐开始重新营业了，农民们也在这一天敬地脉龙神后下地干活，谓之"破土"。川西地区"牛日"最主要的习俗是送穷，寄托着人们消灾除害、求吉纳福的美好意愿。是日，人们将家中的灰尘扫起来倒入河中，并将河边的鹅卵石偷偷地拾回家，俗称"拾元宝"，正如竹枝词中写的"牛日拾来鹅卵石，富贫都作送穷言。富家未必藏穷鬼，莫把钱神送出门"⑯，"拾来鹅卵石"正是将运气、财气捡回家，让这一年都财运亨通。由于商铺陆续开张，因此从这一日开始，各地的耍龙灯、狮灯，打闹年鼓的开始走家串户庆贺新年，以讨得主家的赏金。城镇乡场上，川剧、木偶、影戏、围鼓、评述、金钱板等民间艺术也陆续登场演出，使得这个年过得更加有滋有味。

古人将"牛日"之后的第三天，即正月初七称为"人日"，该天也有诸多民俗活动，《荆楚岁时记》记载：

> 正月七日为人日。以七种菜为羹；剪彩为人，或镂金薄为人，以贴屏风，亦戴之头鬓；又造华胜以相遗；登高赋诗。⑰

与之不同的是，川西地区的人们在这一天多选择出游，如成都市便有"人日游草堂"的习俗。草堂是诗圣杜甫在成都的卜居之地，唐上元二年（761年），杜甫的好友，当时的蜀州刺史高适曾创作《人日寄杜二拾遗》："人日题诗寄草堂，遥怜故人思故乡……今年人日空相忆，明年人日知何处。"⑱从宋代开始，每年人日都有大量文人来游草堂、拜诗圣。到了清代，这一活动逐渐成为全民参与的传统活动，这在冯家吉的《锦城竹枝词百咏》中有生动形象的描述："人日好寻香艳去，环肥燕瘦总留心。"⑲今天杜甫草堂仍挂着一副清代四川学政何绍基撰写的对联："锦水春风公占却，草堂人日我归来。"

在苏东坡的老家眉山，也有"人日踏青"的习俗。《蜀中广记》卷五六《风俗记·上下川南道属》引宋代孙汝听纂《眉州志》载："人日州人游重瞳观，观有仙翁洞，云：重瞳真人淘丹处。"⑳子由《踏青诗叙》云："眉之东门十数里，有山曰蟆颐，山上有亭榭松竹，山下临大江。每正月人日，士女相与游嬉饮酒于其上，谓之踏青也。"而苏东坡在他的《和子由踏青》中对该场景有以下描述：

> 东风陌上惊微尘，游人初乐岁华新。人闲正好路傍饮，麦短未怕游车轮。
> 城中居人厌城郭，喧阗晓出空四邻。歌鼓惊山草木动，箪瓢散野乌鸢驯。

中国风俗图志·川西卷

杀年猪

何人聚众称道人，遮道卖符色怒嗔。宜蚕使汝茧如瓮，宜畜使汝羊如麇。
路人未必信此语，强为买服禳新春。道人得钱径沽酒，醉倒自谓吾符神。㉑

"腊月三十的火，正月十五的灯"，人日后最热闹的便数元宵节了。元宵节又有灯节之说，无论是在成都这样的大城市还是在一些小的乡镇，都灯火通明。《成都竹枝词》中有"元宵处处耍龙灯，舞爪张牙却也能。鞭炮连声灯烛亮，'黄州会馆'果堪称"㉒之句。是日，大街小巷都熙熙攘攘，街头上耍龙灯狮子、打连宵、舞车灯、踩高跷的人络绎不绝。吃元宵、猜灯谜自然也是必不可少的民俗活动，"花灯大放闹喧天，狮子龙灯竹马全"，人们都聚集在一起尽情欢愉，这一天成为春节最后的狂欢。这一天举家欢乐，一大家子人一同前往灯会参观奇形怪状的花灯，穿梭在花灯中找寻灯谜，真是"元宵灯谜妙无方"，当有人抓耳挠腮终于想出答案后，便开心地手舞足蹈，小跑着拿着灯谜前往兑奖处换来奖励："几度费心猜得破，赢来多少好槟榔。"㉓当然，当晚场面最热烈的要数最后的"烧龙"，只见烟火喷彩，龙灯翻滚，欢声雷动，人们闹到半夜方各自归去。

蜀中的元宵灯会历史十分悠久，早在唐代已享有盛名。初唐诗人卢照邻便写有《十五夜观灯》以展现当时成都灯会的热闹景观：

锦里开芳宴，兰缸艳早年。缛彩遥分地，繁光远缀天。
接汉疑星落，依楼似月悬。别有千金笑，来映九枝前。㉔

到宋代，不仅大诗人陆游《丁酉上元》中有"鼓吹连天沸五门，灯山万炬动黄昏"之句，就是在正史中也屡见不鲜，如《宋史·张方平传》中有"适上元张灯，城门三夕不闭"㉕，《宋史·高继宣传》中也有"蜀人富侈，元夕大张灯"㉖的记载。当时在蜀地为官的田况，其《上元灯夕》中更有对北宋时期蜀灯会之夜的详细描述：

予尝观四方，无不乐嬉游。惟兹全蜀区，民物繁它州。春宵宝灯燃，锦里烟香浮。连城悉奔鹜，千里穷边陬。裓裓合绣袂，鞿辘驰香辀。人声震雷远，火树华星稠。鼓吹匝地喧，月光斜汉流。欢多无永漏，坐久凭高楼。民心感上恩，释呗歌神兽。齐音祝东北，帝寿长嵩丘。㉗

元宵灯会经元、明、清、民国一直延续至今，并未因朝代更迭、战乱频繁而中断，民俗生命力之强大也由此可见一斑。至少到清代，川西乃至整个巴蜀地区的元宵之夜除观灯之外，又出现了一个十分有趣的习俗——偷青。当一家大小都沉浸在灯会的热闹中时，几个黑影

中国风俗图志·川西卷

正月十五偷青

闪进了菜园，他们或拔起几只萝卜，或砍下几颗白菜，或采摘一把芹菜，或将水嫩的豌豆尖掐在手中，并故意有说有笑。即便被主人发现，也不碍事，主人家虽要大喊大叫："逮到！抓到！不要把贼娃子放跑了。"但并不行动，反而希望被偷得越多越好。俗以为偷时如果能听到主人的骂声，乃是吉祥象征。该俗在巴蜀方志中屡见不鲜，如民国十二年（1923年）《江安县志·风俗》载："元宵偷青菜，谓之采青。"民国十三年（1924年）《乐山县志》载："至十五夜，家家各啖汤，元名元宵。夜中则窃灯以送无子之家，乡间则窃取青菜，谓之偷青。"民国十八年（1929年）《合江县志·风俗》载："入夜煮汤圆而食，谓之吃元宵，男子则窃人青菜煮食，谓之偷青。"关于偷青的来历，各地说法不一。今成都的青白江、双流等地区流传着这样一则传说：

> 有一个大年三十的晚上吃年饭时，佛祖释迦牟尼和众神仙商量明年谁坐主位。观音菩萨提议让众仙试法。正在给大家斟酒的笑头儿和尚很想坐主位，便说由他和佛祖先比。比什么呢？观音说，今晚大家吃肉太多，是否弄点青菜来吃？大家纷纷同意。于是观音拿来两颗青菜籽，放在众人的手心上，让他们二人试法，看谁的青菜籽先发芽、长大。众仙非常高兴，边喝酒边观看。
>
> 不知怎的，大家喝了刚才弥勒佛斟的酒，都醉了，东倒西歪，只有佛祖是清醒的，他也假装醉了。很快，佛祖的青菜就要长大了。弥勒佛一看比不过，马上施展法术，从凡间的地里偷来一棵又大又好的青菜，大声武气地宣布："众仙快看，我的青菜成熟了！"于是佛祖只得让位于他。弥勒佛登上主位，高兴得一天到晚都合不拢嘴，所以今天见到的他总是笑嘻嘻的样子。
>
> 弥勒佛坐主位，大家不怕他。凡间的人也仿效他偷青菜。众仙批评他连小偷都管不住。弥勒佛争辩说，新年正月，大家吃肉太多，采点青菜吃算不上"偷"。于是，每年三十晚上直到正月十五日，人们便邀邀约约地出来偷别人地里的青菜、萝卜、蒜苗等，尤其喜欢偷摘青菜和蒜苗。[28]

元宵节是全国皆知的灯节，但对川西坝子的人们来说，正月十六的"游百病"同样牵动他们的心。游百病又称"走百病"，每年的农历正月十六，川坝子的男女老少都要走出家门，到户外游走散步，祈求新一年身体健康。

传统的游百病需要到城外登高，如广汉地区的人们便"相约西城百病游，上元灯火昨方收"[29]。可是成都地处平原正中，周围没有山，于是市民们便只能"过了大年刚十六，大家邀约上城墙"了。到"日照锦城头，朝光散花楼"的时候，城内居民便扶老携幼、结伴相约地倾城

中国风俗图志·川西卷

清明踏青祭祖

出动了。一时城墙上人头攒动、摩肩接踵，小贩的吆喝声、耍猴戏的锣鼓声、游人的嬉笑声、小孩的喧闹声，便交织成声音的海洋，使城墙上成为最热闹的场所。最开始的参与者大多是妇女，所以竹枝词中有"说游百病免生疮，带崽拖娃更着忙"[30]之语。登高一事不能假他人之手，据说一定要亲自登临才能有效驱灾避险，柔弱的女孩子们为了祈求身体健康，也会拼尽全力登上城墙。清代六对山人《锦城竹枝词》中便有对游百病习俗的记载：

为游百病走周遭，约束簪裙总取牢。偏有凤鞋端瘦极，不扶也上女墙高。[31]

关于该习俗的起源，民间认为源于很久以前的一场战争，成都全城老幼为了确保城门不失，都积极参与到加固城墙的队伍中，但不幸瘟疫来袭，筑城人数锐减。就在此时，城外的敌人发起了新一轮的攻击。无奈之下，身染瘟疫的人们也被迫全体出动，慌忙急乱地用脚夯实一段新筑的并不坚实的城墙。城最终保住了，身染瘟疫的人们因筑墙时出了一身恶汗，瘟疫也不治而愈了，这一天恰好是农历正月十六。人们认为这一天攀登城墙能祛病消灾，从此以后，"正月十六游百病"便成为成都一个固定的习俗。[32]"游百病"顾名思义指通过"游"的方式祛除各式各样的疾病，此俗包含着旧时人们祈求身体健康的美好愿望。从第二天开始，人们便如俗话所说，"火烧门前纸，各自寻生理，做的做生意，挑的挑担子"[33]了。

第二节　清明、浴佛连端阳：春夏节庆

农历二月初二是龙抬头的日子，俗话说："二月二，龙抬头，大家小户使耕牛。"民间传说，这一天是主管云雨的龙王在蛰伏了一整个冬季后抬头的日子；从此以后，春花齐发，春雷始震，群鸟飞鸣，百虫启蛰，雨水也逐渐增多，春耕就要开始了。民国二十年（1931年）《三台县志》载："谚云：'二月二，王瓜、葫芦齐落地。'俗以是月醮谢中溜，祀田祖，以祈谷实。"二月初二同时也是川西坝子的踏青节。踏青节早在宋代便已经十分兴盛，宋代陈元靓《岁时

中国风俗图志·川西卷

端午节赛龙舟

广记》卷一"游蜀江"条引杜氏《壶中赘录》云:

> 蜀中风俗,旧以二月二日为踏青节,都人士女,络绎游赏,缇幕歌酒,散在四郊……自万里桥,以锦绣器皿,结彩舫十数只,与郡僚属官分乘之。妓乐数船,歌吹前导,名曰游江。于是都人士女,骈于八九里间,纵观如堵。抵宝历寺桥,出宴于寺内。寺前刱一蚕市,纵民交易,嬉游乐饮,倍于往岁,薄暮方回。㉞

这可谓一千年前蜀中百姓的狂欢节,人们穿着鲜艳漂亮的衣服,富人或骑马或乘车,穷人则扶老携幼,他们都由倡优鼓吹前导,在锦江沿岸尽情游览。沿途有变魔术的、玩杂技的,还有商人的吆喝声、游人的嬉笑声,如此场景犹如一幅成都的"清明上河图"。更为重要的是,游宴"岁率有期",相沿成俗。

二月在城里人踏青的欢声笑语和农人们忙碌的身影中很快便过去了。三月到来,布谷鸟声声催耕,川西坝子上到处都是春的气息。等大家平整好秧田,育下秧苗,一年一度到坟地祭祀祖先的清明节便到来了。无论怎么忙,祖先不能忘,大家纷纷抽出时间,准备好香蜡纸钱和纸幡,陆陆续续到田间地头祖坟所在地,先拔除坟头的野草,修葺坟墓,再摆上刀头、果蔬,点上香蜡钱烛,在家长的带领下,一家人恭恭敬敬地给亡故的亲人作揖磕头。然后将纸幡挂在竹竿上插在坟头。一阵春风拂过,纸幡高高扬起,似乎祖先的魂灵已经感受到后辈子孙的虔敬。有的家族在清明期间还要举行清明会,阖家出动,依次拜祭,并在族长主持下举办家族宴会,以起到慎终追远又凝聚族人的作用。一般家庭也多借机郊游踏青,小孩则放风筝、打秋千。嘉庆二十一年(1761年)《华阳县志·风俗》载:

> 寒食清明,比户插杨柳。前后数日,四郊上冢者累累,挈男女邀亲友,陈设酒肴。祭毕,席地而宴,放纸鸢,戏秋千,击钲鼓。以纸幡插坟头,谓之挂青。

各地清明习俗不尽相同,旧时的什邡等地,这一天要用艾蒿缠绕树干,以避蟊虫。妇女以荠菜花扫灶头,以去蚊虫;还要摘荠菜花沾油投入水中,视水面花纹以推吉凶,称为油花卜。㉟油卜之俗不仅见于什邡,在宋代文献中便记载了川中遂宁有此俗,与什邡不同的是,遂宁用油占卜多在人日和元夕,而不是清明。如《舆地纪胜》卷一百五十五《潼川府志·遂宁府·景物下》载:

> (卜油溪)每至人日,一城人多游于此,以清油置水中,观其色之浅深,以占一年休咎。㊱

中国风俗图志·川西卷

龙舟会抢鸭子

宋代蜀中诗人魏了翁《元夕卜油溪故事二首》也吟咏其事，其一曰：

> 不随洛俗占灯影，不学荆人问紫姑。卖得薪来卜油去，丰年还似去年无？[37]

清明过后，较重要的节庆便要到农历四月初八的浴佛节了。佛、道二教的传播与流行，使川西部分节庆具有鲜明的宗教色彩。川西地区的佛、道教共存，既有"最爱西斋刘老道，只谈花事不谈玄"，也有"新修庙宇佛光开，钟鼓焚香会首来"。在佛诞等特定的日期，人们会前往寺庙或道观进行参拜，敬奉神灵，以表明自己对神灵的尊敬，希望神明可以保佑自己。每年农历四月初八，川西城乡男女都到寺庙烧香、祈福，寺庙也会举行诵经法会，以各种名香浸水灌洗佛像，该俗也见载于川西地区的方志，如清咸丰八年（1858年）《天全州·风俗志》载："四月初八日，有浴佛会。妇人老者赴庙拜佛僧，以蜜水洗佛，名曰洗太子。"

除浴佛外，这一天各大寺庙还要举行盛大的放生会。寺庙将提前收购来的鱼、鳖等放入河中，善男信女们也买一些水中生物在这一日到寺庙中与僧侣们一起放入河中，谓之放生，这被认为是在做功德。如广汉村民便在这一日到开元寺中放生。

蜀中有的地方在这一天还有一项重要的民俗活动尤具特色，即嫁毛虫。旧时瓦房墙壁间多有毛虫，人若触之，灼热瘙痒。毛虫大量繁殖，还会与蝗虫一样对树木、庄稼危害尤烈，但旧时人们却找不到消灭毛虫的有效办法，故在每到农历四月八日举行"嫁毛虫"的活动，传说此举可以驱毛虫、避毒蛇。民国三十三年（1944年）《重修彭山县志·民俗篇》载：

> 四月初八日曰"放生会"，人家又于是日嫁毛虫。为红纸条，书佛祖敕令"香花娘子入土三尺"黏于壁上；又有以数红纸条相架，而以韵语书之者。

所谓韵语，大多如"佛生四月八，毛虫今日嫁，嫁到深山去，永世不归家"之类，旧时人们相信语言具有魔力，说这样的话便可以让毛虫远遁，不再危害农作物。嫁毛虫的方法一般为以红笺书敕令，横架十字贴壁柱间。成都等地除贴毛虫架外，还可以用新笔醮朱砂书两个"白"字于黄纸之上，再将其倒贴在屋内墙壁之上。清代竹枝词"佛生日采花间露，写嫁毛虫帖数张"[38]便记载了此俗。浴佛之后，川西地区于农历四月二十八还有药王盛会。男女老少于是日前往药王庙烧香祭拜，以祈求平平安安、无病无灾。

五月初五是一年一度的端午节，川西地区也称之为端阳节。与全国各地相似，端午节这

中国风俗图志·川西卷

包粽子

天有悬菖蒲、艾蒿于门，缠五色线，挂香囊，喝雄黄酒，吃粽子，划龙舟等习俗，正所谓"龙舟'锦水'说端阳，艾叶菖蒲烧酒香。杂佩丛簪小儿女，都教耳鼻抹雄黄"[39]。李劼人《大波》对民国时期川西端午习俗也有详细描写：

> 端阳节是三大节气之一，万万不可胡乱过去。即如伍家之穷，也与其他穷人一样，在五月初二，就打起主意：把伍大嫂首饰中剩下的唯一银器，一根又长又厚又宽，铸着浮雕的张生跳粉墙的银簪子，拿去当了，包了四盒糯米的粽子，买了十二个盐鸭蛋，十二个白鸡蛋。到初五一早起来，将一绺菖蒲，一绺艾叶，竖立在门前；点燃香烛，敬了祖宗，一家人喜喜欢欢地磕了头，又互相拜了节，坐在桌上，各人吃了粽子、蛋、白煮的大蒜，又各喝了杯雄黄烧酒。伍太婆将酒脚子在安娃子额头上画了一个王字，两耳门上也涂抹了一些，说是可以避瘟。伍大嫂在好多日前，已抽空给他做了一个小艾虎和一件小小的香荷包；伍平又当天在药铺里要了一包奉送买主的衣香，装在香荷包里，统给他带在衣襟的钮门上。[40]

端午期间，除这些全国各地普遍存在的民俗活动外，川西地区"打李子"和"捉鸭子"等活动尤具特色。"打李子"主要见于清代的成都地区，这一天人们会集到成都东南的角楼一带，相互投掷以为戏，尽情狂欢。光绪二十一年（1895年）"成都教案"的爆发，就是市民在该日投掷李子时与传教士发生冲突，从而群情激愤，最终使事态扩大，酿成市民烧教堂的教案。[41]

在乐山、新津、广汉、眉山、青神等沿江沿河地带，端午节这天人们会集在岷江河边，兴高采烈地观看放河灯、赛龙舟、抢鸭子等活动。只见标早已树好，各只参赛的龙舟蓄势待发，水手们摩拳擦掌，只待裁判一声令下，龙舟便如离弦之箭驶向河中，桡手们跟随号子和鼓声的节奏奋力而划，一直到领先的龙舟夺标为止。这时，一群鸭子也被驱入河中。水手们见势纷纷鱼跃入水，争先恐后地在河中争抢鸭子。鸭子们哪见过如此阵势，早已惊慌失措，翅膀拍打得水花四溅，"嘎嘎"的叫声不绝于缕。此时河岸上也早已人山人海，喊声此起彼伏。只要谁捉住了一只鸭子，大家便为其爆出阵阵喝彩声。直到河中鸭子全部被"捉拿归案"，活动方告结束，人们也才兴尽而归。

关于端午捉鸭子习俗的起源，在青神县瑞峰古镇流传着这样一则传说：相传苏东坡与王弗新婚之期被定于大端阳，即五月十五。王氏家族组织了庞大的船队到中岩寺迎接东坡过江圆房，沿江两岸粘花挂红，几十只花船五彩缤纷，主船头上特别陈列了三牲头肉和活鸡鸭鹅，以便船队过江的时候祭奠江神求吉祈安。返船时笙歌齐奏，唢呐欢吹，两岸鞭炮轰鸣，

中国风俗图志·川西卷

蜀乡古镇闹台会

第五章 岁时节庆

锣鼓喧天。船到江心时，不知何故，突然数只鸭子破筐飞入江中。迎亲水手们情急之下，纷纷跃入水中捉拿逃鸭，刹那间千掌击水，水浪滔滔，人追鸭，鸭钻水，乐趣非常，两岸观者一片沸腾欢呼。新郎新娘也乐得频频鼓掌，苏东坡词兴大发，当场脱口吟道："趣趣趣，人鸭竞技，搅起千堆玉，良辰吉日增惬意。"[42]后来，人们为了纪念苏东坡，于每年的这一天在岷江中举行捉鸭子比赛，时间久了便相沿成俗，一直流传到今天。

端午节后，川西地区在五月十三有磨刀会，祭祀关圣帝君，届时在关帝庙演戏以酬神。五月二十三有城隍会，人们抬城隍出游，各场镇居民也会集于城中，并用纸扇随神驾相扇，以示敬意。六月初六为天贶节，俗谚"六月六，晒衣物"，这一天城乡居民将衣物、书籍拿到太阳下曝晒，认为此举可以使衣物、书籍避虫蛀。而在广大农村地区，乡民们则演傀儡戏、皮影戏以祀青苗土地，因此也有"六月六，青苗会"之说。接下来的六月二十四为川主会，主要活动依旧是演戏酬神。接下来便到了七夕这个现在被称为中国情人节的传统节日了。

第三节　七夕、中元又中秋：秋季节庆

七夕之夜，一轮弯月在树影间徘徊，萤火虫的光时隐时现，院外的蛙声与虫鸣奏出了一曲动听的交响乐。农家小院的房门虚掩，一缕缕昏黄的光从门缝中透了出来。院中的小桌上早已摆上了黄昏时候刚从菜园中采摘的新鲜瓜果，果盘旁还有几朵娇艳的鲜花。年轻的女孩在母亲的指导下跪于桌前，望天而拜。拜毕，母亲将早已准备好的针线拿给她，她左手持针，右手持线，将其高高举起，在月光的映照下针头上那小小的针孔隐约可见。她心中默念，希望牛郎织女能保佑她顺利穿过，因为她可不想成为一个心不灵、手不巧的女孩子。或许女孩真的心灵手巧，她紧紧地盯着针孔，小心翼翼地将捻好的线头靠近针孔，只一下便穿过去了，她高兴地叫了起来，母亲在旁边也乐开了花。乞巧完后，白天的热气也已慢慢消退，母亲、父

亲围坐在小桌旁，女孩搬一方小凳坐在母亲旁边，缠着母亲给她讲牛郎织女的故事，母亲经不住女儿的纠缠，开始讲了起来：从前有一户人家，父母去世后留下兄弟两人……

其实，牛郎、织女本为星座，中国古人对此早有认识，后来逐渐将其人格化，汉代《古诗十九首》中便有"迢迢牵牛星，皎皎河汉女……盈盈一水间，脉脉不得语"[43]之语，后世更将其演绎为一则爱情神话，牛郎、织女也被想象为一对彼此相爱却无法长相厮守的男女。民间传说，每年的七月七日夜乃牛郎织女鹊桥相会之期。至晋代始有乞巧之俗，东晋葛洪《西京杂记》卷一有"汉彩女常以七月七日穿七孔针于开襟楼，俱以习之"[44]，这是古代文献中所见最早的关于乞巧的记载。在唐代宫廷中，此俗尤盛，五代王仁裕《开元天宝遗事》"乞巧楼"条载：

> 宫中以锦结成楼殿，高百尺，上可以胜数十人，陈以瓜果酒炙，设坐具，以祀牛女二星。嫔妃各以九孔针、五色线向月穿之，过者为得巧之候。动清商之曲，宴乐达旦，士民之家皆效之。[45]

同书在"蛛丝卜巧"条下还记载了一种更为奇特的乞巧方式：

> 帝与贵妃每至七月七日夜，在华清宫游宴时，宫女辈陈瓜花酒馔，列于庭中，求恩于牵牛织女星也。又各捉蜘蛛于小盒中，至晓开视，蛛网稀密，以为得巧之候，密者言巧多，稀者言巧少。民间亦效之。[46]

蜘蛛织网犹如妇女纺丝，以巫术之相似律的原理推之，故认为蛛丝可卜巧。五代时期乞巧之俗在蜀中也广为流行，据宋代张唐英《蜀梼杌》卷下记载："七夕，与宫人乞巧于丹霞楼。"[47]乞巧之俗，不仅"宫中"行之，士绅之家也多效仿，至清代及民国时期依然在川中盛行，仅就川西地区而言，方志中便有如下记载（表6）：

推磨图

表6　　　　　　　　　　　清代民国方志所见川西七夕乞巧习俗

资料来源	相关记载
嘉庆十七年（1812年）《汉州志》	七夕，女伴相邀设瓜果祀牛女以乞巧，其说始于《淮南子》。汉苑唐宫沿为风俗，至今不易。以绿小豆浸磁器内，生芽长数寸，摘浮水面，视影成花卉形，为得巧。
咸丰八年（1858年）《天全州》	七夕，通衢以旌旗、扇伞祀土神，酒果祀织女。亦有想见织女者，多至夜深不睡。妇女用针线以乞巧。……杨甲秀亦有句云："七夕通衢祀土神，旌旗扇伞各争新。痴儿浪效汾阳事，瓜果楼前展拜茵。"
同治十二年（1873年）《成都县志》	七夕闺中陈瓜果，供牵牛织女。用盆盛水，摘豆芽浮水面照影，谓之乞巧。
同治十三年（1874年）《德阳县志》	七月七日为七夕，女伴相邀设瓜果中庭，祀牛女以乞巧。其说始于《淮南子》，汉苑唐宫沿习至今。俗以小绿豆浸盆内，生芽长数寸，于灯前月下摘浮水面，视影为花、草、鱼、鸟与笔、笏、如意之形为得巧。
光绪十年（1884年）《射洪县志》	七月七日为乞巧节。闺中少女以凤仙花染指甲。是夜，妇女用瓜果、香花供牛郎织女，列拜于庭，对月穿针，谓之乞巧。穿过者，谓之得巧。
民国十三年（1924年）《乐山县志》	七夕，女子多以是夕设瓜果于庭，祀织女之神，名曰乞巧。
民国二十年（1931年）《三台县志》	七日之夕，为牛女渡河期。先期用水浸豌豆于碗中，令芽长尺余，红线束之，名曰巧芽。至此夕，妇女焚香献瓜果，向空跪祝天孙以乞巧。祝毕，摘取巧芽尖投水中，对灯月下照之，或现针影，或露花影，相与为欢，谓之得巧。江宁以七夕为女儿节，蜀俗亦然。

由表6可见，旧时川西乞巧有两法：第一，用盆盛水，将事前准备好的豆芽放入水中，看月影下豆芽在水中的照影，根据形状判断巧与否；第二，拜祭牛郎织女后，对月穿针，看是否能中，穿过者，谓之得巧。此俗在今川西地区鲜有行者，年轻人早已把七夕过成了情人节。

"才看织女会牵牛，又捧盂兰向寺投。水果香花供佛处，僧人唱到月如钩。"[48]七夕过后便到了中元节。道教认为中元节为地官诞辰，祈求地官赦罪之日。旧时，此日城隍庙中会做道场、放河灯，还有城隍出驾巡游以收鬼及赏孤等活动。这一天也是佛教的盂兰盆节，各大寺庙都要举行大型的超度法会。但各地也有所差异，如宋代蜀人黄休复《茅亭客话》卷二"范处士"条记载当时蜀中此俗道：

蜀人每中元节多生五谷，俗谓之盆草，盛以供佛。初生时，介意禁触，谓尝有雷护之，既中元节后，即弃之粪壤。[49]

民间又称此日为鬼节，川西俗话曰："七月半，鬼乱窜。"俗以为，这一天"冥府开禁，鬼魂过年"，鬼魂可以到人间自由活动。因此民间多在这一天焚化袱纸，以供祖先和鬼魂收受。所

推手磨

谓"袱纸"，即将纸钱封成小封，在封面上书写接受者的班辈称呼和姓名、收受封数、化帛者的姓名及化帛时间。犹如今日寄信，需写完整信息，对方才能收受。川西地区俗传七月十五关鬼门，各家除在屋内给祖先烧纸钱外，还要施孤、送孤，人们用纸扎成"花盘"，上放纸钱和供果，端在手中，先在屋内边走边念："至亲好友，左邻右舍，原先住户，还舍不得回去的亡魂，一切孤魂野鬼，都请上花盘，送你们回去啰！"然后端到屋外烧掉。[50]沿河一带的城镇，大家都于这一天的黄昏到河滩烧纸化烛。届时，河滩上火堆蜿蜒数里，犹如天上繁星点点。夜幕中，河上的河灯飘荡，顺江而下，煞是壮观。

"麻饼石榴祭中庭，群儿争插'满天星'。夜阑持向阶前舞，闪闪金蛇拜月神。"[51]中元节后，比较重要的节日就要数八月十五的中秋节了。八月十五日夜，月亮圆满，象征团圆，因此中秋节又有团圆节之说。清代《帝京景物略》卷二"春场"条下便记载有"八月十五日祭月，其祭果饼必圆；分瓜必牙错瓣刻之，如莲华。……女归宁，是日必返其夫家，曰团圆节也"[52]。旧时，川西地区在这一天要打糍粑、杀鸭子，准备丰盛的酒菜，到夜晚有祭月、赏月、吃月饼、贺节等活动。新婚夫妇携月饼、糖果、猪肉、鸭等礼物到女家送节拜岳父母，酒席款待后，岳父母家要回赠月饼、衣帽等物。如果男女双方已经订婚，男方在中秋节要给女方送月饼、糍粑、猪肉。女方使用这些东西并添加炒米糖、三角糖等打发媒人和未来的女婿。但中秋最重要的活动是祭月、赏月、吃月饼。如民国二十四年（1935年）《夹江县志·风俗》载：

> 八月十五日中秋节，亲友互送饼果。是夜各家陈设果饼，以祀月光，同赏明月。或有终夜不寐者，俗呼守月华。

月亮是自然崇拜的对象，有"月亮婆婆"之说。老人会告诫孙辈不能用手指月亮，谁用手指了月亮，便要被月亮婆婆割去耳朵。童谣唱道："月亮婆婆，烧个馍馍，你吃瓢瓢，我吃壳壳。"俗以为八月十五乃月神生日，有的地方在这一天还要举办月光会，乡民集资演木偶戏、皮影戏，或者请人讲圣谕数日以酬月神。过节自然是小孩子最高兴的事情，在中秋之夜，他们不仅可以吃到平时难得一尝的月饼，而且能够听长辈讲嫦娥奔月的故事，城里的孩子还可以"舞流星双球"，即用竹棍穿在柚子上，再在柚子上面插满点燃的香，三五成群，沿街舞动，颇多童趣。因而竹枝词中有"儿童月饼才分得，又插香球舞气柑"[53]之句。

"月到中秋送大瓜，人情偏重盗生涯。儿童莫怪相唐突，他日宜男算几家。"[54]在川西有

沥豆浆

的地区，中秋之夜还有一项重要的民俗活动，即"偷瓜"与"送瓜"，也有"摸秋""送秋"之说。中秋之夜，人们纷纷到邻居园中偷摘南瓜或冬瓜，有的还放上相当于瓜钱的红包。瓜主于次日见瓜被偷，拾起红包，还要骂上几句。⑤民谣云："吃了中秋骂食，必定得满八十。"因俗有破瓜得籽寓得子，因而一些无子之家，也在这一晚上摸进邻家的菜园偷摘南瓜，或者其亲朋好友送瓜至其家中。如偷瓜，不能使主人察觉，否则便不灵了。关于此俗，在四川地区广泛流传着这样一则传说：

> 从前，有一对夫妇，年过五十了，还没有儿子。于是，就四处求子问卦。
> 一天，他们来到关帝庙上供烧香，恰遇关羽外出，只有周仓、关平在家守门。周、关二人见供果又鲜又美，馋得直流口水，就偷来受用。夫妇见菩萨收了供果，非常高兴，又回家去拿来供上。如此三番两次，周、关二人都受用了。后来，周、关二人想：不能白吃人家供果。便想了个办法，到送子娘娘那里偷来一个童子送去，夫妇果真有了娃儿，好不高兴！
> 送子娘娘回来见丢失了一个童儿，就四处找，结果发现在那一对夫妇那里，就要收回去。
> 夫妇二人见儿子快死了，悲痛伤心得很。又到关帝庙去哭诉。关羽听了非常疑惑，想：我关羽怎么能应人子嗣？怀疑是周、关二人作怪，便喊出二人查问。关羽知道后发怒了："尔等不孝之子干出这等事来，气煞我矣！我关羽乃贤良之神。受人钱财，就要与人担待，吃人家供果，就要与人家消灾。"说完，即令二人于八月十五日晚上把桐果、芋头给那对老夫妇送去。又令周仓前去把守前门，关平把守后门，等孩子长到二十岁时才能回来。从那以后，就有送秋这个习俗了。⑤

传说固不可信，但摸秋、送秋则早已相沿成俗，它不仅体现了人们期盼多子多福的心理，也丰富了川西中秋节的民俗文化内涵。

中秋之后的重要节日便要数九月初九的重阳节了。"独在异乡为异客，每逢佳节倍思亲。遥知兄弟登高处，遍插茱萸少一人"，唐代大诗人王维的《九月九日忆山东兄弟》已传诵千古。登高、赏菊、喝菊花酒、吃重阳糕、插茱萸等都是该日的民俗活动，川西地区也不例外，士绅之家登高望远，饮酒吟诗。一般农家则在重阳节前后蒸糯米，制醪糟，川西坝子有"重阳蒸酒，香甜可口"的俗语。

九月过后，天气转寒。人们在经历了春耕、夏耘和秋收后，有了闲暇的时间。辛苦了一年的耕牛也与农人们一样可以休整一个冬季，俗话说"庄稼无牛空起早，春来无牛喊皇天"。旧时，四川峨眉、什邡等地有敬"牛（王）神"的习俗，华阳地区有祭祀"牛王生日"的习俗，新

中国风俗图志·川西卷

汤圆呾

津、江油、德阳等地有举行"牛王会"的习俗。许多庙宇中还供奉有牛王菩萨,如在广汉的高骈乡玉皇观中还有牛王殿,许多乡镇都建有牛王庙,今成都市区依然有牛王庙之地名。俗以为农历十月初一是牛王生日,因此每年的这一天川西坝子各地都要举行"牛王会"。牛王会作为一个与农业生产相关的节日,在以农业为主要生计方式的川西地区十分普遍。对此,方志中有诸多记载:

表7　　　　　　　　　　部分方志所载川西地区的牛王信仰

资料来源	文字记载
嘉庆《峨眉县志》	十月朔……农家以米馅悬于牛角而劳苦之,庆牛王神诞。
嘉庆《汉州志》	十月朔,以余饭舂之成饼,名曰糍粑,粘两牛角尖,否则牛泪涔涔。四乡依次演剧,报赛牛神。
光绪十三年(1887年)《雅州府志》	十月朔日……农家作糍糕饭,牛复粘角上,令其临水照,则牛喜,又名接牛角。
民国十八年(1929年)《什邡县志》	十月朔日,农家各设素果、糕饼祀牛神。
民国二十四年(1935年)《夹江县志》	十月初一,农家必蒸糯米捣为糍粑,以祀牛王神。并以糍粑戴牛角上,以报终岁力田之苦。
民国三十年(1941年)《汉源县志》	十月朔日,乡村多作牛王会。农家以糯米制糍粑敬牛王,人食后则以桑叶裹之饲牛,且粘少许于两角上。……用报一年之力。俗云"吃饭要知牛辛苦",即此意也。

在普通农人家,虽也有祭祀之礼,但相对简单,一般是农人们在农历十月初一这天将耕牛打扮一番,喂它们吃糯米糍粑,并将少许糍粑粘在其角上。据说,吃过糍粑的牛脾性好,不打人。这一日无论多么忙,都要停耕一天,以示对牛王的尊重。有的地方还会请戏班唱戏,如道光十七年(1837年)《德阳县新志·风俗》载:

十月初二日为牛王会,农家尤重之。城市则皆有牛王庙,乡村则寺观亦塑有牛王像。比户合钱演戏以酬神,彼此争先,乐部为之增价。

清代蜀中文人李调元《童山文集》卷八中有一篇《略平牛王庙乐楼碑记》,便记述了家乡罗江县的牛王庙,以及当地"每岁祀牛王,必演剧"的习俗,他说:

牛王者何也?农耕田,必用牛,牛于农有功。故神之为王,而共祀之也。乐楼者何也?每岁祀牛王,必演剧,剧必有楼,所以悦神而共乐之也。……今诸庙多塑像如观音,而以牛为坐骑,

中国风俗图志·川西卷

手火笼

*称之为牛王菩萨。……今之祀牛王而并建乐楼者,其非不忍之心所感,而并思悦牛神以求保众牛哉。……牛王神诞本在七月二十五日,今以十月初一为祭日者,盖七月农方收获,故相沿改期以便民也。*㊼

由此可见,旧时川西不仅建有牛王庙专祀牛王,而且在牛王诞辰日还会在庙中演戏酬神。笔者认为,牛王崇拜起源于何时已难以稽考,但它是农耕文化的产物毋庸置疑。牛王会虽表面在于酬谢耕牛,但它更是乡民庆祝丰收的节日。

"九月肃霜,十月涤场。朋酒斯飨,曰杀羔羊。"㊽天气越来越冷,农活也告一段落。川西地区在十月朔日牛王会之后,虽还有太阳会和冬至节,但人们大多数时候已被寒冷的天气逼退到屋子里,围着火炉度寒冬了。当那些不怕冷的小孩子们,手中提着小小的烘笼,在街上一边跑一边唱"红萝卜儿蜜蜜甜,看到看到要过年。过年没得钱,卖了萝卜买汤圆"时,人们便知道,年就要到来了。

注 释

① 《成都民间文学集成》编委会:《成都民间文学集成》,四川人民出版社,1991,第1656页。
② 林孔翼:《成都竹枝词》,四川人民出版社,1986,第78页。
③ 林孔翼:《成都竹枝词》,四川人民出版社,1986,第78页。
④ 林孔翼:《成都竹枝词》,四川人民出版社,1986,第80页。
⑤ 林孔翼:《成都竹枝词》,四川人民出版社,1986,第99页。
⑥ [宋]范成大著,富寿荪标校:《范石湖集》,上海古籍出版社,2006,第410—411页。
⑦ 林孔翼:《成都竹枝词》,四川人民出版社,1986,第62页。
⑧ 《成都民间文学集成》编委会:《成都民间文学集成》,四川人民出版社,1991,第1036—1037页。
⑨ 林孔翼:《成都竹枝词》,四川人民出版社,1986,第62页。
⑩ 车辐:《锦城旧事》,四川文艺出版社,2003,第150—151页。
⑪ 参见《广汉民俗》编写组:《广汉民俗》,成都科技大学出版社,1993,第242页。
⑫ 林孔翼:《成都竹枝词》,四川人民出版社,1986,第79—80页。
⑬ 林孔翼:《成都竹枝词》,四川人民出版社,1986,第80页。
⑭ [南朝梁]宗懔著,谭麟译注:《荆楚岁时记译注》,湖北人民出版社,1985,第5页。
⑮ 林孔翼:《成都竹枝词》,四川人民出版社,1986,第82页。
⑯ 林孔翼:《成都竹枝词》,四川人民出版社,1986,第44页。
⑰ [南朝梁]宗懔著,谭麟译注:《荆楚岁时记译注》,湖北人民出版社,1985,第25页。

⑱彭定求等：《全唐诗》（上），上海古籍出版社，1986，第501页。

⑲林孔翼：《成都竹枝词》，四川人民出版社，1986，第85页。

⑳刘纬毅等辑：《宋辽金元方志辑佚》，上海古籍出版社，2011，第1033页。

㉑[宋]苏轼著，[清]王文诰辑注，孔凡礼点校：《苏轼诗集》（第1册），中华书局，1982，第161—162页。

㉒林孔翼：《成都竹枝词》，四川人民出版社，1986，第62页。

㉓林孔翼：《成都竹枝词》，四川人民出版社，1986，第81页。

㉔[唐]卢照邻：《卢升之集》（丛书集成初编），中华书局，1985，第17页。

㉕[元]脱脱等撰：《宋史》（第30册），中华书局，1977，第10355页。

㉖[元]脱脱等撰：《宋史》（第28册），中华书局，1977，第9696页。

㉗[明]杨慎编，刘琳、王晓波点校：《全蜀艺文志》（上），线装书局，2003，第431页。

㉘转引自黄尚军：《四川方言与民俗》，四川人民出版社，2002，第131页。

㉙林孔翼、沙铭璞：《四川竹枝词》，四川人民出版社，1989，第56页。

㉚林孔翼：《成都竹枝词》，四川人民出版社，1986，第109页。

㉛林孔翼：《成都竹枝词》，四川人民出版社，1986，第44页。

㉜参见江青玉：《四川风俗传说选》，四川民族出版社，1992，第128—129页。

㉝孙旭军等：《四川民俗大观》，四川人民出版社，1989，第291页。

㉞[宋]陈元靓：《岁时广记》（丛书集成初编），中华书局，1985，第11页。

㉟参见孙旭军等：《四川民俗大观》，四川人民出版社，1989，第304页。

㊱[宋]王象之：《舆地纪胜》，中华书局，1992，第4207页。

㊲转引自李懿等评注：《宋代民俗诗评注》，巴蜀书社，2011，第248页。

㊳林孔翼：《成都竹枝词》，四川人民出版社，1986，第48页。

㊴林孔翼：《成都竹枝词》，四川人民出版社，1986，第49页。

㊵曾智中、尤德彦：《李劼人说成都》，四川文艺出版社，2007，第299页。

㊶参见[美]何忠义：《成都教案：1895年的端阳》，收入曾智中、尤德彦编：《文化人视野中的老成都》，四川文艺出版社，1999，第70—74页。

㊷《各地奇葩端午习俗 岷江地区：河中抢鸭子》，中国日报中文网，2015-06-19。

㊸[清]沈德潜：《古诗源》，中华书局，1963，第90页。

㊹[晋]葛洪撰：《西京杂记》，中华书局，1985，第3页。

㊺[五代]王仁裕撰，缪元朗点校：《开元天宝遗事》，收入《巴蜀丛书》（第一辑），巴蜀书社，1988，第50页。

㊻[五代]王仁裕撰，缪元朗点校：《开元天宝遗事》，收入《巴蜀丛书》（第一辑），巴蜀书社，1988，第35页。

㊼傅璇琮主编：《五代史书汇编》，杭州出版社，2004，第6091页。

㊽林孔翼、沙铭璞：《四川竹枝词》，四川人民出版社，1989，第39页。

㊾朱易安、傅璇宗等：《全宋笔记》（第二编），大象出版社，2006，第17页。

(50)参见孙旭军等:《四川民俗大观》,四川人民出版社,1989,第310页。

(51)何韫若:《锦城旧事竹枝词》,中国三峡出版社,2000,第33页。

(52)[明]刘侗、于奕正著,孙小力校注:《帝京景物略》,上海古籍出版社,2001,第104页。

(53)林孔翼:《成都竹枝词》,四川人民出版社,1986,第88页。

(54)林孔翼、沙铭璞:《四川竹枝词》,四川人民出版社,1989,第212页。

(55)参见黄尚军:《四川方言与民俗》,四川人民出版社,2002,第184页。

(56)江青玉:《四川风俗传说选》,四川民族出版社,1992,第161页。

(57)戴德源辑录:《四川戏曲史料》(内部资料本),1986,第54—55页。

(58)程俊英:《诗经译注》,上海古籍出版社,1985,第269页。

中国风俗图志·川西卷

贰柒拾

第六章 休闲娱乐

古人云:"一方水土养育一方人。"在天府之国的沃壤和都江堰的江水滋养下,川西坝子的人们早已习惯于一种闲散而慵懒的生活节奏,无论外面的世界如何瞬息万变,他们都能安之若素,照旧让时间如流水般缓缓流淌。罗念生曾在《芙蓉城》一文中说:"燕京城像一个武士,虽是极尽雄壮与尊严,但不免有几分粗鲁与呆板;芙蓉城像一个文人,说不尽的温文,数不完的雅趣。"[①]这种温文和雅趣,植根于一种生活的节奏中,在冬日的暖阳中或夏日的树荫下,一碗盖碗茶、几圈麻将,再加上天南地北的龙门阵,就可以消磨掉一天的时光。文人林文询曾给我们复述过一个在川西坝子上广为流传的故事:话说在川西坝子的中间,有一座千年的古城,这古城中错落拥挤的青砖瓦房和交错纵横的石板小巷,在似乎千年不变的时光中都变得腻滋滋的,腻得人们都不想挥胳膊动腿儿做活路了。闲闷得发慌,一个胖豆芽般的细崽娃便悠悠晃晃踱到街心,吐一泡痰自个儿蹲下去慢慢地瞧,瞧黄蚂蚁绕过去,黑蚂蚁钻出来。满街的大活人小活人看见了,也就都慢吞吞围上去,一声不吭地瞪着那来来去去的蚂蚁出神。于是不到半个时辰,整个城市的人便都像白条儿蛆虫一般络绎不绝相随蠕动而来,把大街都轧断了,塞满了。[②]这故事不知流传了多少年,多少辈,但从没有人去追问它真实与否,就把它作为龙门阵一代一代地摆到今天。我想摆这个龙门阵的人,肯定也闲得无聊,但这个故事也生动地呈现出了这片土地的其中一张面孔。

川西坝子的人们似乎干什么事情都不紧不慢,但说到休闲,却毫不含糊。一到春天或秋天,总能看到人们三五成群在广袤的田野中享受自然。古人早已说蜀人"俗好娱乐",无论是在正史还是在文学中,都可以看到蜀人悠闲自得之貌。《隋书·地理志》便说蜀地"其人敏慧轻急,貌多蕞陋,颇慕文学,时有斐然,多溺于逸乐,少从宦之士,或至耆年白首,不离乡邑"[③]。《宋史·地理志》说川陕四路"民勤耕作……其所获多为遨游之费,踏青、药市之集尤盛焉,动至连月。好音乐,少愁苦,尚奢靡,性轻扬,喜虚称"[④]。苏轼在《和子由蚕市》中也说:"蜀人衣食常苦艰,蜀人游乐不知还。千人耕种万人食,一年辛苦一年闲。"[⑤]成都是著名的"休闲之都",生活在休闲之都的人们,自然有一颗闲适的心。俗好游乐成为川西坝子的一

中国风俗图志·川西卷

山里人

种风尚，始于汉晋，盛于唐宋，延及元明，今日依然在人们的生活中有充分体现。无论历史几经风云，"闲"在川西人的血脉中都一以贯之。

"闲"可谓川西地域性格中最为重要的气质，散文大家黄裳在《闲》一文的开篇便写道："一个在上海住惯了的人初到成都，一定会有一种非常鲜明的感觉，就是这个城市的悠闲。"⑥对于初来乍到的外地人而言，悠闲是可以直观感受到的一种氛围。氛围的营造并非当地人刻意的表演，而是从人们的日常生活中自然地流露出来，因此是由一种深入骨髓的气质所造就的。对川西坝子的人而言，闲既可体现在对茶馆的青睐，又可体现在对麻将的痴迷，还可通过自古以来的嗜"游"呈现。这份闲适，也孕育出川剧、扬琴、皮影等艺术形式，让这片土地上人们的生活更加滋润，也更慵懒。

第一节　无时无地无游宴：游之兴

闲适是一种生活状态，但川西的闲适并非近百年来的产物。早在宋代，以成都为代表的川西坝子便以游赏之盛而广为人知。宋人张咏《乖崖先生文集》卷二《悼蜀四十韵》说："蜀国富且庶，风俗矜浮薄，奢僭极珠具，狂佚务娱乐。"在对其做出以上总结后，张咏开始逐条列举好游乐的具体表现，那就是"虹桥吐飞泉，烟柳闭朱阁。烛影逐星沈，歌声和月落。斗鸡破百万，呼卢纵大嚎。游女白玉珰，骄马黄金络。酒肆夜不扃，花市春渐作。禾稼暮云连，纨绣淑气错"⑦，对当时成都人的游玩做出了详细描述。《宋会要辑稿·刑法二》也说"益州每年旧例，知州以下五次出游江，并山寺排当，从民遨乐"⑧。实际上，无论是史书还是诗词，对川西游乐之盛的文献资料都十分丰富。但宋人田况在《成都遨乐诗》中对蜀人好游乐之说给予了否定，他说：

四方咸传蜀人好游娭无时，予始亦信然之。逮忝命守益，枳辕踰月，即及春游，每与民

中国风俗图志·川西卷

老年人的快乐

共乐,则作一诗以纪其事。自元狙景至,止得古律、长调、短韵共二十一章。其间上元灯夕、清明、重九、七夕、岁至之类,又皆天下之所共,岂曰无时哉!传之者过矣。蜀之士君子欲予诗闻于四方,使知其俗,故复序以见怀。⑨

虽然田况认为世人对蜀人好游乐之说"传之者过矣",但他同时也指出在上元灯夕、清明、重九、七夕等各节日期间蜀人出游的盛况。每逢佳节,川西坝子上的人们便放下手中的活计,到风景名胜之地一游。如成都有人日游草堂的习俗,从宋朝开始,每年人日都有大量文人来游草堂、拜诗圣。到了清代,逐渐演变成全民活动,这在冯家吉的《锦城竹枝词百咏》中有生动形象的描述:"人日好寻香艳在,环肥燕瘦总留心。"⑩人日之后,正月十六的游百病同样热闹非凡,人们全家出动,前拥后挤,或登城墙而远眺,或登高山而远足。

农历三月的川西坝子,早已是春暖花开、柳絮随风飘散的季节,整个坝子镶嵌着一片片金黄的油菜花,一群群蜜蜂在油菜花中嗡鸣穿梭,这样的季节正是出门踏青的好时机。恰逢农历三月初三,川西人自然不会待在家中。四里八乡的百姓们于是日汇聚学射山蚕市,黄休复《茅亭客话》卷五"鲜于耆宿"条有这样的记载:

> 学射山旧名石斛山,昔张百子三月三日得道上升,今山上有至真观,即其遗迹也。每岁至是日,倾城士庶、四邑居民,咸诣仙观祈乞田蚕。时当春煦,花木甚盛,州主与郡寮将妓乐出城,至其地,车马人物阗咽。⑪

而王侯、宫中妃嫔以及各级官吏则延续了"官民皆洁于东流水上,曰洗濯祓除"的传统,《十国春秋》卷一一五载:"孟蜀后主,每于上巳日,偕诸嫔御,修禊浣花溪。"⑫文人学士们自然也不会错过此等好机会,于浣花溪上楼船画舫,歌舞笙箫,好不快活;风雅之士也少不了曲水流觞之好,三五友朋相聚于幽静之山水佳处,吟诗作赋,怡然自得。

上巳过后不久,清明节便到了,人们又借机游览。川西坝子南边的嘉州本有"天下山水之冠在蜀,蜀之胜曰嘉州"之说,嘉州人得此地理之势,又怎能错过如此好机会,或出瞻峨门到小西湖,或过岷江而登凌云山,于是便有了这样的词句:

> 踏青游女绣罗襦,云鬓均粘柳叶符。才出瞻峨门外路,逢人先问小西湖。
> 游人到此日徜徉,几个如仙几个狂。有酒有花须尽醉,红云深处海棠香。⑬

炎炎夏日,人们自然难得外出,但夏天过去以后天气转凉,正可道声"天凉好个秋"时,

中国风俗图志·川西卷

乡情

重阳节便又翩翩而至。此时恰是丹桂飘香之际，满园的菊花也开得正艳。川西坝子的人们吟咏着"待到秋来九月八，我花开后百花杀"，开始放飞自己，或赏菊花以怡性，或登高山以望远，感受金秋的秋高气爽之美。

当然，川西坝子除了传统的节日，还有许多独特的会期，它们也是人们休闲的好时机。至晚在宋代，成都就已经形成了有体系的街头月市，赵抃《成都古今记》载：

> 正月灯市，二月花市，三月蚕市，四月锦市，五月扇市，六月香市，七月七宝市，八月桂市，九月药市，十月酒市，十一月梅市，十二月桃符市。⑭

十二月市是根据一年十二个月中每个月不同的盛产之物或是欢庆娱乐之物而形成的集市。到清代，各种集市依旧繁荣，成为市民生活中最重要的一部分，也为商业的繁荣提供了契机。在月市中，人群熙熙攘攘，大人抱着小孩穿梭在吆喝的小贩中，小孩想要挣脱大人，和小伙伴们一同前去凑热闹，正如清末庆余在《成都月市竹枝词》中写道："最是无知小儿女，出门争看爆花红。"⑮在各种各样的月市中，灯市与花市最为热闹。灯市一般在元宵节前后举办，此时，人们还沉浸在新年的喜庆中，相互邀约去看灯会猜灯谜，"元宵灯火敞玲珑，'锦里'繁华入夜中"⑯便是最真实的写照。在此期间，城隍庙肯定是最热闹的地方，诗句"城隍庙前灯市开，人物花枝巧扎来"⑰使城隍庙人头攒动的场景跃然纸上。城隍本是城市的守护神，大家会祭拜城隍以祈福避灾，后来城隍庙渐渐演变成一个聚会场所，甚至成为最热闹的成都市民聚集地。

当灯市结束后，人们开始了新一年的工作，随之而来的自然是百花齐放的春天。这时的青羊宫可谓百花争妍，通往青羊宫的一整条街上都是卖花人的吆喝声和买花人的询价声，这阵仗丝毫不比灯市差。早在唐代，成都就已经有了花市，唐代诗人肖遘的《成都》一诗中就有"月晓已闻花市合，江平偏见竹簰多"⑱的句子。到了明清，每年农历仲春二月十五日都会在青羊宫举办花市，民间称之为花朝节。每到此时，人们都要到青羊宫买花或游玩，又因为二月天气晴好，气温逐渐回暖，人们都欣然前往。同时，这一天又是道教李老君的生日，善男信女们进香朝拜是必然的事。因此，每年农历二月十五日前后，不论男女老少都会到青羊宫逛花市，这逐渐成为一种节日习俗。与灯市开在夜晚不同，花市一般在清晨开始，带着露珠的奇花异草等待着人们前来观看、购买。在花市上，总会见到"妆罢低声嘱夫婿，今朝多买并头

中国风俗图志·川西卷

乡村小渡

莲"⑲的妇人,她们早晨急急地描好眉毛涂好胭脂,小声催促着夫婿出门多买并头莲,来显示二人的恩爱之情。

在川西坝子上,热闹的花市自然不限于成都,在彭州同样有闻名遐迩的花市。汪元量《彭州歌》中便记载了宋代彭州花市的盛况:

> 彭州昔号小成都,城市繁华锦不如。尚有遗儒头雪白,见人犹自问诗书。
> 彭州又曰牡丹乡,花月人称小雒阳。自笑我来逢八月,手攀枯干举清觞。⑳

对彭州的花市,宋代大诗人陆游在《天彭牡丹谱·风俗记第三》中也有专门记载,从中可以看出当时彭州花市之盛:

> 天彭号小西京,以其俗好花,有京洛之遗风,大家至千本。花时,自太守而下,往往即花盛处张饮,帟幕车马,歌吹相属,最盛于清明、寒食时。在寒食前者,谓之火前花,其开稍久;火后则易落。最喜阴晴相半,时谓之养花天。栽接剔治,各有其法,谓之弄花。其俗有"弄花一年,看花十日"之语。㉑

在十二月市中,酒市也十分热闹。四川本就是酿酒之地,而作为四川政治、经济和文化中心的成都,对酒的消费自然占据极高的比重。自古以来,成都就是中国著名的宴饮之都,唐代诗人雍陶在《到蜀后记途中经历》中曾有"自到成都烧酒熟"的诗句。此风在清代的成都依旧盛行,深秋,寒意渐渐爬上衣角,若此时来上一壶好酒,不仅是为了驱赶寒意,也为了与眼前的美景相伴,"郎今欲醉须当醉,趁取芳时饮一杯"㉒便是极好的例证。

不论是灯市、花市还是酒市,都可以看出清代成都的集市文化十分发达,这些集市为人们提供了休闲娱乐的好时机,参与的人们也是"万烛照人笙管沸,当头明月有谁看"㉓。集市文化的繁荣从侧面体现出成都市民社会生活的丰富,这也就不难理解为何成都游宴之风盛行了。元人费著在《岁华纪丽谱》中对成都记载道:

> 凡太守岁时宴集,骑从杂沓,车服鲜华,倡优鼓吹,出入拥导,四方奇技幻怪,百变序进于前,以从民乐,岁率有期,谓之故事。及期则士女栉比,轻裘袨服,扶老携幼,阗道嬉游。㉔

大人们拥有着诸多娱乐生活,小孩子们也有属于他们的娱乐方式。俗语云:"杨柳青,放风筝。"在每年春风起时,川西坝子上的儿童们便迫不及待地缠着父母给他们买风筝,那

中国风俗图志·川西卷

去赶场

蓝的、红的、绿的、花的、粉的，那蝴蝶、蜈蚣、老鹰、金鱼、燕子等各式各样的风筝，惹得孩子们兴奋不已。当然父母看到孩子们如此高兴，自然也会大方地让孩子们选一只喜欢的风筝。得到风筝的小孩子兴高采烈地与小伙伴们跑到河边空地上放了起来。只见这边放的是一只老鹰风筝，那边放的是一只小鸟风筝，风筝在风中摇摇摆摆，你追我赶。孩子们比赛着谁放得更高，就像清代嘉庆年间杨燮的《锦城竹枝词》中写的"春来东角较场前，赌放风筝众少年"[25]一样。放累了，孩子们又一起跑到正在看戏的大人身边，灌下一口凉茶，坐在凳子上一边听着台上咿咿呀呀，一边又左摇右晃昏昏沉沉。

　　童年总是充满童趣，风筝放累了、放厌了，总会有新的玩法吸引孩子们的注意力。尤其是住在河边、江边的孩子们，夏天河里虽浪花翻滚，但那些在水中泡大的孩子们并不惧怕，他们光着屁股"跳炸弹""学狗刨"，玩儿得不亦乐乎。他们或水战，或冲滩，或打水漂，在哗啦水声和欢声笑语中慢慢地告别童年。无论是春天，还是夏天、秋天，总能看到一个大孩子带着一群小孩子，扛着用荆竹自制的鱼竿，手中拿着装着刚刚刨出来的蚯蚓的小瓶子，蹦蹦跳跳地跑向河边，然后坐在草丛中钓鱼、钓虾。当然，江河边的沙滩松软平坦，也是孩子们摔跤、跳拱、玩老虎抱儿、斗鸡、堆罗汉等的好去处。

　　孩子的世界是斑斓的，他们总会在无趣中看到有趣，即便一队搬家的蚂蚁，也可以让孩子们蹲下来看上半天，他们总想弄明白蚂蚁的家在哪里，它们的大王是哪位，还有王后、将军是否也在长长的迁徙路上。有时他们还专门打死一只苍蝇或抓来一只蚯蚓放在蚂蚁窝的门口，逗引蚂蚁来搬运这"硕大"的粮食。看到蚂蚁因搬不动食物而着急地四处打转，他们便高高兴兴地唱起儿歌来了："蚂蚁蚂蚁来来，大官不来小官来，吹吹打打一路来。"除了逗蚂蚁，旧时川西坝子上的孩子们还有鞭陀螺、扯响簧、骑竹马、踢毽子、扇烟牌、抓子、跳绳、藏猫猫等许多娱乐活动，在诸多的娱乐活动中我们可以听到孩子们爽朗的笑声，也可以看到他们童真的面孔。当有一天他们在这些活动中找不到乐趣时，他们便长大了，于是开始像他们的祖辈、父辈一样，走进茶馆，走进戏园，走进一种新的生活。

中国风俗图志·川西卷

茶馆情趣

第二节 街巷何处无茶馆:茶之味

无论是在北京,还是在上海,抑或是在广州,茶并不稀罕。作为一种延续数千年的饮品,茶早已成为东亚文化中的一部分,并走向了欧美。喝茶可以成为一种艺术,因有"茶艺"之说,也可以上升为一种修行,故有"茶道"之名。但将喝茶作为一种生活方式的,非川西坝子莫属。在这里,茶走进了大街小巷,走进了千家万户。而喝茶不仅在茶,更在于以茶为媒介建立和稳固生活的圈子。闲来无事,即便不呼朋唤友,一个人走进一家茶馆,找一把竹椅坐下,泡上一杯酽茶,也可以打发掉闲暇的时光,真可谓一茶一椅一世界。对此曾有副对联描述道:"忙里偷闲,吃碗茶去;闷中寻乐,拿支烟来。"偌大的城市,偌大的坝子,已经"沦陷"在一个个小小的茶碗里,那里映照着精彩的人生和丰富的社会。

四川产茶,史有明载。唐代陆羽《茶经》开篇便说:"茶者,南方之嘉木也。一尺二尺,乃至数十尺。其巴山、峡川有两人合抱者,伐而掇之。"㉖在今四川境内依然有千年茶树,如川西蒙顶山茶乃茶中名品,有"蜀土茶称圣,蒙山味最珍"之说,白居易曾有诗云:"琴里知音唯绿水,茶中故旧是蒙山。"该茶曾为朝廷贡茶,并且采摘时还要举行隆重的仪式:县太爷沐浴更衣,率领吏役组成仪仗队,敲锣打鼓到智矩寺摆设香案,张起经幡,祭拜天地。然后在七株茶树上,县太爷采五片茶叶,九个小和尚每人采四十片茶叶,合计为三百六十五片茶叶,寓意一年吉祥。然后将这些茶叶带回智矩寺制成条状,再用微火窖干,装入锡盒。㉗而在宋明时期著名的茶马互市中,四川也是最重要的起点,并且在今雅安地区还设有茶马司这一专门管理茶马互市的政府机构。而清代民国时期长年穿梭在川康道上的背夫们,他们背上背的大多也是成捆的砖茶,以备广袤青藏高原上数百万藏胞生活之需。茶可谓与四川的历史相始终。

川人嗜茶之俗也早已见诸文献,汉代王褒在《僮约》中就有"武阳买茶"的句子,元代费著的《岁华纪丽谱》称成都有"茶房食肆",人们在那里喝茶时还有歌妓演唱"茶词"。随后的悠悠岁月并未改变蜀人对茶的偏爱,即便当今,饮茶依然是许多四川人日常生活中必不可少的内容。旧时成都号称有三多:馆子多、茶铺多、厕所多。也有说是闲人多、茶馆多、厕所多。其实厕所和茶馆往往相伴相生，有人戏谑说"有进必有出"，就是说在茶馆喝茶，再到旁边的厕所小解。这也构成了一种独特的城市景观。至迟到19世纪，成都人就已经养成了去茶馆喝茶的习惯，所谓"一市居民半茶客"就是对成都茶馆之盛最真实的写照。茶馆早就和成都市民的生活融为一体，喝茶对成都人来说就是一件极为寻常的事。沙汀《喝早茶的人》中对茶馆和茶客都有着生动的描述：

> 除了家庭，在四川，茶馆，恐怕就是人们唯一寄身的所在了。我见过很多的人，对于这个慢慢酸化着一个生命和精力的地方，几乎成了一种嗜好，一种分解不开的宠幸，好像鸦片烟瘾一样。……坐茶馆，是成都人若干年来就形成了的一种生活方式。㉘

成都茶馆之多在清末已有详细数据统计，据傅崇矩的《成都通览》记载，清末成都516条街巷上分布着茶馆454家，真可谓"街街巷巷有茶馆"。㉙而到民国时期，虽然政治动荡、经济凋敝，但成都人依然整天泡在茶馆中，将忧愁交予茶馆。据1935年《新新新闻》报载，当时总人口60余万的成都，共有茶馆599家，每天茶客达12万人之多。街边、路旁、桥头等但凡人流量大的地方必定会有茶馆，这便使得抗战全面爆发后，大量外地人来成都常常会被遍布于这座城市大街小巷的茶馆震惊，著名作家张恨水在《蓉行杂感》中写道：

> 北平任何一个十字街口，必有一家油盐杂货铺（兼菜摊），一家粮食店，一家煤店。而在成都不是这样，是一家很大的茶馆，代替了一切。我们可知蓉城人士之上茶馆，其需要有胜于油盐小菜与米和煤者。㉚

这是作家直观的感受，通过与北平的比较，让读者看到了20世纪40年代茶馆遍布的成都街景。而他所说的成都市民对茶馆的需求远胜于油盐小菜与米和煤者，可谓观察入微。实际上，1941年全国早已陷于抗战之中，成都仍然有茶馆614家。㉛成都人喝茶，有时候也喝得惊心动魄，如抗战时期成都经历了"七二七"大轰炸，整个城市烟火弥漫、死尸遍野，人们奔走呼号，陷入了慌乱，但人民公园的茶园还在照常营业，座客不少，乱哄哄的一片骂声。㉜成都饮茶之风可见一斑。如果读者以为茶馆只在省城才能见到，那就大错特错了：

> 其实不仅成都，四川境内各地皆然。我是从北面由川陕公路入川的，一入广元的朝天驿，茶馆的景象就很突出。以后居留成都期中，在周围乡场中看到的，茶馆也常是第一印象；以至每一个三家村式的幺店子，无不有茶馆一家，起着农村文化馆、过客休息所、信息交换处等多重作用。㉝

何满子的这段评论可谓确论,可以说在四川只要有场镇便必有茶馆,只要是当场天,茶馆定是高朋满座。如民国时期的中和场,一个小小的场镇便有茶馆十余家,这些茶馆多面对正街,背临府河,茶馆用水是堂倌从河中担来,过滤后用作饮用水,让人有"扬子江中水,蒙顶山上茶"之感。㉞水之于茶馆有着极其重要的意义,正如竹枝词中写的"'同庆阁'傍'薛涛井',美人千古水流香。茶坊酒肆争先汲,翠竹清风送夕阳"㉟。良好的水源,自然让茶馆的老板们争先恐后地取水泡茶,于是便出现了"茶坊酒肆争先汲"的现象。茶馆若开在溪水旁便有了先天的优势。除此之外,开在灯市、花市旁的茶馆,由于游人众多,自然也会生意兴隆。

川人好闲谈,茶馆往往是他们闲谈的首选之地,傅崇矩在言及"成都人之性情积习"时说"茶铺聚谈,好造民谣"㊱,正谓此也。在这里人们可以听到各种各样的乡野奇谈,川人称之为"摆龙门阵""说聊斋""冲壳子",其意在说明这些言谈听之任之即可,不必较真。无论是"张飞杀岳飞,杀的满天飞",还是隔壁王大娘家丢鸡丢鸭,都可以让说者唾沫横飞,闻者惊叹不已。或许正是因为长期泡茶馆的缘故,才练就了川人这副好口才。而在茶客们天南地北的胡吹海侃中,大至国家时局的变动,小至某位老大爷的突然去世,都以各种或虚或实的面貌在乡村社会传播。这正如美国人类学家施坚雅在研究川西地区时所言:

> 在高店子有一种对所有人开放的茶馆,很少有人来赶集而不在一个或两个茶馆里泡上至少个把小时的。殷勤和善的态度会把任何一个踏进茶馆大门的社区成员很快引到一张桌子边,成为某人的客人。在茶馆中消磨的一个小时,肯定会使一个人的熟人圈子扩大,并使他加深对于社区其他部分的了解。㊲

因此茶馆的功能绝不止于喝茶,它更是四川人最为重要的社会活动空间,也由此孕育出了一系列独具地域特色的茶俗。茶客们将去茶馆喝茶视为每日生活的必修课程,有事无事都喜欢到老地方坐一坐。

除闲聊以打发时光,茶馆还是成都市民"家的延伸",使人们的日常生活与茶馆天地天衣无缝地结合在一起,20世纪30年代到成都的薛绍铭在《成都的印象》中说:

> 住在成都的人家,有很多是终日不举火,他们的饮食问题,是靠饭馆、茶馆来解决。在饭馆吃罢饭,必再到茶馆去喝茶,这是成都每一个人的生活程序。饭吃得还快一点,喝茶是一坐三四个钟头。成都饭馆、茶馆之多,是中国任何城市都比不上,而且每个饭馆、茶馆,迟早都是

挤得满满的。㊳

从这些记载中可以看出，茶馆的功能不仅在饮，更与市民的日常生活紧密相关。在冬季，人们为了节省燃料，早晨起床懒得生火烧水，便到茶馆付少许银钱打上一壶，实惠而便捷。由于茶馆中的老虎灶整日不熄，所以还可以代茶客煮饭、炖肉、熬药，既可使茶馆不浪费燃料，又可为茶客提供方便。不仅如此，茶馆还为许多社会底层人员提供了生存的机会，那些手提零食、香烟和报纸的小贩们，整天在各色茶馆中穿梭，为茶客提供服务，换得微薄的收入。就如何满子所说：

> 成都茶馆颇能显示这个城市的风格，服务项目特多，有卖花生、瓜子、香烟的小贩，大都是小姑娘；香烟可以论支卖，这在别处也很少见。那时还通行吸一种竹筒子和有颇大烟锅的旱烟或水烟，茶客只需跷起二郎腿，把咬嘴衔在嘴里，小贩会给你点燃。……成都茶馆中还有一个"良风美俗"，是坐茶馆可以租报纸看。也是小贩子，拿着本市当天的日报：《新新新闻》《华西日报》《中央日报》《新中国日报》等等，一应俱全。㊴

现代人谈论公事或者大事，总是喜欢在餐桌上解决，而传统川西坝子的人们更喜欢在茶馆中解决，双方谈论的时候，各自要上一杯茶，坐在茶馆里，可以将话题细细研磨。当然茶馆的功能还不止于此，在旧时的社会里它还具有断是非、判公道的民间法庭功能。人与人之间发生争端，便到茶馆中喝茶评理，解决纠纷，这被称为"吃讲茶"。争执两方请德高望重的长辈或在江湖上说得起话的人仲裁，双方在茶馆各自陈述自己的理由，由仲裁判输赢。沙汀《在其香居茶馆里》中对"吃讲茶"有一段十分精彩的描写：

> 新老爷一露面，茶客们都立刻直觉到：么吵吵已经布置好一台讲茶了。茶堂里响起一片零乱的呼唤声。有照旧坐在座位上向堂倌叫喊的，有站起来叫喊的，有的一面挥着钞票一面叫喊，但是都把声音提得很高很高，深恐新老爷听不见。
> 其间一个茶客，甚至于怒气冲冲地吼道：
> "不准乱收钱啦！嗨！这个龟儿子听到没有？……"
> 于是立刻跑去塞一张钞票在堂倌手里。㊵

清末民国时期，茶馆还是袍哥、行帮等川西民间会社的"码头"，犹如《水浒传》中的旱地忽律朱贵所掌管的酒馆，专门探听各种信息，为行会或帮内外许多事务的处理提供场地。各种行业的同业公会，往往以某一场馆为媒介形成松散的组织，同行们经常在那里交换行情的涨落、劳资纠纷的动向等各种信息。如遇到还不至于闹到官府去解决的纠纷，或者本应由袍哥或行帮来解决的问题，往往就通过"摆茶碗"的方式解决。所谓"摆茶碗"，即在茶馆里请"大爷"或帮首以下"弟兄"或同行来"讲道理"。输理的"开茶钱"，甚至"治席赔礼"。㊶

如果袍哥成员由于各种原因不得不仓皇出走，他们到"码头""亮底"后，茶馆便可以充当其临时歇脚点，并按规矩为其代开茶钱、安排食宿、助以川资并指引去路。㊷至于亮底的方式，则有他们自己的一套，如茶馆主人要审查来人身份，便摆上"木杨阵"，即将一只茶杯放在茶盘内，另一只则置于盘外。来者则需将盘外之茶移入盘内，再捧杯相请并吟诗曰："木杨城里是乾坤，结义全凭一点洪。今日义兄来考问，莫把洪英当外人。"㊸这样便可以确定是否为袍哥兄弟。无论是茶杯的摆放，还是诗词的吟诵，都是一种接头的暗语。

茶馆也是民间文艺的渊薮。旧时茶馆中的说书人是一个庞大的群体。茶馆为了保证客源，不免要制造一些噱头或是邀请大人物来坐镇吸引顾客，美国人威廉·蒙塔尔班诺就曾经这样描述过成都茶馆里的说书人：

在一间烟雾腾腾带有古老风味的竹椽屋子里，说书艺人钟春（音译）精神抖擞地高坐在一把摇摇晃晃的椅子边上。他用粗犷的四川方言讲着三千年以前的故事。他用了两样世代相传的道具：一把有画的折扇和一块雕花的惊堂木。㊹

当太阳渐渐西沉，夜色逐渐昏暗，街边的店铺纷纷关门休息，便到了茶馆生意最好的时候了，这时人们纷纷来到茶馆喝茶听书以缓解一天的疲劳。除此之外，茶馆还是扬琴、川剧等民间传统文艺最为重要的活动舞台，甚至有"茶园即戏园"之说。一些流落江湖的艺人往往将茶馆作为营生的"码头"，车辐《锦城旧事》中的吴老幺和嫩豆花便属于这样的艺人，文中对他们有这样一段描写：

他们不到三天，便到了山清水秀的灌县城来了。先在东门外一家鸡毛店住下来，晚上在街口茶铺里就把生意打开——卖唱了。㊺

一些大型戏班，还往往与著名的茶馆签订长期合作协议，如创立于1912年的川剧名班"三庆会"，便长期以悦来茶馆为演出舞台，并与该茶馆订立了"渡让伶人永远谋生"的条约。㊻民间文艺寄生在茶馆之中，不仅创造了自身的生存土壤，而且培养了茶客们的艺术鉴赏能力，这进一步塑造了成都人"俗好娱乐"的品质。一些地方文人还写诗表达他们对茶园的欣赏，下面这首便十分典型：

> 锦城丝管日纷纷，一曲新歌一束绫。
> 劝业场中风景好，挥毫试写悦园行。
> 悦来戏园壮如此，楼阁玲珑五云起。
> 往来豪贵尽停车，人在琉璃世界里。
> 梨园弟子逞新奇，缓歌漫舞兴淋漓。
> ……
> 逐队随波戏园去，对此真可酬高楼。
> 竟日繁华看不足，吁嗟乎！
> 益州自昔称天府，多来豪宗与富贾。
> 藉此象功昭德谱，箫韶久成百兽舞。
> 自从悦园此一行，除却巫山不是云。
> 月宫听罢霓裳后，人间那得几回闻？㊼

19世纪的一首竹枝词也有这样的描述："名都真个极繁华，不仅炊烟廿万家。四百余条街整饬，吹弹夜夜乱如麻。"㊽透过朦胧的诗词，我们仿佛看到了一百余年前的成都，人们放下白日的工作后便步入遍布大街小巷的茶馆，找一个安静的角落，慢慢地坐在舒适的藤椅或竹椅上，再要上一碗盖碗儿茶，闭上眼静静地聆听台前正在表演的扬琴、川剧，到高兴处还跟着哼上一段，白日的疲惫便烟消云散了。这时的整个城市也都沉浸在"吹弹"之中，即便夜已深，人们依旧"赖"在茶馆不走，享受着那份生活的闲适。清末民国初期，成都茶馆中以往的"斗雀、评理等事已禁止，唯评书、洋琴二事尚仍旧也"㊾。可见，传统民间文艺在时代变革中依然与茶馆相伴相生。但在那时，评书、扬琴这样的民间文艺形式主要寄生在城市中的一些知名茶馆中，乡场上那些简陋茶馆中的茶客们则无福消受此种视听盛宴，他们更多是一杯清茶、三五友朋，在一阵阵的龙门阵中吞云吐雾，打发一天的时光。

茶馆是川西社会的缩影，在这里能够看到川西社会的众生相。茶客们在茶馆中上演着、传述着人间各类悲喜剧。为何能如此？与川西茶馆的平民化色彩密不可分。茶客们去茶馆并不单是为了追求高雅的艺术环境，川西的茶馆与其他地方的茶馆不同，它并不专属于上流社会，也并非为了创造一个幽静的艺术氛围，而更多的是为了营造出一种闲适自由的感觉。就像何满子所言：

> 别处城市的茶馆，茶客层次等级的区别相当分明。……成都茶馆的"良风美俗"之一就是相对来说很平等，公爷们和下力的都在一家茶馆里泡，你扯你的山海经，我摆我的龙门阵，彼此无所介意，熙熙恬恬，不亦乐乎！㊵

在这里，无论是大人还是小孩，无论是商人还是小贩，无论你贫穷还是富裕，都可以来去自由，也都可以要上一碗茶，一坐就一天。这里的茶便宜，这里的人温暖，这里的消息够劲爆，这里的时光易打发。这里可以为生活带来便利，这里也可以为生活提供乐趣。走进川西的老茶馆，没有雅座，没有贵宾室，所有的座位都一个模样，所有的摆设都如古董般陈旧。一张四方桌，几把旧竹椅，一排老虎灶，还有卧在地上的狗，蹲在门口的猫，似乎都被时光遗忘了。这里的人们喜欢喝便宜的花茶，旧时茶客们的一句口头禅便是"到口子上去谈三花"，"三花"乃三级茉莉花茶的简称，"谈三花"也就成为喝茶的代名词。㊶关于旧时川西茶馆的布置，周询在《芙蓉话旧录》中有如下描述：

> 茶社无街无之，然俱当街设桌，每桌四方各置板凳一，无雅座，无楼房，且无倚凳，故官绅中无人饮者。毛茶每碗售钱三文，细毛茶俗呼"白毫"，与普洱茶同售四文，碗皆有盖，惟碗底少有托船耳，且任客久坐，故市人多饮于社者。㊷

简单的布置，嘈杂的环境，来往的各色人等，正是"官绅中无人饮者"的原因所在。除此之外，旧时川西地区的茶具——盖碗儿也颇具特色。"盖碗儿"由茶碗、茶盖、茶托子组成，传说其来源与唐代西川节度使崔宁的女儿有关系。这姑娘看到茶杯无衬，担心烫手，于是就取来一只碟子将茶杯放入碟中，但当饮用时茶杯又会倾斜，于是便用蜡将其固定在碟中，后来又"命匠以漆环代蜡"，大家深以为便，相沿成俗。滚烫的水从茶博士手中长长的壶嘴倒进茶碗中，只见茶叶在水中翻滚跳跃，这时将茶盖盖上，只待一分钟，揭开茶盖，一股淡淡的清香便扑鼻而来，主人一边谈天说地，一边续水不断，茶味由浓到淡，直到淡而无味，茶客聊天依然兴致不减。

川西茶馆中不仅茶具独特，就是掺茶的茶倌也是其名奇，其艺更奇。茶倌古称茶博士，关于"博士"一词，古有"太学博士"之名，今则更是诸多学子奋斗的目标，但在川西人这里，掺茶偏用"博士"名之，岂不怪哉？当然，这些"博士"也绝非浪得虚名，其中高明者，技艺也可谓出神入化，他们左手摞八幅三件套，撒一次满桌开花，摆放均匀；右手提壶，一个"凤点头"便将水掺满茶杯而桌上滴水不洒。近年来，屡见于电视中的茶博士表演，更是将这日常的动作发展到艺术的高度，只见铜壶在手中前后左右翻滚，长长的壶嘴犹如剑花朵朵，而壶中沸水犹如银蛇出洞一般飞泻入杯。而一些开在戏园子中的"茶房"，茶博士除斟开水的绝技外，打洗脸手巾也堪称一绝：只见他左手摞一沓热毛巾，右手一张张揭过在空中一旋，准确地投给要搽脸的客人。客人用完顺手回抛，茶博士也总能巧妙、自然地接住，即便有三四张同时抛过来，也能准确地接住。还有的故意用嘴衔住飞来的毛巾，这往往可以博得客人们的阵阵喝彩，也可以讨得一些小费。㊳

经历百年沧桑，川西坝子上的人已走马观花般换了几波，但川西坝子上的茶馆却有增无减，或许桌子换了，椅子换了，茶馆的老板也早已换了，但人们喝茶的习惯一如既往，那种将生活浸透到茶碗中的脾性依然在这广袤的坝子上传承。

第三节 川剧扬琴麻将声：声之盛

在游之"兴"与茶之"味"外，川西坝子上的人们还在"声色"方面有独特的嗜好。无论是咿咿呀呀的川剧唱腔，还是悠扬的扬琴声、清脆的金钱板声，抑或是哗啦哗啦的麻将声，都是川西坝子上的人们常能听到的声音。大家可能早已对那神奇莫测的变脸绝技心向往之，对那吞吐火焰的绝技也惊叹不已，更对旦角那犹如"大珠小珠落玉盘"的唱腔回味流连，下面就让我们到川西坝子上去看一看、听一听，好戏马上就要开场了。

戏曲是古代市民们接受度最高，传播范围最广的娱乐活动。川剧虽兴起于清代，但在此之前蜀中的"俗好娱乐"之俗自然也孕育出发达的"声色"文化。那只出土于成都天回山东汉崖墓中的击鼓说唱俑早已举世闻名，只见他蹲坐地上，右腿扬起，左臂下挟着一圆形扁鼓，右手执鼓槌作敲击状，就那一下，咚咚两声，似乎穿越了千年的时空，至今回荡在川西坝子上。

乡村戏班子

中国风俗图志·川西卷

扯把子

他咧嘴开怀大笑的样子，仿佛正进行到说唱表演中的精彩之处。而唐宋时期川西的游宴，自然也少不了歌舞助兴。一些世家大族在家庭聚会或者婚娶礼仪中必有管弦丝竹之声，如宋代洪迈《夷坚丙志》卷二《魏秀才》载："成都双流县宇文氏，大族也。即僧寺为书堂，招广都士人魏君诲其群从子弟。它日，家有姻礼，张乐命伎，优伶之戏甚盛，诸生皆往观。"[54]在当时的文献中，常可见到"蜀伶多能文，俳语率杂以经史"之记载。元代费著在《岁华纪丽谱》中说："成都游赏之盛，甲于西蜀，盖地大物繁而俗好娱乐。凡太守岁时宴集，骑从杂沓，车服鲜华，倡优鼓吹，出入拥导，四方奇技幻怪，百变序进于前。"[55]到了清代，川人好声色之风依然不减，由于"湖广填四川"的移民众多，来自不同地区的移民带来了其原有的唱腔和表演，于是也使得川中戏剧出现多样化的形态，如乾隆《绵竹县志》卷三六有如下记载：

山村社戏赛神幢，铁板檀槽柘作梆。
一派秦声浑不断，有时低去说吹腔。

移民也使得戏曲剧目逐渐多元化，既有《莲花落》《哭五更》，也有《回门》《送妹》《广东人上京》。剧目的多元化自然让人们的选择更多。由于五方杂处，各地的唱腔逐渐被人们以海纳百川的心态接受，例如"秦腔梆子响高低""'玉泰班'中薛打鼓"等。更重要的是，这些来自全国各地的戏剧慢慢地走向融合，形成了一种新的戏剧形式——川剧，俗话有"川剧不用问，昆高胡弹灯"之语，从中便可看到川剧中的融合现象。到清末民国，川中戏剧以川剧为主已无疑问，并且有了"本子姓川，起码上千"的说法。傅崇矩《成都通览》说清末的成都人"好看戏，虽忍饥受寒亦不去，晒烈日中亦自甘""妇女好看戏，不怕被戏子看她""富者赏戏班之钱，十倍于作善之数""居丧开奠，唱戏娱宾"[56]，可见其受欢迎的程度。

其实，喜欢听戏也并非成都人所独有的习性，川西坝子上的乡镇村社以及整个四川各大通航河流的沿岸城镇，均有大量的戏迷。"大致于清代同、光年间至辛亥革命前后，川剧便形成了以地域划分的各具特色的四大河道——川西坝、资阳河、川北河、下川东。"[59]沿河城镇往往是交通要道，来来往往的客商都少不了登岸歇足，他们或走进茶馆，或坐进戏园，自然而然地营造了一个丰富的"声色世界"。以地处大渡河、青衣江和岷江交汇之地的乐山为例，这里自古以来都是川西的交通枢纽，南来北往的船只在渔火点点的傍晚时分停泊靠岸，无论是客商还是水手们总少不了到沿江茶馆、戏园中一坐，于是在昏黄的灯光下，丝竹管弦

中国风俗图志·川西卷

柳莲柳

之声不绝于耳。道光年间江西人黄勤业入川宦游，于三月三日抵达井研境内，"宿竹园铺，是夜，乡人作优戏，登场不多人，声容俱无足取。其班曰灯班，调曰梁山调"。作为士大夫的黄勤业虽语在批判，但当地演剧之盛也由此可见一斑。

通常的戏曲表演会搭设戏台，正所谓"戏演春台总喜欢，沿街妇女两旁观"[58]。但固定的戏台一般搭建在城市特定的区域内，乡村固然在庙宇或大家族的祠堂中有戏台，但也可以找一块空地临时搭台演剧。在娱乐方式极为欠缺的时代，戏便成为整个川西坝子的人们最为重要的娱乐方式，他们或从中发现人物温良谦恭的品质，或感动于其中男欢女爱的情感，或观赏刀兵相见的场面，一台戏，便是一场视觉与听觉的盛宴。清代吴好山《笨拙俚言》中便展现了川西人对戏的痴迷：

川人终是爱高腔，几部丝弦住老郎。彩凤不输陈四喜，泰洪班里黑娃强。[59]
蚕桑纺绩未曾挨，日日牌场亦快哉。听说北门时演戏，牵连齐出内城来。[60]

除此之外，川戏还在茶馆演出，茶客只要迈进茶馆向椅子上一坐，便可以免费欣赏台上的三国水浒，这自然使得川戏具有广大的群众基础。而遇到各类会期，或者是岁时节庆，更少不了酬神演戏，即便是在乡野之中也可以找一块空地临时搭建一个简陋的戏台，演员往台上一站，便可以咿咿呀呀地唱起来，而在台下观看的村民们，也早已看得如痴如醉，时不时爆发出一阵雷鸣般的掌声。有一些大家庭，在有家庭成员出生、结婚、做寿或者去世时，家族也往往要请戏班到家里或家族祠堂中唱上一夜至三五天不等，这既显示了家族的实力，又娱乐了大众。由此可见，戏曲的演出不单单供上层社会享受，普通百姓也有机会观看，这从侧面说明了戏曲发展程度之高，它已经渗透到川西人的血液中了。

俗话说，"老人看拜相，小孩看打仗，青年看挂帐"。不同年龄阶段的人，看戏的关注点也不一样。小孩们沉醉于你来我往的刀光剑影，年轻男女们爱听你侬我侬的爱情剧目，老人则喜欢听咿咿呀呀的华美唱腔。当剧终人散后，人们还久久地停留在那场精彩的戏中而缓不过神来，真有"余音绕梁，三日不绝"之感。自此以后，小孩子们总是呼朋唤友、三五成群，扛着木刀木剑，模仿戏中的英雄人物，成天打打杀杀，好像自己也成了英雄一样。而青年男女们见面也总要摆一摆那日戏中的男欢女爱，瞬间一朵红云在女孩子的面颊上升起，然后是一声娇嗔，一阵欢笑。老人们聚在一起也少不了回味那戏中的内容，甚至情不自禁哼上几

中国风俗图志·川西卷

莲花闹

句，便感觉日子过得有滋有味了。川西的人们就这样从小浸透在戏中，慢慢地明白了"戏上有，世上有""台上三分钟，台下百日功"等许多人生道理。

旧时川西地区的人们对木偶戏、皮影戏、猴戏也情有独钟。相较于其他，这些戏种或许更加大众化、平民化。一条担子，三五汉子就是一个戏班。他们走乡串户，靠艺为生，虽风里来雨里去，却为人们带去了欢笑。那"呆萌"的木偶，在演员的手中蹦蹦跳跳，瞬间幻化为剧中人物，似乎有了喜怒哀乐；而那幕布背后的皮影们，在灯光的映照下，或婀娜多姿，或英勇善战，或手提大刀，或手拿折扇，时而幻化为战神，时而幻化为美人，时而幻化为猛兽，时而又幻化为草木。在阵阵锣鼓和声声唱腔中，一个个完整的故事就栩栩如生地展现出来了。于是观众们便被带进了故事之中，或悲戚或兴奋。1936年黄炎培到四川还曾观看皮影戏的演出，并提笔写下了"'滦州'剪纸忆分明，西蜀镂皮制更精。银幕于今呈曼衍，一般灯影绝流行"[61]的诗句。

俗话说，"四川的猴子服河南人牵"。旧时在木偶戏、影戏之外，猴戏也是一种让人翘首以盼的娱乐形式。那些唱猴戏的人，牵着一只被驯服的猴子走南闯北，在人群密集的场镇或村社，随便找一块空地便可以上演一场精彩的猴戏。只见那猴子在主人的指挥下时而抓耳挠腮，时而龇牙咧嘴，时而上蹿下跳，逗得围观的人们大笑不止。表演的中途，猴子以锣为盘，向观众收钱，不论多少，吝不予者，则持锣立前不去，猴与主人配合得天衣无缝。蜀中猴戏早已有之，《虞初新志》卷十八辑王言《圣师录·猿猴》中便记载了一则明正德年间发生在今乐山的故事：

> 正德辛巳，有夫妇以弄猴为衣食者，十年矣，寓于嘉州之白塔山。主者死，葬于塔之左；猴日夜号。其妇更招一丐者为夫，猴举手揶揄之。妇弄猴使作技，猴伏地不为。鞭之辄奋叫。入夜，走主者之墓，抱[62]土悲号，七日而死。[63]

故事中的猴子因主人离世而日夜号哭，最终死于主人墓前，虽貌似传奇笔法，但故事的产生必定有相应语境，当时蜀中弄猴应并不罕见。民国时期，川西坝子依然有人从事此业，他们担着一只木箱，箱里面装有红绿袍服、金冠、雉翎、面具、马鞭、令旗等道具，手中牵着一猴或外加一犬，在成都有"三星班"之说。每到一地，便放下担子，拿出道具，敲起阵阵马锣，以招揽看客。何韫若曾有竹枝词曰：

金钱板

> 冠带俨然亡者妆，锣声三遍戏登场。
> 尽有威风欺羊犬，牵引终须服豫缰。[64]

在戏曲、杂技之外，扬琴和金钱板在旧时的川西坝子也广为人知。一曲"我朝一统万年清，兵是兵来民是民。前朝军法尚蒙混，寓兵于民民为兵。三丁抽一遵古训，五丁抽二旧章程。功劳自是男儿挣，且看着木兰女颠倒乾坤"[65]唱起，悠扬的琴声便也联翩而至，扬琴师傅们在茶馆中已经开始表演了，他们分生、旦、净、末、丑5人演唱，分别操扬琴、鼓板、小胡琴、碗碗琴、三弦，边唱边奏，其唱腔优美，韵味浓郁，曲中人的喜怒爱憎、一颦一笑都以声音传达，因此演奏扬琴也有"坐地传情"之说。[66]台下的观众们凝神静听，似乎早已进入了戏剧情节中，时不时爆发出阵阵喝彩。

在这样的场合中，又怎能少了金钱板的表演呢？扬琴演奏刚结束，只见金钱板表演者手持长约一尺、宽约一寸的三块楠竹板走上台去，向下面的观众道一声安，便开始用竹板互击，于是一阵阵清脆铿锵而又节奏和谐的音乐声便响起来了，紧接着便是表演者歌喉中发出的那婉转动人的声音。一曲终了，观众们呷上一口茶，细细品味这茶的味道和曲中之意，生活便有了滋味。

遗憾的是，这些植根于民众生活中的艺术形式随着时代的变化逐渐衰落，川西的茶馆虽然依旧繁盛，但那些曾在茶馆中以艺为生的扬琴师傅、金钱板师傅们，早已是人去座空，就连盛极一时的川剧也已日渐没落。声光化电的世界催生了诸多新的娱乐方式，下舞池、唱KTV、泡酒吧、看电影占据了人们的闲暇时间。对川西人来说，还有一样娱乐方式则愈来愈火爆，那就是众人皆知的打麻将牌。

川人嗜麻，广为人知。而川人所嗜之麻不仅是舌尖上的麻辣味道，还包括手尖间的麻将天地。麻将早已成为中国人娱乐活动中不可或缺的一种，有人戏称中国是"十亿人民九亿麻"。就连许多文化名人也与麻将有着剪不断理还乱的关系，如胡适在《藏晖室日记》中就曾写道："连日百无聊赖，仅有打牌以自谴。"但说到麻将之繁盛，就非四川莫属了，曾流传的一节段子说，有人在飞机上，突然听见地面上哗啦哗啦的响声大振，颇为不解，旁边一川人说："你不知道哇？四川已经到了，打麻将的声音都听到了。"这当然只是个玄龙门阵，姑且听之。但四川麻将早已风靡全国，还曾有把成都建成"麻将之都"的讨论，在乐山市更是建有沿江绵延三四公里长的"麻将一条街"，真可谓壮观之景。而这壮观之景也并非今日突然兴

唱道情

起,梁实秋先生曾写过一篇题名"麻将"的散文:

> 抗战期间,后方的人,忙的是忙得不可开交,闲的是闷得发慌。不知是谁诌了四句俚词:"一个中国人,闷得发慌。两个中国人,就好商量。三个中国人,作不成事。四个中国人,麻将一场。"四个人凑在一起,天造地设,不打麻将怎么办?雅舍也备有麻将,只是备不时之需。⑰

打麻将固然不止于川人,但川人嗜麻却是肯定的。1941年7月27日,成都刚刚经历了日机大轰炸,在一处被炸塌的小花园里,楼上客厅中四个男人和三个女人全部毙命,而地上却散落着一地的麻将。⑱我们由此可以推测,即便在警报长鸣中,他们依然在牌桌上杀得昏天暗地,最后命丧牌局,十分可惜。当时社会各阶层似乎对麻将都情有独钟,有一首竹枝词写道:

> 各司各局各分科,民国人才亦太多。脱帽鞠躬行礼罢,共将麻雀等闲搓。

其实直到今日,川人嗜麻依然如故,它不仅是一种娱乐方式,也是一种交际手段,"学问"颇深。更有人以此为业,整日沉迷其中,这就不可取了。但作为一种娱乐方式,它确实可以锻炼人的思维,是一种智力的角逐。川人麻将的玩法也颇具特色,并且还创造出一些专有名词,如"缺门""血战到底""推倒胡""当局长",并且有一些词语已经成为方言中的常用词汇,如将"事情未办妥"称之为"放黄""黄了",便来自麻将术语,其本义为整局牌无人和牌。

在麻将盛行之前,川人更喜欢玩"长牌",也称"川牌"。这种牌共有八十四张牌,有花色二十一种,分别为天牌、地牌、人牌、和牌、红九、黑九、胖八、叉叉八、二四、猫猫儿、丁丁儿、斧头、长三、长二、梅子、黑五、红七、红十、黑七、红五、幺六。一般有"十四""乱戳"等打法。⑲旧时,无论在茶馆之中,还是在树荫街檐下,总可以看到几个人在那里玩儿得热火朝天。今天,在一些古镇或乡场上的老茶馆中,依然可以看到三五老者,微眯着眼,瞧着手中的牌,再慢慢地摸出一张,甩在三尺见方的古旧桌子上。年轻人则更喜欢玩儿扑克牌,玩法有"拱猪""斗地主""打百分""升级""争上游""打双Q""三挤一"等。总之,各种各样的牌类游戏,既丰富了人们的业余生活,也锻炼了人们的智力,无论什么时代,总受到人们的欢迎。

无论是寄情于山水,还是钟情于茶馆,抑或是将自己交给戏与牌,都显示出川西坝子上的人们"俗好娱乐"的品性。这种基于农业社会的生活方式,曾一度受到普遍的批评,认为它不利于经济社会的发展，不利于人们养成勤勉刻苦的品质。但在今天，这种生活方式却慢慢地被冠以"安逸""闲适""慢生活"等名号，并逐渐成为工业社会和信息化时代人们追求的生活品质。于是成都便成为最适宜人类居住的城市之一，成为一座来了就不想离开的城市。古老的"俗好娱乐"幻化出了新的意义，将在这座城市和这个坝子中延续下去。

注 释

① 罗念生：《罗念生全集》（第十卷），上海人民出版社，2016，第3页。

② 参见林文询：《成都人》，四川文艺出版社，2006，第8—9页。

③ [唐]魏征等撰：《隋书》（第3册），中华书局，1973，第829—830页。

④ [元]脱脱等撰：《宋史》（第7册），中华书局，1977，第2230页。

⑤ [宋]苏轼著，[清]王文诰辑注，孔凡礼点校：《苏轼诗集》（第1册），中华书局，1982，第162页。

⑥ 曾智中、尤德彦：《文化人视野中的老成都》，四川文艺出版社，1999，第321页。

⑦ 巴蜀书社：《巴蜀丛书》（第一辑），巴蜀书社，1988，第99—100页。

⑧ [清]徐松：《宋会要辑稿》，中华书局，1957，第6508页。

⑨ [明]杨慎编，刘琳、王晓波点校：《全蜀艺文志》（上），线装书局，2003，第429—430页。

⑩ 林孔翼：《成都竹枝词》，四川人民出版社，1986，第85页。

⑪ 朱易安、傅璇琮等：《全宋笔记》（第二编），大象出版社，2006，第39页。

⑫ [清]吴任臣：《十国春秋》，中华书局，2010，第1728页。

⑬ 林孔翼、沙铭璞：《四川竹枝词》，四川人民出版社，1989，第124页。

⑭ 王文才、王炎：《蜀志类钞》，巴蜀书社，2010，第194页。

⑮ 林孔翼：《成都竹枝词》，四川人民出版社，1986，第181页。

⑯ 林孔翼：《成都竹枝词》，四川人民出版社，1986，第181页。

⑰ 林孔翼：《成都竹枝词》，四川人民出版社，1986，第81页。

⑱ [明]杨慎编，刘琳、王晓波点校：《全蜀艺文志》（上），线装书局，2003，第103页。

⑲ 林孔翼：《成都竹枝词》，四川人民出版社，1986，第181页。

⑳ [宋]汪元量撰，孔凡礼辑校：《增订湖山类稿》，中华书局，1984，第141—142页。

㉑ [明]杨慎编，刘琳、王晓波点校：《全蜀艺文志》（下），线装书局，2003，第1689页。

㉒ 林孔翼：《成都竹枝词》，四川人民出版社，1986，第184页。

㉓ 林孔翼：《成都竹枝词》，四川人民出版社，1986，第44页。

㉔ 巴蜀书社：《巴蜀丛书》（第一辑），巴蜀书社，1988，第99页。

㉕ 林孔翼：《成都竹枝词》，四川人民出版社，1986，第45页。

㉖ 陆羽著，王雅红译注：《茶经》，收入薛友：《怡情四书》，湖北辞书出版社，1997，第336页。

㉗参见四川文史研究馆:《益州集粹》,上海书店,1994,第174—175页。

㉘沙汀:《喝早茶的人》,收入钟庆成:《沙汀集》,花城出版社,2012,第313页。

㉙参见傅崇矩:《成都通览》,成都时代出版社,2006,第379页。

㉚曾智中、尤德彦:《文化人视野中的老成都》,四川文艺出版社,1999,第281页。

㉛参见中国人民政治协商会议四川省成都市委员会文史资料研究委员会:《成都文史资料选辑 第4辑》,四川人民出版社,1983,第178页。

㉜参见曾智中、尤德彦:《文化人视野中的老成都》,四川文艺出版社,1999,第242页。

㉝何满子:《五杂侃》,成都出版社,1994,第192页。

㉞参见钟合阶:《在历史的边缘行走中和场》,中国文史出版社,2012,第91页。

㉟林孔翼:《成都竹枝词》,四川人民出版社,1986,第63页。

㊱傅崇矩:《成都通览》,成都时代出版社,2006,第129页。

㊲[美]施坚雅著,史建云、徐秀丽译:《中国农村的市场和社会结构》,中国社会科学出版社,1998,第45页。

㊳曾智中、尤德彦:《文化人视野中的老成都》,四川文艺出版社,1999,第222—223页。

㊴何满子:《五杂侃》,成都出版社,1994,第193—194页。

㊵《沙汀选集》卷一,四川人民出版社,1982,第147页。

㊶参见黄尚军:《四川方言与民俗》,四川人民出版社,2002,第137—138页。

㊷参见崔显昌:《旧蓉城茶铺素描》,《龙门阵》1982年第6期。

㊸李子峰:《海底》,上海书店据1940年版影印,第210页。

㊹[美]威廉·蒙塔尔班诺:《四川的说书艺人》,收入《文化人视野中的老成都》,1999,第391页。

㊺车辐:《锦城旧事》,四川文艺出版社,2003,第5页。

㊻参见谭韶华:《三庆会》,《龙门阵》1984年第4期。

㊼转引自王笛:《茶馆:成都的公共生活和微观世界,1900—1950》,社会科学文献出版社,2015,第108—109页。

㊽林孔翼:《成都竹枝词》,四川人民出版社,1986,第69页。

㊾傅崇矩:《成都通览》,成都时代出版社,2006,第379页。

㊿何满子:《五杂侃》,成都出版社,1994,第192页。

㉑参见张先德:《成都:近五十年的私人记忆》,四川文艺出版社,1999,第55—56页。

㉒曾智中、尤德彦:《文化人视野中的老成都》,四川文艺出版社,1999,第81页。

㉓参见郑蕴侠、家恕:《旧时江湖》,《龙门阵》1989年第5期。

㉔[宋]洪迈撰,何卓点校:《夷坚志》(第一册),中华书局,1981,第373页。

㉕巴蜀书社:《巴蜀丛书》(第一辑),巴蜀书社,1988,第99页。

㉖傅崇矩:《成都通览》,成都时代出版社,2006,第129—130页。

㉗于一、刘兴明、邓运佳:《川剧常识》(内部资料本),1987,第163页。

(58)林孔翼:《成都竹枝词》,四川人民出版社,1986,第46页。

(59)林孔翼:《成都竹枝词》,四川人民出版社,1986,第72页。

(60)林孔翼:《成都竹枝词》,四川人民出版社,1986,第76页。

(61)林孔翼:《成都竹枝词》,四川人民出版社,1986,第179页。

(62)“抱”似应作“刨”。

(63)[清]张潮辑:《虞初新志》,河北人民出版社,1985,第360页。

(64)何韫若:《锦城旧事竹枝词》,中国三峡出版社,2000,第159页。

(65)杜道生:《四川扬琴传统唱本选(注释本)》,四川文艺出版社,1988,第1页。

(66)参见邓穆卿:《成都旧闻》,成都时代出版社,2005,第125页。

(67)梁实秋:《梁实秋散文》(四),中国广播电视出版社,1989,第153页。

(68)参见曾智中、尤德彦:《文化人视野中的老成都》,四川文艺出版社,1999,第242页。

(69)参见黄尚军:《四川方言与民俗》,四川人民出版社,2002,第105—108页。

第七章 民间信仰

旧时川西坝子的人们，虽然在世俗世界中享受着"游之兴""茶之味""声之盛"，将日子过得如流水潺潺，缓缓流淌，但生活不会总是一帆风顺。他们也要面临生死无常的困惑、疾病灾异的恐慌，以及诸多无法控制的威胁。他们像那个时代其他地方的人们一样，塑造神灵、崇拜神灵，也会"病不求医而求巫"，相信神巫的神力。其实早在三星堆时代，川西坝子上的先民们便与神灵结下了不解之缘。虽然古史邈远，文献记载有限，今日对当时人们的信仰状况已难以恢复全貌，但也可通过考古文物寻觅丝丝踪迹。最能体现川西地区早期的巫文化传统和信仰观念的是三星堆器物坑出土的祭祀器物，其中发掘出大量玉琮、玉璋、象牙、青铜面具、青铜人像以及青铜神树等。有学者依其功能将其分为六类，即"神像，神灵，巫祝，祭器，礼器，仪仗，祭品"。①这些器物共同构成了上古时期川西地区的祭祀系统，反映出当时人们的神灵观念和祭祀行为，是古蜀信仰的实物呈现。

古蜀国在公元前316年便已经画上句点，但信仰的传统并未因古蜀国的灭亡而消失，后世生活在这片土地上的人们，或继承古蜀传统，或接受外来信仰，依然"与神共舞"。即便到了隋唐时期，川西地区经济已经高度发达，有"扬一益二"之说，倡导"子不语怪力乱神"的儒家文化也早已在士大夫阶层普及，但民间对神灵、鬼怪的崇信依然十分盛行，这在唐宋文献中屡见不鲜。

表8　　　　　　　　　　部分唐宋文献所见蜀中信仰材料

文献来源	相关记载
《旧唐书·高士廉传》	蜀土俗薄，畏鬼而恶疾，父母病有危殆者，多不亲扶侍，杖头挂食，遥以哺之。士廉随方训诱，风俗顿改。②
《新唐书·五行二》	咸通十四年（873年）秋，成都讹言有母鬼夜入人家，民皆恐，夜则聚坐。或曰某家见鬼，眼晃晃如灯焰，民益惧。③
《宋会要辑稿·刑法二》	干德四年五月十三日诏曰：如闻西川诸色人移置内地者，仍习旧俗，有父母骨肉疾病，多不省视医药，宜令逐处长吏常加觉察。仍下西川管内并晓谕禁止。④
《宋史·吴中复传》	中复进士及第，知峨眉县。边夷民事淫祠太盛，中复悉废之。⑤
《铁围山丛谈》卷六	金蚕毒始蜀中，近及湖、广、闽、粤寖多。有人或舍此去，则谓之"嫁金蚕"。率以黄金、钗器、锦段置道左，俾他人得焉。⑥

虽各类民间信仰在历代官僚士大夫群体中被视为"移风易俗"的对象，被冠以"淫祀"之名遭到广泛批判，但依然具有顽强的生命力。在清代至民国时期，川西地区的民间信仰之盛依然有大量鲜活的证据。嘉庆二十二年（1817年）《汉州志·风俗》载："春社后，设坛建醮，作纸龙船，坐瘟、火二神像，周巡四隅。众扮执役，呵导前行，一道士仗剑随之，鼓乐齐鸣以逐疫，谓之'平安清醮会'。"德阳、广汉等地的这种信仰活动在川西坝子上并非孤例。如民国三十三年（1944年）《重修彭山县志·民俗篇》对此便有更加详细的描述：

> 俗于二、三月间，召术士筮日，设坛建清醮。醮之日，禁屠宰，户皆于门为所禳神位。术士夜出巡视，则户各于所为位前然香烛，谓之"清街醮"。毕，则为纸船，以人昪之，导以钟鼓，行于市。术士持帚、扇、剑、牌。帚有令，扇有符，逐户以扇灭其火，取其所禳之神而仆之。持剑书符，以牌拍其门，咒而以帚扫出之，投于船。毕，则焚之江，谓之"扫荡"。

"平安清醮会"和"清街醮"虽名称不同，但在内容上却并无二致，它们均体现出人们对平安、吉祥的向往，希望通过仪式行为达到目的。我们可以说这是一种关乎社区整体的集体仪式行为。

其实在人们日常生活中还有更多涉及信仰的例子，如日常生活中在面对疾病等生理问题时，人们一方面从现代医疗中寻求治疗，另一方面也往往求助于信仰实践，希望通过仪式达到治疗的目的。如清末傅崇矩在《成都通览》中便记载道：

> 凡有病人之家，不知求医，唯知祷鬼。倘不用此辈，仅求医药，则亲戚邻里群非之。于是邀以舟舆，迎如上客，装腔作势，满口胡柴，火把熏天，金鼓震地，合家大小，耳目迷眩，不知所为，而榻上病人奄然待尽矣。⑦

人们用鬼、神等超自然因素解释疾患的成因，并试图通过端公杠神、撵鬼等方式进行治疗，结果往往出现"病或得生，皆谓非巫觋之力不至此，费以十数千及数十千不等，人即不亡，家亦殆破"的结果。当然，这远远不能涵括川西丰富的民间信仰形态，川西地区的民间信仰不仅有佛、道等正统宗教的民间形式，而且保存了大量植物崇拜、动物崇拜等原始信仰，除此之外，还有诸多颇具地方特色的俗神信仰和带有职业特色的行业神崇拜。本章无法对此进行全面介绍，只能择要而述之，对川西地区的植物崇拜、坛神信仰以及行业神崇拜略做介绍。

第一节 竹王的故事：植物崇拜

北宋时期，四川出了一个画竹高手，名叫文同。大诗人苏轼在《文与可画筼筜谷偃竹记》中所记载的"画竹必先得成竹于胸中，执笔熟视，乃见其所欲画者，急起从之，振笔直遂，以追其所见，如兔起鹘落，少纵则逝矣"⑧，正是形容文同画竹技艺之高超的。我们所熟知的"胸有成竹"之典故便源于此。文同观竹、赏竹、画竹，固然是缘于对艺术的追求，体现出艺术家的个人气质，但蜀人对竹的熟悉也应是其重要的文化背景。自古至今，竹对蜀人生活的重要性不言而喻，不仅房屋四周种竹，而且房屋的墙体也以竹为骨，而旧时蜀人大部分的生产、生活工具如簸箕、撮箕、筲箕、背篓、筷子、竹扒、齿扒、刮扒、扫帚、曝板、挡席、斗笠、连枷等，均以竹为之，真可谓"宁可食无肉，不可居无竹"。正因如此，他们对竹的分类也十分多样，有慈竹、苦竹、楠竹、斑竹、水竹、箭竹、篁竹、方竹、棕竹、白甲竹、罗汉竹、人面竹、黑竹、鸡爪南竹、绵竹等。今天成都的望江楼公园就是竹的博览园，园中竹的品种逾百种。普通百姓与竹如此频繁地"亲密接触"，虽不能创造出流芳后世的成语典故，但是他们将对竹的感情上升为一种信仰，创造出各种神异的故事，还在各地塑造神像，并顶礼膜拜。如乐山有竹公溪，当地便流传着这样一则故事：

> 从前，乐山城北门外有一条小河，两岸长满了竹子，竹的根被水冲出来露在外面，人们就叫这条小河为竹根溪。后来，为啥又叫它竹公溪呢？有一天，一个妇人在河里洗衣裳，看见河里漂来一个大竹筒，还听见竹筒里面有娃儿的哭声，妇人便把它捞起来，抱回家，用刀把竹筒划开，里面睡着一个白胖胖的小娃儿，妇人把这娃儿喂养起来，取名竹娃。竹娃一天一天长大，又很精灵，妇人便让他拜师学武艺。几年时间，竹娃十八般武艺都学得很精，武功出众，人们都喜爱他。那时，乐山城一带兵荒马乱，强盗出没，到处扰乱百姓，人们白天夜晚都不得安宁，不是这家被偷就是那家被盗。竹娃就用自己所学的武功，为百姓收拾这伙强盗。经过几年时间，竹娃扫平了盗贼，乐山才得了太平。竹娃死后，大家为了怀念他，就在竹根溪上建了一座庙，庙内塑了竹娃的像，取名竹王寺，又把竹根溪改名为竹公溪。⑨

我们不知道竹王姓甚名谁，也不知道竹王到底是哪朝哪代的人，我们只知道竹王的故事世代在乐山地区流传，当老人带着孩子到竹公溪畔的时候，老人总会捋着胡须给孩子摆摆那

个不知流传了多少辈人的龙门阵，当孩子变成老人的时候，他又会捋着胡须给他的孙儿摆同样的龙门阵。故事或许可以随风飘散，但竹公溪畔竹王祠实实在在地坐落在那里世代接受着人们的崇拜。清初诗人王世祯便亲眼看见过此盛况：夜幕笼罩，竹公溪口，这个来自北方的诗人刚好乘着一叶扁舟驶过江口，岸上点点灯火时隐时现，那"咚咚咚"的铜鼓声和依稀能够听见的人声一阵阵传到他的耳中，这神秘的声音是他第一次听闻。他想可能是岸边的人们在祭祀神灵吧！问之于舟子，舟子说这是竹公溪沿岸的人们正在祭祀一个有三郎之称的神灵——竹王。王世祯颇为诧异，没想到《华阳国志·南中志》中记载的竹王信仰居然在这嘉州城外依然还有遗存，于是提笔写下了"'竹公溪'口水茫茫，溪上人家赛'竹王'。铜鼓蛮歌争上日，竹林深处拜三郎"⑩。一百余年后的某一天，合川人冯镇峦在汉源县的清溪江畔也见到了竹公祠，我们不知道他是否也像王世祯一样看到祭祀竹王的神圣场面，但他也将"走马金銮望'夜郎'，'竹公祠'下醉茫茫"留在了《晴云山房诗集》中。⑪

竹公祠中有竹公，竹公正是自然界的"竹"被人格化、神格化的产物，各地都流传着关于竹公的各种传说。人们在不断叙述此类传说的过程中，对竹的原始信仰逐渐被福佑地方的神灵——竹公或竹王取代。其实竹王信仰不仅流传于川西地区，在中国整个西南尤其是少数民族地区也广泛流传。"夜郎自大"传说中的夜郎国便是以竹为图腾的小国，关于夜郎王的起源，有这样一则传说：

> 有竹王者，兴于遯水。先是，有一女子浣于水滨。有三节大竹流入女子足间，推之不肯去，闻有儿声。取持归，破之，得一男儿。养之，长有才武，遂雄夷濮。氏以竹为姓。捐所破竹于野，成竹林，今竹王祠竹林是也。⑫

如果与流传在乐山地区竹公溪得名的传说相比较，我们有理由相信它们有一个共同的源头。只是竹公溪传说中的竹公早已演变为地方神灵，其神异故事也只能在当地口耳相传，而夜郎王的传说则在汉晋时期便已被史书编纂者载入史册，并解释了一个国王世系的来源。夜郎早亡，夜郎王的传说零星散布在各种文献中。而作为地方神灵的竹公或竹王，自唐宋迄明清一直在川西坝子上被人崇祀，竹王庙也遍布各地。唐代著名女诗人薛涛便有《题竹郎庙》诗云："竹郎庙前多古木，夕阳沉沉山更绿。何处江村有笛声，声声尽是迎郎曲。"⑬宋代王存撰《元丰九域志》中也记载邛州有竹三郎庙⑭，宋代乐史的《太平寰宇记》卷七十五也说"大邑县有竹王庙"。二十年前的川西部分农村还有拜竹习俗的遗迹，方法为：父母抱着小孩在竹林中诵念"嫩竹妈,嫩竹娘,二天我长来比你长"的祷语。

竹崇拜的表现形式远不止于竹王信仰,在川西乃至整个巴蜀地区,老斑竹根或金竹根还可以制成端公、道士、巫婆等所用的法器——竹根卦,用于占卜吉凶。民间也有视竹为灵物的传说,如流传在大邑的《筇竹惩贪官》便说:

> 从前有个和尚云游到大邑三岔乡甘泉寺,看到风景好就在寺中住了下来,庙门外有个池水清亮得如一面镜子的大水池,周围桃树、柳树环绕,只是池子左边的小土墩上光秃秃的。和尚说筇竹坚硬,于是请人从云南弄回来一株筇竹种在土墩上,在他精心浇灌下,筇竹很快便由一株而滋生出许多株,长成一片竹林。后来和尚又将其分栽到大邑各地,于是筇竹在大邑便逐渐多起来。人们用筇竹作手杖,既坚韧光滑,又美观耐用,后来甘泉寺的筇竹也成了大邑古八景之一,被赞"甘泉筇竹年年有"。有一年,大邑出了个贪官,认为筇竹是不可多得的宝物,想砍几根送给上司,就带人去甘泉寺砍。奇怪的是,差役每砍一刀,县官就"哎呀"地叫一声,连砍五刀,县官的腿上已经现出了血口子,鲜血直往下流。县官疼痛难忍,只能让手下不要再砍了,赶紧把自己抬回县衙。抬回去后县官再也站不起来,后来就成了瘸子。从此甘泉寺周边就流传着几句顺口溜:"县官要把筇竹砍,刀刀砍到连二杆。神竹能辨恩与怨,不惩善良惩贪官!"⑮

在传说中,筇竹被赋予灵性,与贪官的身体成为同构关系。这固然是老百姓憎恨贪官,渴望政治清明愿望的艺术呈现,但其中蕴含的对竹的崇拜也依稀可见。

竹信仰仅仅是植物崇拜的一种类型。旧时在川西地区,常常可以见到乡间路边的某一棵大树中部被掏了一个孔,并将一尊神像放在孔中,四周饰以红布。人们经过时还要烧香燃烛,并将带来的红布缠在树枝上。即便树中没有神像,一些古木也被人们视为神异之物,因为有些人认为古树的生命力旺盛,生命周期也很长,因而向它寄予了长寿的愿望;有人认为古树根系发达,繁殖力很强,便将其看成了生殖力的象征;还有人认为古树可以带来财富,因而崇拜,如"摇钱树"之类。川西所供树神,多为黄桷、皂角、杉柏、麻柳之类;亦有少数其他种类的树木,如夜合、梧桐等类。皆以巨干密枝,荫蔽宽敞,富有神秘气氛,称将军或大仙。

黄桷树又称黄葛树,学名榕树。树茎粗大,树冠覆盖远,树形多姿而奇特,多长在江边河岸,是一种生命力极强的乔木。在川西地区,偶尔会见到上百年的黄桷树。人们认为黄桷树是一种神树,大多在树下为体弱多病的孩子烧香祭拜,或"撞拜"干爹。也有拜楠木树的,如在成都都江堰市玉堂镇会仙桥旁,就有一棵年代久远的楠木树,其树干上长出了许多像玻璃珠一样大小的树瘤。相传,曾经有一人由于疾病缠身,听说此树有些灵气,便用刀割了一颗树瘤食之。不久,病竟痊愈,此事越传越远,吸引了八方香客前来朝拜。人们每遇疾患,必要备上香火前来祭祀。在今成都都江堰市玉堂镇老街临河生长有一棵几人才能合围的麻柳树,据说几十年前一高姓道士在这里作法,并在树干空心处安置了一个神龛,龛内供奉了一尊观音,人们尊此观音为"麻柳观音"。从此,此树吸引了八方善男信女朝拜不绝,常见有人到这里挂红祭祀。

川西地区还有一种灌木——马桑树,虽没有人对其进行祭祀,但它在川西坝子乃至巴蜀全境的神话中都占有重要的地位,几乎每一个县市都流传着关于它的故事。如乐山沙湾区有关龙衣秀才的传说中有一则《马桑树不长高》:

> 一天,太阳很大,天气很热,龙衣秀才骑马来到一根大树下,把马拴在树上乘凉。一时叫不出树的名字,龙衣秀才想,拴了马就叫马桑吧。那马桑讨了奉赠,好不欢喜,陡然猛长了十几丈高,腰身要两个人牵起来才抱得住,树叶密密麻麻像把大伞,好让龙衣秀才乘凉。哪晓得它这一长,就把拴的马吊到了半空中去了。龙衣秀才慌了,忙用马鞭子一打,说:"马桑啊,不长高,一人高就捲腰。"从此,马桑树就只长人把高了。⑯

关于马桑树的神话,各地虽稍有差异,但大致情节基本相同。从中可以看到马桑树从通天乔木变为灌木的神话解说。也正因如此,在川西地区马桑树又有通天木之称,据说当年后羿射日,开始时射不中,后来站在马桑树巅就顺利地把太阳射下来了。民间还传说用马桑树制作棺材,可使亡灵直达天庭。旧时在四川很多地方还建有马桑庙,至于其中供奉何种神灵,今已不可考。由此可见,马桑这一普通的灌木,在川西乃至巴蜀的神话中具有与"扶桑""建木"同等的功能。

对竹和树的崇拜,有人说它与先民的图腾崇拜有关,也有人认为它是生产力水平低下的产物。关于信仰的起源问题,实难稽考。但它在某种程度上确实体现出"万物有灵"的观念,人们将愿望寄予在这些植物身上,并将其幻化成神灵。

第二节 淘气的神灵：坛神信仰

一个不知名的小小山寨隐藏在群山连绵的湘西，没有人知道它诞生于何时，也没有人知道在这个小小山寨曾上演了多少人世间的悲欢离合。只知道在某一个不知名的夏日的黄昏，当落日余晖在山天相接的地方时隐时现时，人们早已围在寨中广场中央的那株千年古树下，等待着熟悉而又神秘的"好戏"开场：

> 他双脚不鞋不袜，预备回头赤足踩上烧得通红的钢犁。……那在鼓声蓬蓬下拍动的铜叉上圈儿的声音，与牛角呜呜喇喇的声音，使人相信神巫的周围与本身，全是精灵所在。
>
> 围看跳傩的人不下两百三百，小孩子占了五分之一，女子们占了五分之二，成年男子占了五分之二，一起在坛边成圈站立。小孩子善于唱歌的，便依腔随韵，为神巫助歌。
>
> ……
>
> 五羊这时酒醒了。但他又沉醉到一种事务中，全部精神集中在主人的踊跃行为上，匀匀地击打着身边那一面鼓。他把鼓槌按拍在鼓边上轻轻地敲，又随即用力在鼓心上打。他有时用鼓槌揉着鼓面，发出一种人的声音，有时又沉重一击忽然停止。他脸为身旁的柴火堆熏得通红，头是那么像饭箩摇摆。平时一见女人即发笑的脸上，这时却全无笑容，严肃得像武庙的泥塑的关夫子了。
>
> 神巫把身一踊，把脚一顿，再把牛角向空中画一大圈，五羊把鼓声压低下去，另外那个打锣的人也把锣稍停，忽然像从一只大冰柜中倾出一堆玻璃，神巫用他那银钟的喉咙唱出歌来了。⑰

熟悉沈从文作品的读者们，可能对《神巫之爱》中的这一段描写并不陌生。那奇怪的装饰、粗犷的舞蹈、怪异的歌声，在篝火的映衬下显得如此神秘，与遥远的古文献中所记载的"信巫鬼"之俗遥相呼应。这就是神巫的故事，它不仅在湘西的土地上千古流传，而且巴蜀大地、川西坝子上也随处可见。它关乎信仰，关乎人的心灵，顽强地延续了数千年。蜀中的坛神信仰以及由此衍生出的庆坛仪式，与沈从文笔下湘西地区神巫的活动实难区分。

川中供奉"坛神"的习俗，至少明末便已盛行，明末清初遂宁人李实在《蜀语》中说："坛神：名主坛罗公，黑面，手持斧吹角。设像于室西北隅，去地尺许。岁暮，则割牲延巫歌舞赛之。"⑱有清一代，四川虽经历了大规模的"湖广填四川"移民活动，但坛神信仰并未式微，

几乎在川中各地均有供奉，或设神龛于堂屋内，或供神像于岩壁间。人们对坛神既敬又畏，不仅平时谨慎供奉，而且还会在特定的时候庆坛还愿，这在川西地方志中多有记载，如：

表9　　　　　　　　　　　　川西地方志所见"庆坛"习俗

资料来源	相关记载
嘉庆十六年（1811年）补刻乾隆本《雅州府志·风俗》	又祭坛神者，秦为太守李冰，宋嘉州刺史赵昱也。昔皆治水有功，故川人世祀之，谓之庆坛。嘉州刺史赵昱，蜀人曾供奉于灌口及川主庙内。今青城诸山的最高处，俗称为"赵公山"。
同治十三年（1874年）《德阳县志·风俗》	又有祀坛神者。神为秦灌令李冰、隋汉嘉守赵昱。昔年治蜀水有功，普利蜀川，故农人世祭之，谓之庆坛。
光绪十二年（1886年）《灌县志》	隋嘉州太守赵昱与兄冕隐此，故名之曰赵公山。每当月夜，半顶上常有丝竹、钟鼓之声；黎明望之，可卜晴雨。谚云："天将晴，山顶露；天将雨，山顶雾。"
光绪十八年（1892年）《名山县志·风俗》	有世奉者，制石高七八寸，方径尺许，中为圆弧，位堂北之右，曰坛等。倚壁粘神牌，书罗公仙师，或书镇一元坛赵侯元帅、郭氏邻兵三郎，旁列稗号数十，皆荒诞俚陋。两侧别置旗枪，以岁暮巫祝之，谓之庆坛。

坛神是何方神灵？历来各家说法莫衷一是，或认为是秦太守李冰、宋嘉州刺史赵昱，如民国《芦山县志》载："坛神者，秦为太守李冰，隋为嘉州刺史赵昱也。昔皆治水有功，故西康人士多崇祀之，谓之庆坛。"或认为是姜子牙、李老君。但有的地方的民间传说则提供了一些另外的说法，如青神县的《供坛神的传说》载：

从前有两家人：一家姓赵，一家姓侯。两家房子连房子，屋角接屋角。姓赵的种了一窝南瓜，藤子爬到姓侯的屋子上去结了一个大南瓜，赵家去讨南瓜，侯家不干。赵家说南瓜是他种的该他讨，侯家说南瓜在他的房子上该他摘。争执不下一直闹到了县衙门。县官认为双方都有理由，就判他们把南瓜剖开一家一半。哪晓得把南瓜一剖开，里头是一个娃儿。赵侯二家认为是宝，于是，共同认成干儿子打伙供，给娃儿取名赵侯。赵侯淘气得很，有天放学，在路上逮到一条蛇，就弄回去喂起来，先在赵家屋头喂。从此天天耍，再也不想读书了。赵家爹娘说了他，他就弄到侯家去喂，侯家爹娘也说他，他干脆把蛇弄到学堂头的一个小柜子里头去喂，先生看到还是说他。他只好把蛇背到深山老林里头去放了生。从此，赵侯心头怄气，既不读书，也不回屋，成天东逛西晃。一天，他走到河边上，突然天下大雨，河头翻波涌浪，河对门才有人家，河上没船没桥咋个办？正在发愁，猛看见一条蟒蛇横担在河上，赵侯踩在蟒蛇身上过了河。过河后更像游魂东飘西荡了。有一天他碰到唐王爷跟前，求王爷给个一官半职。唐王爷说："你这赵侯，长得真是怪，像一个坛子，倒可受香火。"从此，民间就开始供神坛了。[19]

该传说至少提供了三个重要的信息：

第一，坛神似乎与巴蜀地区古代对蛇的崇拜有一定关联。崇蛇之俗在古巴蜀地区并不罕见，不仅"巴蛇吞象"的神话妇孺皆知，就连《说文解字》在释"巴"之本义时也说"巴，虫也。或曰食象蛇"[20]。据邓少琴考证，今之大巴山"即古之蛇山"[21]。王家祐也曾指出："巴人源出'氐羌'系，梓潼神乃龙系巴人的族神，一称潼河大帝，一即唐以前的壁山神。他是大巴山的蛇神，由巴山神，写为辟山神，又讹为壁山神。"[22]

第二，坛神姓赵，这似乎是坛神从原始蛇崇拜转换为人格化的赵昱后衍生出来的情节。在川南合江有赵侯坛，该坛班便以隋代嘉州刺史赵昱为坛神。值得注意的是，据掌坛师权春林说，坛神起源与阴魂有关：黄帝与蚩尤大战后损失了三十五万零五千官兵，他们阴魂不散，争与唐王投梦，诉说在阴间无人超度之苦。唐王缅怀忠臣良将，立坛祭祀，封为坛神。从此以后，人们求子得子，求福得福，叩之必应，求之则灵。[23]由此可见，此说法与青神等地民间传说有诸多共通之处。

第三，坛神像一只坛子，这是民间"望形生义"而附会坛神的得名，在川西农村供奉的坛神中，确实有一类与坛子形状相似。而蜀中俗语"坛"一词有"疯狂"之意，如"你坛了"即"你疯了"。据说供奉坛神之家，多因家有疯狂之人，请端公为其做法化解。当端公知道其触怒了某坛神，则这家人必须供奉被触怒的坛神，只有这样疯病才会好。坛神似乎亦正亦邪，它既可以辟邪、消灾，又可能会带来灾难，因此人们需谨慎事之，避免因它生气而招致灾难发生。

川西地区供奉的坛神类型广泛，按供奉坛神的对象可分为上坛、中坛、下坛以及娘娘坛等；按供奉坛神的方式可分为笩笩坛、磋磴儿坛、栀子花坛等。乡镇路旁及士民家中，供奉最普遍的是笩笩坛和磋磴儿坛。如家中有人久病不愈或诸事不顺，人们便可能将原因归咎为未满足坛神愿望，抑或曾向坛神许愿但后来未曾还愿，因此坛神生气以降罪于人，于是人们会请端公举行"庆坛"仪式。根据主家"跳神"的缘由，端公"庆坛"又可分为"小庆"和"大庆"。"小庆"是指做"禳灾除病""画符驱邪""烧蛋化水"及"打保符"之类纯属"巫仪"的法事；而"大庆"则是端公坛班在掌坛师的率领下，往病家大设神坛，大锣大鼓，举行整套法事的跳神活动。[24]如民国十六年（1927年）《简阳县志·礼俗》载：

俗多供坛神，曰坛，则以径尺之石，高七八寸，置于中堂神龛之右；曰笩笩坛，则以径尺之筐，高尺许，挂于中堂神龛之侧。上供坛牌，粘于壁旁，列坛枪，或书罗公仙师，或书镇一元坛赵侯元帅、郭氏领兵三郎。乡人呼曰小神子，士大夫或以为奥，或以为开边名将。……沥血点之，粘俗人每庆贺则杀一豕，招十数村巫解秽，扮灯歌唱彻夜，谓之大庆；招三四村巫吹角呜呜，放兵收兵，不事跳舞者，曰搬扎。庆毕，张白纸十二，巫以剃发刀自划其额，坛侧，谓应十二月之数。谓世奉此，则家可富，稍不谨，则家道不昌。

庆坛的规模大小、日期长短、人员多少，多按主家要求而定。一般坛事只需三四人，至多五六人，不穿戏衣，不化妆。道具有神案、文书、符箓、师刀、令牌、牛角、占卦等，多为一天结束，称为"素坛"。规模大的法事多系大户人家操办，分三日坛、五日坛、七日坛等。

端公坛班又分为"文坛"和"武坛"。"文坛"如请神驱鬼、画符神水等，由内掌坛师一人主持。"武坛"有戏剧人物帮念打，俗称"端公戏"，为傩戏的一种。端公的主要唱腔牌名为"神腔"，俗称"端公腔"，一般是鼓板铛铰作节，有帮腔无伴奏。戏目有《游十殿》《收红猪》等。㉕当庆坛法事做到夜深时，应主家要求，坛班除演神鬼法坛戏外，还可以演一些民间"跳灯"小戏和川戏剧目，加一些娱乐性小戏以免除疲乏，而端公也可得额外赏钱。

除因家庭成员生病等个人原因需举行庆坛仪式外，还有一种庆丰收、岁终酬神还愿的民间坛事——岁终庆坛。届时，主家会大张筵席，邀请端公前来庆坛，祝佑祈福，驱逐瘟疫，以求来年风调雨顺，五谷丰登。亲朋好友及左邻右舍也纷纷前来送爆竹以表庆贺。坛神分别绘制在坛神板上，"压坛石"和"坛枪"是坛神所领神兵的象征物。压坛石又称"坛墩"，中间有孔，上插坛枪，悬挂五色旗五面，代表东西南北中五方神兵。"庆坛"时端公要戴上所请大神的傩面具，表示神灵附体，在锣鼓节拍伴奏和乐师的帮腔下唱"端公调"，如"开坛请神"时唱：

> 铜锣一面白如银，轻轻敲动鬼神惊。铜锣三锤无别事，开坛仙官下凡尘。一请东方开坛师，二请南方开坛师，三请西方开坛师，四请北方开坛师，五请中央开坛师。

庆坛仪式结束后不能随意弃置坛神，否则会家道不昌。据说即便病人已愈，若将坛神弃置门外，则第二天又会在神龛右下角看见坛神，病人之疯病又会复发。所以要及时送走坛神，且必须送到庙上请之另寻他人，犹如"嫁毛虫"一样。㉖

与坛神类似的"小神子"也是为人所惧的俗神，旧时川西迷信之人多信奉此神，尤其是妇女，当家中之物不翼而飞或发出异常响动时，她们认为即是此神在作怪，需向此神烧香磕头。

她们信奉"小神子不敢得罪"之说。[27]光绪三十四年（1908年）《续修叙永永宁厅县合志·杂类志》载：

> 叙永昔年民间有"小神子"。相传偶入人家，随时现形，或空中言语，约三尺高。皆处子也，姊妹七人，凡心术不端、奸诈害人者，即入其室作祟，或银钱、货物转瞬不见，或时纵火焚物，或将大石悬空际，上下不着，又于炊爨饮食中，或和以粪与沙石，令人不能下箸。去来甚速，反覆不常。如礼之恭，亦能将他处财物搬运至此。惟器量极狭，稍亵慢，即介意害最酷。若为正直人家，定不敢犯。

由此可见，小神子在佛教、道教神灵体系中并没有地位，它乃一种器量极狭的民间俗神。它虽不会制造大灾难，但往往也使人们颇感头疼。因祀之则保护周备，能致富贵；犯触之，轻则扰乱，重则加害，所以人们对其态度也是"畏"多于"敬"。有人认为小神子与坛神有极密切的关系[28]，对此县志中也有记载，如民国十六年（1927年）《简阳县志·礼俗》中就明确说"乡人呼（坛神）曰小神子"。其实蜀中类似坛神、小神子的俗神还有很多，如五猖、樟柳神等。还有一类与人们日常生活更为紧密的俗神，如屋檐童子、运水郎君、灶神菩萨等，它们均是人们巫术思维的呈现，是人们试图解释一些不能理解的事物的信仰方式。

除信仰以上这些独特的民间俗神外，旧时在川西地区尤其是偏僻乡村，常常可以在丁字路口、十字路口等被视为凶位的地方或院落前方见到"吞口""泰山碑""泰山石"。还有直接将一个木制的吞口挂在门首，此类吞口多在瓜瓢上画一张鬼脸，嘴里含把宝剑。不挂吞口的家庭，也往往在门首挂上一面镜子。俗以为，这样便可以让诸煞远避，以达到平安清吉的目的。关于为何要挂吞口，川西民间广泛流传着一则故事——《挂"吞口儿"的来历》：

> 啥子叫"吞口儿"？现在不容易看到了。过去在有些住家户的大门上，挂着个瓜瓢。瓜瓢上画张鬼脸，嘴里含把宝剑，那就是"吞口儿"。吞口儿是咋个来的？人们又咋个要把它挂在门枋上呢？
>
> 听老一辈人讲，刘秀走南阳的时候，有一天晚上跑到新津。后头追兵脚跟脚地撵，眼看就要遭逮住了。正在着急，突然从树林头钻出个大汉，把刘秀背起就跑。刘秀只觉得像腾云驾雾样跑得飞快，不一会儿就把追兵甩掉了。那大汉把刘秀放下来，"咚"地跪在他面前，请求封赏。刘秀一看，这人凶神恶煞怪模怪样，吓了一大跳。顺手抽出宝剑就向他砍去。那大汉嘴一张，把刘秀的宝剑含住。刘秀看到这个阵仗，心头更虚了，撒腿就开跑。那大汉呢，就变成个石头人站在那里不动了。这件事传开后，大家都说那大汉是避邪的鬼怪，化成人形来帮助刘秀

的。这下都照着样子用石头打一个，放在家门口，喊它叫"吞口儿"。后来，嫌打石头太麻烦了，就改成用瓜瓢画。打比方说，对门子的房子高了一点，对门子的大门正对着自己的大门，对门的树子把运气压倒了屋头尽出不利的事等，弄个吞口儿，往大门枋上一挂，就觉得可以避邪气了。这个习俗一代一代传下来，就是今天，有些人的家门口都还挂着吞口儿呢。㉙

即便今天，行走在川西坝子上的大街小巷和乡村野外，还可以看到老百姓门首那一面面稍显陈旧的镜子。它们在人们的信仰世界中占据了一席之地。另外，旧时还常常可以在川西坝子上看到立于十字路口或三岔路口的"挡箭碑"或"将军箭"，有人认为立"将军箭"和"挡箭碑"是为了"乞子保命"修好积德；也有人认为，"箭"与"碑"亦是两性交合的一种模拟，即将碑作为女性以接纳过路众人（即箭）的生殖力，以保护幼子平安无事。㉚

值得注意的是，事物往往具有双面性，人们一方面试图求助于信仰以解决实际问题，另一方面又对以端公为代表的民间神职人员持怀疑态度，如明代方孝孺的《越巫》就将一个自诩为"我善治鬼，鬼莫敢我抗"的巫师，被几个装鬼的年青人捉弄得狼狈不堪的情景描绘得淋漓尽致，巫师最终"胆裂死，肤色如蓝"，但该巫师"至死不知其非鬼"，从而证明端公的法术是"巫教场合"。㉛在川西坝子乃至于整个巴蜀地区的民间文学中也保存有大量嘲讽端公的类似故事，如流传于成都双流区的《"鬼"缠端公》和崇庆县的《刘端公路遇显道神》㉜，流传于重庆市九龙坡走马镇的《道士先生被鬼吓》㉝、凉山州宁南县的《道士先生遇"茅草鬼"》㉞，以及内江市的《贾道士杀"鬼"》㉟均属于此类，而笔者的家乡巴中，也流传着这类传说。它们真实反映出旧时普通百姓对端公、民间道士的态度。

第三节 祖师的庇佑：行业神崇拜

社会分工是人类文明进步的标志，农耕社会中虽将"男耕女织"视为理想的生活状态，但铁匠、木匠、石匠、瓦匠、土匠、篾匠等百工诸业也为社会发展做出了必不可少的贡献，其他如酿酒、纺织、屠宰、医药、商业等同样关联着人们的生活，并扮演了十分重要的角色。《考工记·总叙》便说"国有六职，百工与居一焉"㊱。旧时，各行各业的从业者们不仅具有高超的技艺，而且还要遵循诸多的禁忌，敬奉、祭祀各自崇拜的神灵，如民国三十五年（1946年）《新繁县志·礼俗》载：

> 民业则各祀其所始。纸业祀蔡伦，泥、木、石业祀鲁班，五金业祀老君，酒业祀杜康，机织业祀机仙，靛业祀梅葛仙翁，豆腐业祀淮南王，鞋业祀孙膑，织屦业祀刘备，缝衣业祀轩辕，理发业祀罗祖，屠宰业祀桓侯，厨业祀詹王，医业祀孙思邈，演剧祀唐明皇，胥吏祀萧曹，船户祀王爷，商人则通祀财神。

可见，崇拜行业神在旧时十分普遍，行业神作为从业者的保护神，往往由该行业传说中的祖师爷充当，艺人们对其多崇敬有加。行业神的来源多种多样，有的来自历史故事，有的来源于神话传说，也有的出自演义小说，另外还有一些来源已不可考的行业神，如船工祭祀的镇江王爷。有些神灵如关公和鲁班，可以同时被几个行业供奉为行业神，也有些行业不止供奉一个行业神，如戏剧业。下面将着重介绍在水上讨生活的人群如船工们所崇祀的镇江王爷，猎人们的禁忌与梅山信仰，以及川中厨师独特的詹王崇拜。

（一）靠水吃水：船帮的禁忌与信仰

旧时川中货物与人员的流动主要靠船运输，因此川江水运十分发达。无论是川东的渠江、嘉陵江，还是川西的岷江、沱江均是重要的航道。不仅江、河上经常出现百舸争流的场景，就连作为货物集散之地的沿河城镇码头也十分繁忙热闹。长年以船为生的水手、纤夫们和大量过往的客商，其生命、财产都寄托在江河之上。但"水能载舟，亦能覆舟"，在面对激流险滩和各种恶劣天气时，船翻、货沉、人亡之事时有发生，人们对此往往只能做到"尽人事而知天命"，通常将灾难发生的原因归咎为触犯了禁忌或得罪了河神，这便产生了独特的江河信仰。

旧时，川江上的船工们在语言、行为等方面都有许多禁忌，如语言方面便有将"打水"说成"扯水"，"翻了"说成"张面"，"沉了"说成"包东"，"倒了"说成"倾了"，"烂了"说成"皮了"，"吃豆腐"说成"吃灰门"等；在行为方面有所谓的"八不准"：不准上坡吃饭，不准船头解便，不准在跳板上提水，不准赤身看舱，不准拉跑头纤，不准乱开铺，不准看舱时说话，不

补锅匠

准吃坐汤饭。船工如有违犯,轻者置办酒肉香烛祭神,重则扣除工资,逐令下船。㊲

如果说禁忌是人们通过自我约束来实现对风险的规避,那么信仰则是试图借助神灵的力量祈求平安。旧时镇江王爷便是川江船帮最崇信的神灵。望文生义,镇江王爷便是能镇住江河的神灵。笔者曾在嘉陵江流域的蓬安县走访调查,据几名老船工说:

> 王爷就是镇江王爷,管江河,管船只的。都要敬他嘛。那些凶滩恶水,经常打船,那岸上就修的有王爷庙嘛。等于说这个地方的滩道很危险,经常打船,那在干坡上,岸上就供了王爷的。有人要去敬,但也有人不敬嘛,看你的需要。㊳

旧时,沿江场镇多有王爷庙,川西的德阳、绵竹、汉源等地还有王爷会,会期为每年农历六月初六,如民国二十七年(1938年)《安县志》卷五十六"社会风俗"载:"县属各乡场镇会馆及乡下寺庙,每年大约以某神生日为会期,演剧报赛,惟塔水场之单刀会……水场之王爷会,乐兴场之寿佛会,游观者众。"民国二十四年(1935年)《夹江县志·风俗》载:"六月初六日,镇江王爷会。"当天所有船只都要停泊在岸,船帮成员在公举的会首主持下集聚王爷庙,摆上丰盛的供品向王爷行三叩九拜之大礼。礼毕,船老板们要请员工聚餐。这一天还要请川剧戏班在王爷庙演戏以酬神。船工们也可借机喝茶、听戏,获得难得的休息时间。

实际上,此日不仅船帮要祭祀镇江王爷,其他一些需依赖于河流的行业也要祭祀镇江王爷。清末傅崇矩《成都通览》"成都人之迷信"条下有"六月初六王爷会":

> 是日,俗传为镇江王爷生期,凡迷信水险者,均虔诚礼拜。如米碾户、干菜行、药材帮、柴行、碳行、木行、纸帮,无不设筵待客。或演戏,或念经。唯船帮尤为迷信,是日无论何人均不开船,醵资在王爷庙演戏酬神。犍为县竹根滩之王爷庙,尤热闹。㊴

米碾需借助流水作为动力,而药材帮、柴行、碳行、木行等所经营之物,主要依靠航运实现货物的流动,行船之安危自然关系到这些行业的利益。因此,他们共同祭祀镇江王爷也便顺理成章了。也有商人供奉镇江王爷,如民国二十四年(1935年)《夹江县志·风俗》载:"商贾必祀镇江王爷,取其水路平安也。"还有一些地方的镇江王爷不仅是以上各行业人员供奉的对象,也是当地百姓崇奉的神灵,如四川茂县土门西高400米陡岩上的石龛中塑有"镇江王爷"神像,石龛外建有庙宇。有意思的是,每年农历六月初六镇江王爷生日之际,附近各寨的善男信女会带上腊猪头肉、纸龙袍、眼镜、靴帽等祭品前去祭祀,并许愿、还愿。青

修石磨

年男女穿戴一新，借此选择称心如意的对象，故又有"六月六，看媳妇"之说。届时，小贩们也云集于道路两旁，摆摊放点，推销商品。

关于镇江王爷之原型，说法不一。有人说乃修建都江堰的蜀守李冰，如民国二十年（1931年）《三台县志·风俗》载："六月六日……舟行者举王爷庙之祀。王即蜀守李冰，敕封通祐王。"清代吴好山《灌县竹枝词》云："了愿酬神六月中，虔诚拜到'二王宫'。人来莫向南关去，逝水推波路不通。"⑩有人说是李镇江，如犍为县竹根滩王爷庙内就供着李镇江的塑像。相传李镇江是李冰的后代，他为岷江除去了一个水怪，老百姓就在整治怪物的地方修起庙，塑上了他的雕像，一来纪念李镇江，二来担心以后河头再出怪物。也有人说是杨泗将军，如同治十三年（1874年）《德阳县志》载："六月六……又有王爷会，相传杨泗将军斩蛟得道，封为镇江王。凡市镇乡场，皆演戏。"民国三十年（1941年）《汉源县志·风俗志》载："六月六……临水人家，各场各堰，各作杨泗会，又名王爷会。"旧时成都蒲江西来镇有杨泗庙。

船帮对镇江王爷的崇祀不仅体现在六月六的王爷会上，而且体现在新船下水时：新船下河要杀雄鸡敬镇江老爷，并用鸡血淋在新船的龙头枋上。杀鸡前必须先将刀和捆绑好的鸡摆在龙头枋上。造船的木匠师傅主持仪式，他一边口诵咒语，一边将鸡血淋满龙头枋，再将钱纸贴在枋上，并在钱纸上贴七根鸡毛。俗以为经此仪式，新船才能顺利下水。这也是船帮信仰民俗的直观体现。

（二）靠山吃山：猎人的禁忌与信仰

汉代蜀人扬雄作《蜀王本纪》说鱼凫"田于湔山"，其中"田"乃"狩猎"之意，而"湔山"则指今都江堰、彭州、茂汶等川西山地，由此可见早在古蜀鱼凫统治时期，蜀人便已经从事狩猎活动。后世农耕虽逐渐成为最重要的经济生产方式，但狩猎传统并未中断，如民国十八年（1929年）《什邡县志·风俗志》载："山中猎人多用鸟枪、毒矢，设机阱以擒取禽兽。"农闲时川西的农人们也充当猎户，一方面是为了杜绝野兽毁坏庄稼，另一方面，狩猎也是家庭收入的重要补充。

狩猎活动涉及大量与信仰相关的禁忌，如在有十多人、几十条狗集体出猎时，便需谨记诸多语言禁忌：如只能称老虎、豹子为大猫，兔子叫立耳，野猪叫奔耳，九节狸叫花鞭，狗獾叫泥猪，玉面狐叫拱猪。如果猎人不小心犯了禁忌，便会被罚"牙祭"，即掌舵大爷责令犯忌者出钱

中国风俗图志·川西卷

补瓷器

买酒肉敬神后,与同伙分享。除此之外,他们还将用长竹竿触动草丛以惊出野兽这种行为叫作"打竿竿",将通知狩猎者监督猎物逃窜路线叫作"望哨"或"传点"。[41]这些语言禁忌源于万物有灵的观念。对此后世虽有人半信半疑,但作为一种长期相沿的习俗,已成为规约被遵守。

熟悉《水浒传》的读者一定会对"林冲风雪山神庙"中的精彩场面印象深刻,那么山神庙中供奉的是何方神圣呢?其名为山神老爷,实际上主要为猎人供奉的猎神。旧时,川西地区的猎人多以梅山神为猎神,据说梅山神就是梅山七圣,他们是二郎神的朋友和助手,猎人在每年冬月(农历十一月)十一还要举行"梅山会"。平时猎人们在猎获野猪、豹子等大型猎物后,也要到附近的山神庙还愿。如猎获猎物的地点离山神庙太远,则就地用石头垒一祭台临时充当山神,并供上兽头、香烛,口中念:

> 弟子恭请祖师上洞梅山胡大王、中洞梅山李大王、下洞梅山赵大王,上山有七十二将,下山有七十二郎;呼风打哨,唤狗二郎;报信童子,支火二郎;逢毛吃毛五猖、逢血吃血五猖。高山冷坛破庙,都青来本坛会总,领受血食。请当地古老先贤,地盘业主均分,见者有份。[42]

祭祝完毕,便可以分肉了。川西的猎人除信奉梅山外,还有供奉高山土地者。土地神崇拜本源于农业社会,但在巴蜀部分地区猎人也将土地神作为祭祀神祇,冠以"高山土地"之名,与之相对应的其他土地神,也都有各自的名称,分类详细。如民国三十年(1941年)《汉源县志·风俗志》载:

> 七月七日,城乡具作土地会,曰"高山土地",古山神也,山农、猎户祀之;曰"桥梁土地",古河伯也,水居祀之;曰"青苗土地",古田祖也,田农祀之;曰"长生土地",古中霤也,人家中堂龛下祀之。别有庙门、花园、栏各土地。

将古代各种与生产相关的神祇均冠以"土地"之名,不仅反映出土地神在川西人心目中的重要地位,而且也可从侧面看出川西以农为主的经济生产方式。将山神称为"高山土地",将河伯称为"桥梁土地",将田祖称为"青苗土地",将古"五祀"之一的"中霤"称为"长生土地",这也反映出川西民间信仰的混杂性特征。

旧时川西民间还有一些独特狩猎方法,如"黑山"便生动地反映出川西地区的狩猎习俗。[43]所谓"黑山",即猎人不带猎枪、猎狗,只用套绳、陷阱、地弩等捕捉野兽。其主事者是被称为"吊路子"的巫师,他们熟稔有"打山三绝"之称的黑山、开山和催山之术。吊路子事

白铁匠

先会认真观察野兽的出没路线和规律,再根据山中气候变化选择黑山的时间。到时,吊路子会设置陷阱,再一边念咒,一边将捣碎的山杜鹃叶撒在野兽的脚印里,据说这样便可以将野兽引到陷阱中。当天晚上吊路子会身着法衣在火塘边打坐,并向神灵祈祷。同时反复默念祖辈传下来的《打山歌》,其中有一段歌词如下:

> 不是我喜欢杀生,不是我心肠太狠;
> 只因为肚皮饿哟,只因为身上冷;
> 尊敬的天神呵,请宽恕你的子孙!
> ——无可奈何,不得不已。
> 打山人也有一条命呵,打山人不是山鬼是凡人。
> 呵嘿嘿,剥了它的皮,我才有衣穿呵,
> 割下它的肉,我才有东西吃,我只是哟,
> 借它的命来养我的命,借它的"刀头"敬鬼神!

人们认为山神要掌管山中一切,野兽等也属于山神的子民,因此歌词内容主要在于请求山神的宽恕,历述打猎是迫不得已之举。第二天,吊路子带上四十九刀纸钱和一个刀头、两个小面人走进山林,将事先选好的被临时当作山神的树桩用青藤、枯枝缠起来,这种行为被称为"捆山神"。接着,人要用刀头、钱帛祭祀,以求山神保佑能出猎平安且收获猎物。礼毕后便奔向预先选定的地方布置"五梅桩",并布套索、安陷阱。后半夜吊路子开始在五梅桩上翻跟斗、做法事。据说在做法事的同时,野兽便会顺着撒过捣碎的山杜鹃叶的道路自动走进陷阱。法事结束,就可前去收获猎物了。这种借助巫术的力量进行捕猎的行为十分神秘,但它并非仅在川西流行,类似的狩猎方法在川东北等地也存在,如笔者家乡所在的大巴山区也传说猎人有"箍山咒",念此咒语,野兽便会自己走进陷阱。

由于猎人常在深山中行走,因此民间也流传着一些猎人遇到精怪的传说,灌县地区的《茅梨精》便是其中一例:

> 在灌县龙池附近的深山老林中,人烟稀少,间或有一些贫苦的樵夫子、炭夫子和药夫子上山去砍柴、烧炭、挖药。另外还有一些人专门在山道上、溪涧旁设索子套野物来换点粮食维持生活,当地人把他们叫作"吊路子"。
>
> 吊路子常常出入山林,有时还得在山林里过夜。这里的山林大树很多,夜间孤鸣鬼泣,寒气袭人,实在吓人。有些人胆小不敢去,为了生活又不得不去。于是他们就在晚上烧一堆大

剃头修面图

火,这样既御寒,又壮胆。

有一天,一老一少的两个吊路子上山套野物。晚上,他俩围着火烤着烤着就睡着了。半夜时分,那个小伙子一觉醒来,突然看见火堆边上有个三十来岁的美貌妇人,不觉大吃一惊。他想:"这种荒无人烟的原始森林里,怎么会有这么漂亮的女人呢?"小伙子不懂利害,对她有了意思。他见老头子睡得正香,就和那女人摆起了龙门阵。女人自诉是白天捡柴迷了路,又冷又饿,看见火光才过来的。小伙子开始拿言语挑逗她,两人眉来眼去,摆谈起来。

他们说话的声音把老头子吵醒了。他恍恍惚惚地瞧见小伙子和一个美貌女人谈得火热。那小伙子就像被什么东西迷惑住了一样,神情恍惚。老头子见多识广,他知道,在这种人烟稀少的森林里,根本不可能有单身女人生活,这女人多半是山精海怪。他不动声色,悄悄把上山用的斧子放到火堆里,烧红后猛地朝那女人扔去。只听得一声惨叫,定眼一看,那女人已经无影无踪了。

老头子把吓得目瞪口呆的小伙子责备一顿,说得小伙子面红耳赤,但小伙子却不相信是什么妖怪。老头子说:"那明天我们去找找看。"

第二天一早,他俩吃过饭上山。走了不远,看到前边有一根长长的茅梨藤攀附在一面岩壁上,藤上结有很多疙瘩,老头的那把斧子,还深深地插在上面,流了一摊血。小伙子这才恍然大悟:原来昨晚那女人是茅梨精变的。直到今天,如果有年辰久的茅梨藤,还可以看到它常常流出红水,据说那就是茅梨精的鲜血呢!㊹

随着生态环境的变化和国家对狩猎活动的控制,现在已很少有人从事狩猎活动,狩猎的技艺与相关的信仰也逐渐消亡了。那些神秘的仪式和独特的信仰早已成为传说,只是偶尔才被老人提起,或许终有一天会变得了无痕迹。

(三)舌尖上的信仰:詹王崇拜

在川西地区,厨师自称为"詹徒弟"或"詹厨子",其行业神是"詹王爷",也称"詹皇"。每年农历八月还要举办"詹皇会",这在川西的崇庆、大邑、广汉、汉源、金堂、芦山、绵竹、名山、三台、新津、盐亭、中江、犍为等地志书中均有记载,只是会期各地不一,如三台等地的会期为"八月初三",但大多地方的会期为每年八月二十三。名称也不一,虽多称"詹皇会",但崇州等地则有"黑围腰会"之说。旧时的厨师们在农历八月十三要祭祀詹王,称之为"敬詹",也作"进詹"㊺,如民国十八年(1929年)《合江县志》载:"俗以八月十三日为进詹,二十三日为出詹,以詹王在此十日内生。"谚语有"进詹无雨出詹晴,出詹无雨一冬淋""进詹有雨出詹晴,进詹无雨出詹零"之说。

中国风俗图志·川西卷

洗头

詹王的来历并不见载于文献,但在川西的民间则广泛流传着詹王的传说:

> 从前,有个皇帝的御厨姓詹,大家都叫他詹厨师。他做的不管啥子菜都很好吃,那些山珍海味,经他做出来,就更有一番滋味。
>
> 有一天,皇帝吃完饭问詹厨师:"你说,世上啥子东西最有味?"詹厨师回答:"世上最有味的东西是盐。"皇帝大怒:"胡说!世上最有味的东西是山珍海味,那不值价的盐有啥子味?你敢欺骗我!"詹厨师忙说:"皇上,就是山珍海味也离不开盐。"皇帝根本不听詹厨师说,便下令:"哪个说山珍海味离不开盐!不要盐也有味。你明明是欺骗我,给我推出去斩了!"
>
> 詹厨师被杀以后,又来了个御厨,他就不敢再在皇帝吃的菜里放盐了。皇帝觉得菜实在难吃,连山珍海味也吃不出个味道来。
>
> 这一天饭后,皇帝就问:"你做的菜为啥没有味?"这个御厨很聪明,他不敢直接回答,就转弯抹角地说:"皇上,我本来想在菜里放上一些盐的,但那盐是没有味的东西,放上它,恐怕也起不了啥作用。再说,没有事先向你禀报,又怕犯欺君之罪。所以,你吃的所有菜,我都没敢放盐。"皇帝听后,想了一想说:"你以后就在菜里放上一点盐。"从此,他吃的菜又有味了。
>
> 这时,皇帝才懂得了原来任何菜都是离不开盐的。他万分后悔,不该错杀了詹厨师。为了安慰詹厨师的亡灵,皇帝宣布:"把皇位每年都让给詹厨师坐十天。因为,詹厨师是八月十三日被杀的,所以,八月十三这天便是他进位的日子,八月二十三是他出位的日子。在坐位的这十天中,就连下了十天雨。第二年八月十三到二十三都没下雨。但八月二十三以后,又下起了雨,这雨一直下了一个冬。皇帝叹息道:"进詹下雨出詹晴,出詹下雨一冬淋。可见,詹厨师的确是被我错杀了,连老天也在为他的死而哭哩。"
>
> 后来,厨师们为了纪念詹厨师这位技艺高超的先辈,也为了做菜不忘放盐的道理,把这个日子定为"厨师节",一直传到如今。[46]

传说以詹厨师被皇帝错杀为故事梗概,不仅解释了詹王信仰的来源,还对"进詹下雨出詹晴,出詹下雨一冬淋"这一俗语做出了阐释。但笔者以为,这则传说最重要的信息在于隐晦地表达了人们对盐神的崇拜。巴蜀是中国最重要的井盐和岩盐产地,不仅产盐历史悠久,而且还一度影响全国的盐业销售,清代咸丰年间便有"川盐济楚"之说。古代巴国的神话中有"盐水女神",宋代川人还有杀人祭祀盐井的信仰,如《宋会要辑稿·礼二〇》载:"今浙东又有杀人而祭海神者,四川又有杀人而祭盐井者。守令不严禁之,生人实被其害。"[47]可见,盐因在人们日常生活中的重要性而具有被神化的可能,这或许正是川西乃至整个巴蜀地区广泛流传詹王故事的社会文化背景。

篾匠活

川西地区的厨师除了信仰詹王,还信奉灶王和老爷。据说每年八月初一为灶王生日,有的地方在这一天要举办灶王会,如绵阳三台县高山乡便有灶王会,届时周围乡村的厨师便会前往祭祀灶王。厨师每到一家,要先将主人送的开刀礼搁置在灶头上祷告;收取的封刀礼带回家后要先放到灶头上祷告一番,据说这样能使厨事顺利,请厨的人也多。

川西地区的厨师们所信奉的老爷有的说是关羽,关羽在宋元以后不仅被纳入朝廷正祀,而且在民间也被视为万能神,全国各地广建关帝庙或老爷庙。也有人说是张飞,因张飞在出山之前以卖猪肉为业,因此被后世厨师奉为祖师爷。笔者在川东北等地调查得知,当地厨师明确表示张飞为祖师爷。老爷信仰多体现在宰牲时,如三台"塞江厨子每到一家宰牲时,要在院坝边设案祭祀老爷,然后将牲拉到身前,用手指一边画灵符,一边念口咒,念完后喝一口凉水,喷在牲的身上,接着对准命门,一刀杀去。据说,凡请祀了老爷,无论宰杀小牲或是大畜,都很顺利"[48]。随着社会的发展,这些信仰也已式微,从观念到行为都被人们遗忘了。

著名人类学家杨庆堃在研究中国宗教信仰时提出了中国宗教信仰的弥漫性特征,作为一种区别于制度性宗教的形态,"弥漫性宗教在社会生活的所有主要层面广为流传,维系着社会制度的稳定",而与之相对应的制度性宗教"虽然有其自身重要性,但是缺乏组织性力量,在整个中国社会系统中不能成为强有力的结构性因素"。[49]川西地区的民间信仰正体现出弥漫性宗教的特征,它们虽有端公、巫婆以及"道士"等从业人员,但并非专职的宗教人士,也不被正统的佛教和道教认同;虽崇祀诸多神灵,也吸纳、借用了儒释道体系中的神灵,但大部分的神灵却是民间俗神,也没有形成体系化的神灵世界;虽有诸多仪式文献传世,但这些文献却多服务于实用性的目的,没有哲学或神学的根基,也没有规范的教义。即便如此,民间信仰依然与民众的日常生活密不可分。

古语有"入境而问禁,入国而问俗,入门而问讳",俗语也说"一方水土养育一方人"。这些无不道出了民俗的地域性特征。我们甚至可以说,民俗是最能体现地域文化特色和地域人群性格的元素。在上文中,我们从"生产生活"到"人生礼俗",从"岁时节庆"到"休闲娱乐"再到"宗教信仰",已经完成了对川西民俗的巡游,从中既看到了"物"的民俗,也看到了观念的世界。这虽不是川西民俗的全貌,但从中也大概可以理解和体会到川西人生命的斑斓。他们从诞生到死亡,都浸润在不知传承了多少代的民俗中,又以自在而不自觉的方式，身体力行地将其传递给下一代，从而使民俗不再是"死的文化"，而是"活的生活"。

需要提醒的是，人们往往容易窥其一管而忘其全豹，因此当言及川西的民俗时，可能会想到那一家家遍布城乡的茶馆，以及茶馆内那些慵懒闲适的茶客；也可能会想到红红的海椒、青青的花椒，以及那翻腾的火锅和香气四溢的麻辣烫。但川西的民俗绝不限于饮与食，无论是生产生活还是娱乐休闲，无论是岁时节庆还是民间信仰，无不属于川西民俗之核心内容，其丰富多元又岂能以"饮"与"食"概括之？这一路走来，我们既看到了川西人"俗好娱乐"的品性，也看到了他们"勤于稼穑"的艰辛；既看到了他们"坚守传统"的态度，也看到了他们"容纳新俗"的勇气，并最终造就了一种"多元共生"却又"和而不同"的川西民俗文化。那么，在地理上隶属于"巴蜀"的"川西"，在民俗上又与"巴蜀民俗"保持着一种怎样的关系呢？

川西坝子属于蜀地的主体部分，川西民俗也与蜀地民俗浑然一体。因此，我们在叙述川西民俗时，自然也呈现出了一定的蜀地民俗。与此同时，巴与蜀在地理空间上虽有东、西之别，在地形地貌上有山、原之分，但很难将其文化进行泾渭分明的划分。因此，川西的民俗固然孕育于川西坝子中，有其独特的个性，但它同时也与巴蜀民俗同声共气。正因如此，本书虽旨在以川西的材料论述川西的民俗，但这些民俗却又往往为巴蜀所共有。事实上，其共性又何止于巴蜀呢？

中国是一个大一统的国家，虽早在秦代便在政治上开始实行郡县制，在文化上实行"书同文，车同轨"，汉武帝时又着力推行"废黜百家，独尊儒术"的政策，但实际上，有关大一统完成的时间以及衡量的标准至今未有定论。地处西南一隅的川西坝子，其民俗文化有多少属于"地域性"的，又有多少属于"全国性"的？而这些"全国性"的民俗文化又分别在何时被川西接纳，以及接纳与融入的过程如何？以上这些问题不仅涉及中国文化的"礼""俗"互动，更可能为"中国的形成"这一根本性问题提供思考的方向。这无疑是一个浩大的工程，探索才刚刚开始。笔者只能以"路漫漫其修远兮，吾将上下而求索"来激励自己。

注 释

①参见四川省文物考古研究所:《三星堆祭祀坑》,文物出版社,1999,第442页。

②[后晋]刘昫等撰:《旧唐书》,中华书局,1975,第2442页。

③[宋]欧阳修、宋祁撰:《新唐书》,中华书局,1975,第922页。

④[清]徐松:《宋会要辑稿》,中华书局,1957,第6496页。

⑤[元]脱脱等撰:《宋史》,中华书局,1977,第10441页。

⑥[宋]蔡绦撰,冯惠民、沈锡麟点校:《铁围山丛谈》,中华书局,1983,第104页。

⑦傅崇矩:《成都通览》,成都时代出版社,2006,第196页。

⑧[宋]苏轼著,顾之川校点:《苏轼文集》(上),岳麓书社,2000,第235页。

⑨参见乐山市中区民间文学三集成编委会:《中国民间文学集成·乐山市中区集成》(内部资料本),1989,第89—90页。

⑩林孔翼、沙铭璞:《四川竹枝词》,四川人民出版社,1989,第122页。

⑪参见林孔翼、沙铭璞:《四川竹枝词》,四川人民出版社,1989,第210页。

⑫[晋]常璩著,任乃强校注:《华阳国志校补图注》,上海古籍出版社,1987,第230页。

⑬羊村:《女诗人薛涛》,四川人民出版社,1989,第204页。

⑭[宋]王存撰,魏嵩山、王文楚点校:《元丰九域志》,中华书局,1984,第663页。

⑮吴坤鹏:《中国民间文学集成四川卷·成都市大邑县卷》(内部资料本),成都市银河印刷厂,1989,第63—64页。

⑯沙湾区民间文学三套集成编辑委员会:《中国民间文学集成·沙湾区资料集》(内部资料本),1988,第12页。

⑰沈从文:《神巫之爱》,收入《龙朱》,江苏人民出版社,2014,第38—39页。

⑱[清]李实著,黄仁寿等校注:《蜀语校注》,巴蜀书社,1990,第128页。

⑲青神县民间文学集成办公室:《中国民间文学集成·四川青神卷》,青神县民间文学集成办公室选印,1989,第102页。

⑳[东汉]许慎撰,[清]段玉裁注:《说文解字注》,上海古籍出版社,1988,第741页。

㉑邓少琴:《巴蜀史稿》,重庆地方史资料组,1986,第52页。

㉒王家祐:《道教论稿》,巴蜀书社,1987,第106—107页。

㉓参见于一:《巴蜀傩戏》,大众文艺出版社,1996,第16页。

㉔参见欧阳平:《回忆川东端公的"大跳"》,《龙门阵》1987年第6期。

㉕参见严福昌:《四川傩戏志》,四川文艺出版社,2004,第61页。

㉖参见黄尚军:《四川方言与民俗》,四川人民出版社,2002,第125页。

㉗此条材料为四川师范大学黄尚军教授实地调查所得。

㉘参见王仲崌:《四川人所奉祀之鬼神》,华西协和大学毕业论文,民国三十四年(1945年)。

㉙成都市东城区民间文学集成编委会：《中国民间文学集成·成都市东城区卷》（内部资料本），1989，第214—215页。

㉚参见王建纬：《〈挡箭碑〉的民俗学意义》，《文史杂志》1996年3期。

㉛参见［明］方孝孺著，徐光大校点：《逊志斋集》，宁波出版社，1996，第181页。

㉜参见《成都民间文学集成》编委会：《成都民间文学集成》，四川人民出版社，1991，第1476—1478页。

㉝参见联合国教科文组织、中国民间文艺家协会、四川省民间文艺家协会：《走马镇民间故事》（内部印刷本），1997，第34—35页。

㉞参见李万泽：《宁南县民间文学集成》，四川人民出版社，1996，第202—203页。

㉟杨时川：《中国民间文学集成·四川省内江市卷》（内部印刷本），1990，第692—693页。

㊱闻人军译注：《考工记译注》，上海古籍出版社，2008，第1页。

㊲参见王绍荃：《四川内河航运史》（古、近代部分），四川人民出版社，1989，第347—348页。

㊳此则材料为笔者2013年8月参与日本歌谣学会会长真锅昌弘先生主持的日本文部省项目"中日韩船歌比较研究"期间，在四川省蓬安县调查所得。

㊴傅崇矩：《成都通览》，成都时代出版社，2006，第245页。

㊵林孔翼、沙铭璞：《四川竹枝词》，四川人民出版社，1989，第38页。

㊶参见欧阳平：《撵老山》，《龙门阵》1986年第3期。

㊷王纯五：《川西狩猎民俗》，《龙门阵》1989年第5期。

㊸以下"黑山"内容主要参考了王纯五《川西狩猎民俗》。

㊹灌县民间文学集成办公室：《中国民间文学集成·四川成都市灌县卷》，1987，第214—215页。

㊺《中国民间文学集成四川卷·成都市郫县卷》（郫县民间文学集成编委会，内部资料本，1989，第148页）："人们怎么也忘不了这位刚直不阿的詹厨，每年到了八月十三，人们就想起了他，都说：'敬詹啦！敬詹啦！'"

㊻此传说流传于四川的蒲江县、遂宁市、射洪县、南江县、合江县，以及重庆的奉节县等地。参见洪钟等：《中国民间故事集成·四川卷》（上），中国ISBN中心，1998，第445—446页；张宪明等：《中国民间文学集成·四川成都市蒲江县卷》（内部资料本），1988，第198—199页。

㊼［清］徐松：《宋会要辑稿》，中华书局，1957，第771页。

㊽赵长松：《塞江乡村厨子调查》，《民俗研究》2001年第1期。

㊾杨庆堃著、范丽珠译：《中国社会中的宗教》，四川人民出版社，2016，第229—230页。

参考文献

一、古籍类

1. [汉]班固撰，[唐]颜师古注：《汉书》，中华书局，1962。
2. [汉]司马迁：《史记》，中华书局，1982。
3. [汉]刘向：《战国策》，上海古籍出版社，1998。
4. [梁]萧统编，[唐]李善注：《文选》，中华书局，1977。
5. [南朝梁]宗懔著，谭麟译注：《荆楚岁时记译注》，湖北人民出版社，1985。
6. [晋]葛洪：《西京杂记》，中华书局，1985。
7. [晋]常璩著，任乃强校注：《华阳国志校补图注》，上海古籍出版社，1987。
8. [唐]魏徵等：《隋书》，中华书局，1973。
9. [唐]房玄龄等：《晋书》，中华书局，1974。
10. [唐]杜甫著，[清]仇兆鳌注：《杜诗详注》，中华书局，1979。
11. [唐]张读撰，张永钦、侯志明点校：《宣室志》，中华书局，1983。
12. [唐]卢照邻：《卢升之集》（丛书集成初编），中华书局，1985。
13. [五代]孙光宪撰，贾二强点校：《北梦琐言》，中华书局，2002。
14. [后晋]刘昫等：《旧唐书》，中华书局，1975。
15. [宋]欧阳修、宋祁：《新唐书》，中华书局，1975。
16. [宋]洪迈撰，何卓点校：《夷坚志》，中华书局，1981。
17. [宋]苏轼著，[清]王文诰辑注，孔凡礼点校：《苏轼诗集》，中华书局，1982。
18. [宋]蔡绦撰，冯惠民、沈锡麟点校：《铁围山丛谈》，中华书局，1983。
19. [宋]王存等：《元丰九域志》，中华书局，1984。
20. [宋]陈元靓：《岁时广记》（丛书集成初编），中华书局，1985。
21. [宋]王象之：《舆地纪胜》，中华书局，1992。
22. [宋]范成大著，孔凡礼点校：《范成大笔记六种》，中华书局，2002。
23. [宋]范成大著，富寿荪标校：《范石湖集》，上海古籍出版社，2006。
24. [宋]乐史著，王文楚等校：《太平寰宇记》，中华书局，2007。
25. [元]王祯：《王祯农书》，中华书局，1956。
26. [元]脱脱等：《宋史》，中华书局，1977。
27. [元]马端临：《文献通考》，中华书局，1986。

28.[明]宋濂等:《元史》,中华书局,1976。

29.[明]刘侗、于奕正:《帝京景物略》,北京古籍出版社,1982。

30.[明]方孝孺著,徐光大校点:《逊志斋集》,宁波出版社,1996。

31.[明]杨慎编,刘琳、王晓波点校:《全蜀艺文志》,线装书局,2003。

32.[清]徐松:《宋会要辑稿》,中华书局,1957。

33.[清]沈德潜:《古诗源》,中华书局,1963。

34.[清]董诰等编:《全唐文》,中华书局,1983。

35.[清]张潮辑:《虞初新志》,河北人民出版社,1985。

36.[清]彭定求等:《全唐诗》(上),上海古籍出版社,1986。

37.[清]李实著,黄仁寿等校注:《蜀语校注》,巴蜀书社,1990。

38.[清]吴任臣:《十国春秋》,中华书局,2010。

39.[清]顾炎武撰,黄坤等校点:《天下郡国利病书》,上海古籍出版社,2012。

二、翻译著作

1.[美]施坚雅著,史建云、徐秀丽译:《中国农村的市场和社会结构》,中国社会科学出版社,1998。

2.[美]路得·那爱德:《回眸历史:二十世纪初一个美国人镜头中的成都》,中国旅游出版社,2002。

3.[美]路得·那爱德著,王虎、毛卫东译:《华西印象》,四川人民出版社,2003。

4.[日]山川早水著,李密等译:《巴蜀旧影》,四川人民出版社,2005。

5.[美]史景迁著,温洽溢等译:《雍正王朝之大义觉迷》,广西师范大学出版社,2011。

6.[美]玛丽·博斯沃斯·特德雷著,张天文、邹海霞译:《中和场的男人和女人》,中国文联出版社,2011。

三、近人著述

1.李子峰:《海底》,上海书店据1940年版影印。

2.周芷颖,《新成都》,复兴书局,1943。

3.郭沫若:《少年时代》,人民文学出版社,1979。

4.逯钦立校注:《陶渊明集》,中华书局,1979。

5.胡昭曦:《张献忠屠蜀考辨:兼析湖广填四川》,四川人民出版社,1980。

6.李劼人:《李劼人选集》(第1卷),四川人民出版社,1980。

7.《周文选集》(下),四川人民出版社,1980。

8.王世舜:《尚书译注》,四川人民出版社,1982。

9.赵维炎:《四川交通史志文稿·民间运输篇(一)》(内部资料本),1982。

10.刘志远等:《四川汉代画象砖与汉代社会》,文物出版社,1983。

11.徐心余:《蜀游闻见录》,四川人民出版社,1985。

12.戴德源辑录:《四川戏曲史料》,内部资料本,1986。

13.邓少琴:《巴蜀史稿》,重庆出版社,1986。

14.林孔翼:《成都竹枝词》,四川人民出版社,1986。

15.王家祐:《道教论稿》,巴蜀书社,1987。

16.于一、刘兴明、邓运佳:《川剧常识》(内部资料本),1987。

17.巴蜀书社编:《巴蜀丛书》(第一辑),巴蜀书社,1988。

18.杜道生:《四川扬琴传统唱本选(注释本)》,四川文艺出版社,1988。

19.胡朴安:《中华全国风俗志》,河北人民出版社,1988。

20.梁实秋:《梁实秋散文》(四),中国广播电视出版社,1989。

21.林孔翼、沙铭璞:《四川竹枝词》,四川人民出版社,1989。

22.蒙默等:《四川古代史稿》,四川人民出版社,1989。

23.孙旭军等:《四川民俗大观》,四川人民出版社,1989。

24.王绍荃:《四川内河航运史》(古、近代部分),四川人民出版社,1989。

25.羊村:《女诗人薛涛》,四川人民出版社,1989。

26.袁珂译注:《山海经全译》,贵州人民出版社,1991。

27.四川省文史研究馆:《巴蜀述闻》,上海书店,1992。

28.汪青玉:《四川风俗传说选》,四川民族出版社,1992。

29.《广汉民俗》编写组:《广汉民俗》,成都科技大学出版社,1993。

30.安旗:《李白传》,三秦出版社,1994。

31.何满子:《五杂侃》,成都出版社,1994。

32.四川省文史研究馆:《益州集粹》,上海书店,1994。

33.李劼人:《死水微澜》,人民文学出版社,1995。

34.于一:《巴蜀傩戏》,大众文艺出版社,1996。

35.薛友:《怡情四书》,湖北辞书出版社,1997。

36.段明:《四川省江津市李渡镇神霄派坛口科仪本汇编》(上),台湾新丰文艺出版公司,1999。

37.四川省文物考古研究所:《三星堆祭祀坑》,文物出版社,1999。

38.张先德:《成都:近五十年的私人记忆》,四川文艺出版社,1999。

39.何韫若:《锦城旧事竹枝词》,中国三峡出版社,2000。

40.四川省地方志编纂委员会:《四川省志·民俗志》,四川人民出版社,2000。

41.何锐等校点:《张献忠剿四川实录》,巴蜀书社,2002。

42.黄尚军:《四川方言与民俗》,四川人民出版社,2002。

43.车辐:《锦城旧事》,四川文艺出版社,2003。

44.车辐:《川菜杂谈》,生活·读书·新知三联书店,2004。

45.傅璇琮:《五代史书汇编》,杭州出版社,2004。
46.严福昌:《四川傩戏志》,四川文艺出版社,2004。
47.邓穆卿:《成都旧闻》,成都时代出版社,2005。
48.傅崇矩:《成都通览》,成都时代出版社,2006。
49.林文询:《成都人》,四川文艺出版社,2006。
50.四川省文史研究馆:《成都城坊古迹考》,成都时代出版社,2006。
51.朱易安、傅璇宗等:《全宋笔记》(第二编),大象出版社,2006。
52.章玉钧等:《川剧文化研究》,四川人民出版社,2007。
53.曾智中、尤德彦:《李劼人说成都》,四川文艺出版社,2007。
54.闻人军译注:《考工记译注》,上海古籍出版社,2008。
55.于省吾:《甲骨文字释林》,中华书局,2009。
56.林向:《童心求真集:林向考古文物选集》,科学出版社,2010。
57.王文才、王炎:《蜀志类钞》,巴蜀书社,2010。
58.陈柏青等:《崇州民俗志》,方志出版社,2011。
59.李懿等评注:《宋代民俗诗评注》,巴蜀书社,2011。
60.刘纬毅等辑:《宋辽金元方志辑佚》,上海古籍出版社,2011。
61.钟合阶:《在历史的边缘行走中和场》,中国文史出版社,2012。
62.谭徐明:《清代干旱档案史料》,中国书籍出版社,2013。
63.许倬云:《献曝集》,上海人民出版社,2013。
64.何一民、姚乐野等编:《民国时期社会调查丛编·四川大学卷》,福建教育出版社,2014。
65.黄尚军、李国太等:《四川方言与民俗》,四川民族出版社,2014。
66.王笛:《茶馆:成都的公共生活和微观世界,1900—1950》,社会科学文献出版社,2015。
67.邢文军、陈树君:《风雨如磐:西德尼·D.甘博的中国影像(1917—1932)》,长江文艺出版社,2015。
68.杨庆堃著,范丽珠译:《中国社会中的宗教》,四川人民出版社,2016。
69.郑自谦、谢长江、李国太:《巴蜀乡俗志》,泰山出版社,2016。
70.黄尚军、王振等:《巴蜀汉族丧葬习俗研究》,四川民族出版社,2017。

特此说明:除以上所列书目,本书还参考了四川人民出版社主办的《龙门阵》期刊中的相关文章,川西地区各市县文史资料、县志材料以及民间文学三套集成的相关内容。民间文学资料多为内部印刷,印刷时间有的精确到月,有的只书明年份,引用时以书中时间为准。具体情况参见书中注释,参考文献中不再列举。

后 记 1

巴蜀富裕，由来已久；农耕文明，源远流长。

先秦都江堰开，从此蜀地享有"天府之国"之美称。天府者，天下富庶之地是也。于是悠悠几千载，千里沃野上便形成渐积纯厚、延绵不断的乡风民俗。东汉应劭《风俗通义》云："风者，天气有寒暖，地形有险易，水泉有美恶，草木有刚柔也。俗者，含血之类，像之而生，故言语歌讴异声，鼓舞动作殊形……"蜀地风俗，虽有别于他处，但依然与华夏各地一般，在特定区域与特定人群中，斯风斯俗犹如生物的遗传密码，烙印在每个人的血液中，老者回望往事，如品淳酿；游子感触思怀，如饮甘泉。此风此俗，如竹笛，如牧歌，如虫唱，如鸟鸣，时时刻刻影响着他们的人生，温暖着他们的心灵。

这种绵延不绝的民风民俗，因地域的差异而观念不同，于是或征之于语言，或征之于文字，或征之于历史地理，或征之于诗歌音乐。在历史的长河中，不断增减，依据人们的生产生活而逐渐固定下来，由此，一种文化的现象应运而生，这既是人们的日常活动，又是文化的具象体现，这种体现，符号似的标注了这一群体的个性、习俗、偏好，以及由此而产生的所有行为习惯，并有别于其他地域。五千年文明古国的符号，即由这片大地不同区域的民风民俗组成。而巴蜀乡俗，就为其中耀眼的一支，它既是四川盆地具有代表性的、体现农耕文明的一种文化符号，也是中华文明的有机组成部分。反映它、呈现它既保留了我们的文化印记，也传承了我们悠久的文明，功在当代，利延千秋。

2014年，应泰山出版社之邀，用图文再现巴蜀民风民情，为此历时两年，以乐山地区为调查中心，先后跑了十几个区县，行程千里，访谈近千人，乡间大大小小民俗、农耕博物馆跑遍，采集图、画几千幅，以期翔实、全面反映之。为集中而不流散，典型而不泛泛，在资料备齐后，又与民俗专家讨论，确定采用"两段三性"来体现。即：一，时间段。以20世纪中叶的乡间民俗为主要采集段。其利在：一是本人经历、感知，有较强印记，便于真实还原；二是当时国门尚未打开，相对原始的生活与劳作模式还在；三是了解当时民俗民风的大有人在，既有利于调查，又易唤醒他们的记忆。二，地域段。以川西南岷江流域为地域段。巴山蜀水，地貌多样，西为高原藏区与彝区，以北向东乃大巴山区，以南为巴渝山川。最具代表性的是

成都平原及周边丘区和岷江流域，而乐山正处岷江流域中段，又是我的故乡，调查、访谈较为方便。剩下的有了这样的思路，就是怎样表达的问题，于是"三性"成为必选。首先为艺术性。不仅靠图解反映民风民俗，再现时须高于生活，重点在艺术上突出当时人们的生活情态。其次是知识性。在题材选取中，把人们在生产生活中的智慧体现进去，借助文字的解释，增强知识性与可读性。最后是趣味性。日常生活千姿百态，怎么取舍也颇费脑筋，为便于大众欣赏，我们把趣味性作为一个基调，让经历者阅而亲切，听闻者解惑而了然，无知者好奇而深究。

在此书再版之际，留下些许感言。感谢泰山出版社为历史的中国、文化的中国策划此套丛书，感谢为此套丛书出版而辛勤付出的人们，同时也感谢广大读者因喜欢而给我们无数有益的反馈。

李耀奎
2019年12月16日

后 记 2

虽然已经在这座坐落在川西坝子的城市里生活了15年,但我还是有着一种乡下人的秉性,似乎大山给予我童年和青少年时期的印记依然烙在我的身体上,这不是矫情,而是一种实实在在的感知。我整日在都市中讨生活,当然不能排斥都市生活,但隐隐约约又觉得都市的律动无法让我这个老实巴交的乡下人适应,我进了商场会晕圈,见了陌生人会紧张,害怕嘈杂,会因见不到夜晚的黑而惋惜……我无路可逃,但可敬而远之。我知道这是我的宿命。

选择学习民俗学固然有诸多原因,但事后回想,或许更多的还是与自己的乡下人秉性有关。虽然关于"民""俗"的界定众说纷纭,有关民俗学与现代生活的讨论也异常激烈,但这些学科意义上的争论和由此催生出来的一系列"新"的方向并未让我心动,我心中的民俗学依然是一门真正关心腿上有泥的那些人的生活与情感的学科,它弥漫着泥土的芬芳,潜藏着田园牧歌式的记忆,当然也承载着乡下人的艰辛与抗争。无论是对民俗学的囫囵吞枣,还是对历史学人类学的心向往之,我想催生我前行的动力都源于此。正因为此,当李北山老师约请我写作《中国风俗图志·川西卷》的时候,我就毅然答应了。

除依然躺在书架上等待完善、修订的博士论文,这是我第一本独立撰写的书,虽然为了符合丛书对篇幅长短和语言通俗化的要求,只大致勾勒出了川西民俗的一个粗线条,有的话题无法展开,一些具有研究价值的问题也仅点到为止,但我想任何事情总会有开端,就姑且让这本书作为我走进民俗学的开端吧!

当然,这个开端离不开诸多师友的关心。在这里我首先要感谢带领我走进民俗学园地的硕士导师黄尚军教授,是他为我开启了这场"回归乡土"的人生旅行;感谢我的博士导师四川大学徐新建教授,他在给予我谆谆教诲的同时,还让我树立起乡下人的自信;感谢我在北京大学访学时的指导老师赵世瑜教授,他总是用"微言"呈"大义",不经意间的一句话总能让人有醍醐灌顶之感,诸如"历史学就是研究人情世故的学问""面对所有的材料和观点,我都先要怀疑一遍",等等;感谢主编李北山老师,是他的盛情让我的"开端"终于开端了。

感谢邱硕、罗亮星、王勇、邓稳、王振等好友,一酒一茶一世界,一生一世诸好友,我想是可以讲给他们的。

感谢妻子李锦萍多年来对我的理解和包容,她不仅要带孩子,还要承担家务,同时还为我的写作录入诸多材料。

最后,我要将这本小书献给依然生活在大山深处的父母,正是他们将对乡土的不离不弃的秉性遗传给了我,才让我对乡土有无尽的眷恋。

此时此刻,华北大地春光明媚,我坐在书桌前机械地敲打着键盘,而在西南那座常年阴雨的城市中,我一岁零三个月的儿子李沐子璿正咿呀学语、蹒跚学步,他腿上不会有泥土了,我的乡下人秉性也不会再遗传给他,这该是他的宿命吧!

李国太

北京大学圆明园校区斗室

2019年3月15日

转瞬之间,已经到了落叶纷飞的初冬,我从北国之春中又回到了西南这座被定义为"新一线城市"的都市。每天忙忙碌碌又浑浑噩噩,生命里来了许多新人,也走了许多故人。但无论如何,太阳照常升起,子璿也正无忧无虑地成长。本已淡忘了这本书的出版,以为它可能会像许多书稿一样,沉睡然后湮灭,最后连我自己也会遗忘掉,不曾想李北山老师的信息复苏了我对它的记忆,再谢。

2019年12月10日补记

作者简介

李耀奎 1945年生于四川乐山。现为退休干部。工作期间,先后从事宣传、美术教学、编辑及文博旅游行政管理工作。喜中国民俗风情画及宗教人物画,多次参加国内外重大美术活动,作品多被国内外博物馆及收藏机构收藏。

李国太 四川南江人,文学博士,北京大学历史学系访问学者。现就职于四川师范大学文学院,从事民俗学和中国现当代文学的教学与科研工作。合著有《四川方言与民俗》《巴蜀牌坊铭文研究》《巴蜀乡俗志》等著作。在《民族文学研究》《民族艺术》《中央民族大学学报》等刊物上发表学术论文20余篇。

图书在版编目（CIP）数据

中国风俗图志. 川西卷 / 刘晓峰，李北山总主编；李耀奎绘；李国太著. —济南：泰山出版社，2020.8
ISBN 978-7-5519-0609-8

Ⅰ. ①中… Ⅱ. ①刘… ②李… ③李… ④李… Ⅲ. ①风俗习惯—川西地区—图集 Ⅳ. ①K892-64

中国版本图书馆CIP数据核字（2020）第022854号

ZHONGGUO FENGSU TUZHI·CHUANXI JUAN

中国风俗图志·川西卷

策　　划	胡　威
绘　　者	李耀奎
著　　者	李国太
责任编辑	赵　雨
装帧设计	路渊源

出版发行	泰山出版社
社　　址	济南市泺源大街2号　邮编　250014
电　　话	综合部（0531）82023579　82022566
	市场营销部（0531）82025510　82020455
网　　址	www.tscbs.com
电子信箱	tscbs@sohu.com
印　　刷	东港股份有限公司
开　　本	890毫米×1240毫米　16开
印　　张	18
字　　数	320千字
图　　片	88幅
版　　次	2020年8月第1版
印　　次	2020年8月第1次印刷
标准书号	ISBN 978-7-5519-0609-8
定　　价	106.00元